本书是国家社科基金重点课题“中国民事指导性案例理论研究”（12AZD122）成果之一

民法、判例与学说

汤文平 ◎ 著

暨南大学出版社
JINAN UNIVERSITY PRESS

中国 • 广州

图书在版编目（CIP）数据

民法、判例与学说/汤文平著．—广州：暨南大学出版社，2015.5
ISBN 978－7－5668－1500－2

Ⅰ.①民…　Ⅱ.①汤…　Ⅲ.民法—研究—中国　Ⅳ.①D923.04

中国版本图书馆CIP数据核字（2015）第135768号

出版发行：暨南大学出版社

地　址：中国广州暨南大学
电　话：总编室（8620）85221601
营销部（8620）85225284　85228291　85228292（邮购）
传　真：（8620）85221583（办公室）　85223774（营销部）
邮　编：510630
网　址：http：//www.jnupress.com　http：//press.jnu.edu.cn

排　版：广州市天河星辰文化发展部照排中心
印　刷：佛山市浩文彩色印刷有限公司

开　本：787mm×960mm　1/16
印　张：14.75
字　数：306千
版　次：2015年5月第1版
印　次：2015年5月第1次

定　价：39.80元

目　录

第一编　案例指导制度与民事指导案例研究

第二编　债权法片论

第三编　物权法片论

第一编　案例指导制度与民事指导案例研究

第一章　判例纂辑方法研究

一、判例库之扩张与纂辑方法的意义

最高人民法院2010年11月出台《关于案例指导工作的规定》（下文简称《规定》），并于2011年12月、2012年4月及9月发布了前三批共十二个指导性案例，正式确立起案例指导制度。指导性案例不是一般的案例，后者只是自然存在的裁判结果，前者却需经特定的遴选、发布程序，而它们之间最关键的区别在于：指导性案例是未来裁判参照的对象，具有判决先例才有的某种拘束效力[①]。由于指导性案例被赋予了判决先例才有的某些特征，所以有不少观点直接称之为"中国特色的

---

① 大陆法系各国就判例一般不承认有正式法源地位（瑞士除外），不承认有规范性拘束力，但为了确保法律运行的效果，又认可判例有事实上的拘束力。至于何谓"事实上的拘束力"，则又众说纷纭，或曰"特殊意义（besondere Bedeutung）"，或曰"辅助性拘束力（subsidiare Verbindlichkeit）"，参见 Larenz，*über die Bindungswirkung von Prajudizien*，FS Hans Schima，1969，S. 247f.；Bydlinski，*Juristische Methodenlehre und Rechtsbegriff*，1991，S. 511.

判例”。[①]本书标题也是在这一意义上使用“判例”一词。[②]

事实上，人们长期以来所期待的，也正是判例制度。新中国成立初期称道判例制度的文献或有因袭旧时思维之嫌，暂且勿论，新时期自20世纪80年代起，众多有识之士即已大声疾呼建立我国自己的判例制度。2004年，武树臣教授搜集1986年至2003年间我国学者发表的呼吁建立判例制度的论文，勒成上、下两册，一百四十余篇，蔚为壮观。[③] 我国也需要判例制度，可以说是历久弥新的共识。

当然，案例指导制度毕竟不同于判例制度。作为成文法国家，我国不应追随判例法系，视判例为正式的法律渊源，所以《规定》第7条只是很克制地要求各级法院“参照”而非“适用”，避开了过于刚性的“遵循先例”原则。这是值得称道的。问题是，案例指导制度与大陆法系成熟的判例制度也格格不入，它将指导性案例与极为刚性的行政遴选、发布程序捆绑一处，失去了判例制度自主发展的精义，[④] 反与我国常受诟病的司法解释制度如出一辙。[⑤] 甚至还有观点敏锐地指出，司法解释至少还受上报全国人大法工委备案程序的约束，案例指导制度则“无拘无束”，可能在错误的道路上走得更远。[⑥] 这也并非杞人忧天。

---

① 陈兴良教授认指导性案例为“判例”，将案例指导制度直接界定为“具有中国特色的判例制度”，参见陈兴良：《案例指导制度的法理考察》，《法制与社会发展》2012年第3期；张军大法官在一次报告中说：“我国案例指导制度的最高发展阶段，就是要建立起具有中国特色的判例制度”，参见高领：《“指导”意在规范——构建中国案例指导制度研讨会综述》，《人民法院报》，2010年1月7日，第5版；魏胜强副教授认为目前做法已是“有名无实的判例制度”，参见魏胜强：《为判例正名——关于构建我国判例制度的思考》，《法律科学》2011年第3期；另参见《中国式“判例”头炮有点闷》，《南方周末》，2012年1月13日，该报道标题代表了一般媒体对案例指导制度的理解。

② 本书标题意在强调是要围绕该建构任务探索系统方法，而非简单堆砌各类方法。

③ 参见武树臣主编：《判例制度研究》，北京：人民法院出版社2004年版。

④ 参见陈兴良：《从规则体系视角考察中国案例指导制度》，《检察日报》，2012年4月19日。

⑤ 有关司法解释的批判及声辩，参见贺日开：《司法解释权能的复位与宪法的实施》，《中国法学》2004年第3期；陈兴良：《司法解释功过之议》，《法学》2003年第8期；曹士兵：《最高法院裁判、司法解释的法律地位》，《中国法学》2006年第3期；魏胜强：《司法解释的错位与回归——以司法解释权能为切入点》，《法律科学》2010年第3期。目前较为主流的观点认为司法解释虽曾发挥过较大作用，但是在权能配置上难以自圆其说（个别法官提出的“习惯法说”未获认同），妨碍了法官自由裁判，为判例制度的建立人为增添阻力，应予废弃，以个案解释的判例制度取而代之。

⑥ 参见李仕春：《案例指导制度的另一条思路——司法能动主义在中国的有限适用》，《法学》2009年第6期。

但是在乐观的方面也应看到，案例指导制度将有力地引导法律人共同体集中注意力于判决先例，《规定》所说的“参照”又的确保留了弹性空间，所以它在可能沦为司法解释附庸的同时，也可能为实质性判例制度的确立带来契机。实际上，从我国法制史及区际比较法的经验来看，后一乐观前景是很现实的。按民初大理院（民国十六年后改称“最高法院”）之“判例”，只能取自于最高审判机关的判决，且删去完整事实，仅保留抽象的命题，遴选、发布的程序与案例指导制度同样刚性，从先例规则的形成上看，弹性还要小得多。简言之，上述所谓“判例”制度，与大陆法系经典的判例制度距离比较遥远。然而上述“判例”制度在我国台湾省实施至今，不仅迄今未废弃，且还的确确立了实质的判例制度。究其根源，就在于台湾省学界、司法界对该狭义“判例”与实质判例的距离有清醒认识，并知耻而后勇，一边不停息地消除狭义“判例”的弊端，[①] 一边借助其强行集结先例注意力的优势，将案例研究范围扩张到无穷尽的裁判资源，从而实现了与大陆法系实质判例制度的合流。

由此可见，案例指导制度可能成为实质判例制度的掘墓人，也可能成其为先声。门已打开，歧路在前，何去何从，更多地有赖于法律人共同体的行动。而这行动的重中之重，就是将指导性案例集结的先例关注迅速地推向实质性的、可靠而精粹的判例。判例纂辑方法也将在此扩张的过程中更显重要。如果按照目前发布指导性案例的速度，并且坚持狭义的案例指导观，将该制度视为司法解释的附庸，那么纂辑方法至少在未来一大段时间里都无足轻重。而一旦积极地从该制度出发追求实质判例制度，法律人共同体有无判例纂辑方法自觉，将是决定成败的关键。

判例一大意义在于渐进地、稳妥地、有理由地、有说服力地演进法律，[②] 为法教义学体系输入新问题和新素材是其演进法律的起点。法教义学是法律人用以应对现实生活的体系，具有常新的使命，作为其问题和素材之渊薮，判例库也是开放的、常新的，且需要有较大规模才能满足需

---

① 典型例子如2004年杨仁寿等三位大法官在“司法院”释字第576号解释之协同意见书里，详尽阐述了该“判例”制度与大陆法系实质性判例制度的不同，认为其有违权力分立及独立审判原则，对后者则仍推崇备至。

② 王洪亮：《德国判例的编纂制度》，《法制日报》，2005年3月10日。

要。但是不断累积的判例也是思维的负担,[①] 为了吹尽狂沙、淘得真金，并嵌入体系，需要系统的方法。

本书集中关注的判例纂辑方法是上述系统方法的有机组成部分，包括判例和判例研究成果的编纂、搜辑和纂述，既涉及对原始材料提炼、考证、排比的方法，也涉及运用材料得出研究结论的方法。[②]但是本书并不关注判例研究的完整细节,[③] 甚至对判例编纂、判例库汇纂的方法细节也仅作适可而止的描述。[④] 本书的任务是着眼于当前不规则的、各自为政的判例编纂、研究工作，探询方法粗迹及其背后深刻的机理，激发法律人共同体方法自觉，推动案例指导制度向中国特色判例制度演化。理想在于建立丰富、可靠而精粹的判例库及判例研究文库，然后以此“两库”为依托，采用各类体裁形成判例通说及学术通说合力机制，将“两库”里原生态存在的精华提炼出来，建立良好索引，造就法律人共同体共享的法教义学知识宝库。

二、判例库之纂辑

（一）纂辑目标

判例库是判例制度的“物质”基础，上文提及的“丰富、可靠、精粹”可以作为衡量其优劣的标准。所谓“积土成山，风雨兴焉；积水成

① 例如有论者指出，美国积累的判例数以百万计，现代信息技术的兴起使得人们无法确信自己搜读了所有相关的先例，传统意义上的“遵循先例”原则不得不大打折扣。参见［美］阿蒂亚、萨默斯著，金敏等译：《英美法中的形式与实质——法律推理、法律理论和法律制度的比较研究》，北京：中国政法大学出版社 2005 年版。技术延展了人们的手眼，但却动摇了内心的确信，真是“成也萧何，败也萧何”。

② 前者属于纂类，后者属于著述。清儒治学与当代判例研究一样，也面临了处理巨量材料的问题，为此而提出功力与学问之分、纂类与著述之分，就此尤请参阅钱穆：《中国近三百年学术史》，北京：商务印书馆 2003 年版，第 433 ~ 434、436 ~ 468 页。其间所引章学诚有关“夸多斗靡”、“竹头木屑之伪学”的批判，对我判例研究尤多警悟。

③ 有关具体的案例研究方法参见王利明：《民法案例分析的基本方法探讨》，《判解研究》（总第 14 辑），北京：中国人民大学出版社 2003 年版，第 3 页；王亚新：《案例分析的方法与学理》，王亚新等著：《法学进阶之路》，北京：中国人民大学出版社 2008 年版，第 5 页；解亘：《案例研究反思》，《政法论坛》2008 年第 4 期。

④ 具体的编纂方法此前已有较多介绍，例如有关美国、德国判例编纂的详细介绍可参阅郎贵梅：《美国联邦最高法院判例汇编制度及其启示》，《法律文献信息与研究》2008 年第 2 期；李翀：《德国判例制度研究》，《德国法研究》（第 4 卷），哈尔滨：哈尔滨工业大学出版社 2010 年版。

渊，蛟龙生焉”（《荀子·劝学》），就像一个系统要有足够量的积累才能有独特功能的“涌现”，判例制度也必须积聚足够“丰富”的判例，才能发挥演化法律的作用。判例有先例规范功能，“可靠”的要求是不言而喻的，它既指判决的作出未受司法腐败、法律技术过于低下等不良因素的“污染”，也指判例在公开和纂辑过程中没有失真。“精粹”是与“丰富”相反相成的一对标准。只有在丰富的基础上才能提供足够多的精华，但若只是一味地丰富，却也免不了泛览无依的遗憾，难以发挥演进法律的作用。

（二）比较法经验

由于英美法系“遵循先例”原则的作用，各级法院之判决对于自身（横向）、上级法院之判决对于下级法院（纵向），均有判例地位，所以判例库极其宽泛。加之缺乏类似大陆法系立法、法学构筑的法教义学体系，英美法系判例分类的关键词库也极为庞大[①]，与我国成文法传统较为隔阂。故而下文主要考察大陆法系的经验。

先以德国为例，德国联邦法院编辑的民事、刑事、行政、劳动等判例集，均由专门办公室编纂，精选案例并添加裁判要旨，予以出版，但上述编纂行为不具有太大的刚性。除了上述“官定”判例集之外，《新法学周刊》（NJW）、《新法学周刊——判例报告》（NJW－RR）等著名期刊也大量遴选、公开有意义的判例，成为民间判例库。一个特别值得关注的情况是，各法律部门都有专门期刊分专业遴选、公开判例，针对性强。例如商法领域就有《银行法和银行经济杂志》（ZBB）、《企业和公司法杂志》（ZGR）、《经济法和破产实务》（ZIP）等等。另有 Beck－online 数据库、Juris 数据库等或搜集较新判例，或志在存储所有公开的判例。

与德国相比，日本在“官定”判例集的编纂上较有特色。其大审院于 1921 年开始编纂判例集，“二战”以后，大审院改称最高裁判所，继续编辑自己的判例集和各高级裁判所的判例集，又有《下级裁判所裁判例集》。虽一称“判例集”，一称“裁判例集”，名称不同，搜集的判决所出法院之手不同，但是在研究中都被以判例视之。日本遴选、公布判例的做法较为严格，在最高裁判所和各高级裁判所专门设置由七名法官组成的判例委员

---

① 美国 West 出版公司著名的判例库使用的关键词多达近 10 万个，参见郎贵梅：《美国联邦最高法院判例汇编制度及其启示》，《法律文献信息与研究》2008 年第 2 期。

会，负责遴选判例。①

我国台湾省“最高法院”编辑的《判例要旨汇览》，相较于日本的做法更为严格。据其“法院组织法”第57条及“最高法院”《判例选编及变更实施要点》，判例只能由“最高法院”庭长、普通法官五人以上联署，从“最高法院”判决中遴选，并须提炼要旨、汇编出版，报“司法院”备查。每一判例均依严格程序发布，以判例要旨的面目出现，纂辑形式附着于法条之下，变更程序相当复杂。但是台湾各级法院的判决却又公开得极为广泛，所以在判例要旨之外形成了庞大的案例库。从判例制度的养成来看，台湾法律人共同体并没有限于《判例要旨汇览》故步自封，而是大规模地从上述案例库里采撷，这一点特别值得重视。②

总结起来，目前大陆法系各国判例库大致包括如下三个层次的内容：“官定”判例集、民间以专门刊物形式出版的判例集、电子数据库。其权威和精粹程度大约是依次递减，但由于专门刊物在选载判例之余经常还邀请知名学者撰写判例评论，所以又可能在具体判例先例之权威性上，反而盖过了官定判例。三者功能也存在差序特征：电子数据库是为了分辨检索并提供各判例公开信息的全貌；官定判例集意在萃取精华，③划定最核心范围凝聚司法及学术注意力；判例刊物则有推动学说参与、汰选漏网精华，提升专业化的功能。

（三）我国案例库存现状与未来前景

1. “存货”盘点

根据《规定》第8条，最高人民法院发布的指导性案例也将按年汇编，毋庸置疑。这是我国“官定”判例集的代表。此外还有其他带有官方

---

① 参见王亚新：《对抗与判定——日本民事诉讼的基本结构》，北京：清华大学出版社2010年版，第243~245页。

② 所以早期研究判例的代表性著作虽以“判例”冠名，但考察范围远不止于上述狭义的“判例”，而广泛旁及于“最高法院”的判决和下级法院的典型案例。晚近台湾学界案例研究更有平等对待“最高法院”判决和判例的趋势，又将触角更远地伸向地方法院的判决，为求写实，干脆略去了“判例”直接冠以“案例”或“判决”之名。前者如王泽鉴先生之《民法学说与判例研究》（1~8册，北京大学出版社2009年版），后者如台湾大学詹森林教授之《民事法理与判决研究》（1~5册，中国政法大学出版社2009年版）、中正大学曾品杰教授之《财产法理与判决研究》（元照出版有限公司2007年版）。

③ 其编纂行为的刚性程度在不同法域各有不同，例如在德国、日本、我国台湾省即依次增强。

色彩的判例集，例如《最高人民法院公报》、《人民司法》、《人民法院报》、《法律适用》、各业务庭编写的各种《审判指导与参考》集刊、应用法学所编写的《人民法院案例选》、各地方高等法院或中级法院公布的专为指导实务工作的案例，数目庞大。这些案例在真实性上具有切实保障，在审判业务上也可以确保严谨公正，借助科层机构经历层层上报筛选，含金量高。2003 年最高人民法院又依民商法、刑法、行政法分十五卷汇集出版其裁判文书，统称《判案大系》，收录案件多达两千余件。①

最后，像北大法宝、法意等知名的案例库，已经颇具规模。截至 2012 年 7 月 16 日，北大法宝共收案例 714 076 件。这是一项杰出的成绩，须知德国最大的案例库“法库”（Juris）苦心经营数代人，所收案例也不过百万件，且完整案例仅三十多万件。不过，也要承认，上述德国案例库大多来源于各种判例集，可靠性和精粹程度高得多。我国现有的电子案例库，在这方面还有较大提升空间。

2. 系统化纂辑

假如停留于比较法经验的表面，那么对于上述“存货”似乎只需添加关键词，提炼要旨，按时间纂类排比即可。然而依葫芦画瓢却难竟全功。我们切不可忽视，前述大陆法系各国成功经验背后其实是一个“联动”机理：综合了法律审、一定程度的遵循先例、官定编纂、学术补强及纠偏等因素，才使得一个个“死”的判决汇入到“活”的判例制度之中。其中法律审之终审又集中于最高法院，使之真正成为一般案件审级的“最高”，从而使得法律适用统一的原点锁定于最高法院，② 对于法官预测上诉审结果、学术批判之注意力集中具有决定性作用，判例制度的效率也因此有了强大的保障。反映在判例库构造上，以最高法院判决为绝对主体，斩钉截铁，清晰有力。

我国缺乏法律审的专门设置，最高人民法院在大多数案件上也不是最高审级法院（审监程序除外）；而且法律人共同体也没有形成重视本土判决的习惯。所以即便是最高人民法院的判决，公开之后也很可能泥牛入海，且判案法官在下笔之际也不会从设置先例上高度重视其工作。上述不

---

① 这一做法在我国判例制度养成上意义非凡，应予延续。在前言里时任首席大法官的肖扬先生曾殷切呼吁学界关注，可至今杳无回音，似成绝响，令人叹惜。

② 关于法律审对统一法制的重要意义参见张卫平：《民事诉讼法律审的功能及构造》，《法学研究》2005 年第 5 期。在该文中张教授直称判例制度为法律审的“副产品”，对二者的关系有中肯的分析。

利因素会形成恶性循环，压制判例制度萌生。目前案例指导制度恰恰是打破这种恶性循环的契机。为了充分利用这一契机建构中国特色判例制度，在判例库的纂辑培养上，应以指导性案例为核心尽早予以系统化。

首先应借助指导性案例向判决先例集结注意力的优势，使尽可能多的判例资源以指导性案例为核心组织起来。例如，可以积极承担《规定》第9条对“其他有指导意义的案例”的“清理”任务，尽快主动清理，如此既可以提升最高人民法院工作速度，也可以从案例上指导制度“借鸡生蛋”，早日形成我国活法意义上的判例库。再如，指导性案例置入大陆法系判例体系之中近似于“确定性判例”，如果能汇集同类主题的判决，可以更清楚地界定该指导性案例在司法实践中的真实地位。因为大陆法系判例分类中除了确定性判例之外，还有持续性判例，前者依法院一则判例表明先例立场，具有显著的强行性特征，但可能缺少说服力。后者则是从一系列判决中撷出的立场，反映了深思熟虑的相同立场，往往更具有说服力。前者可以提升为后者，后者还可以提升为“习惯法”，在从普通判例经确定性判例、持续性判例至于习惯法的判例谱系中，持续性判例具有“枢纽”地位。我国若欲从案例指导制度发展为中国特色判例制度，就绕不过将重点从确定性判例向持续性判例转移的环节，这尤其离不开判例库纂辑工作的支持。

除了以上核心工作，还应就既有的可靠精粹案例作“人口普查”式研究纂辑，一一赋予征引编码，形成可靠的纸式及电子判例库，建构本土判例制度的坚实平台。为了持续发展案例库，又应加强培养《人民司法》、《法律适用》、《民事审判指导与参考》等成熟“品牌”，并挖掘潜力开发新品牌。总之，在我国目前立法体系基本完备的今天，回过头去对这些判决进行整理，汇集出版，应可成为判例制度培植的根基。

三、判例研究文库之培养

（一）培养目标

在成文法系中，无论是法条还是判例，只有经历法教义学的诠释、提炼、汲取，才能顺利融入法律演化的长河中，[①] 由于判例库散碎、庞杂的特点，判例对于法教义学研究的依赖又尤为显著。与此同时，学术深度参与判例研究，也是形成法学、司法、立法“三赢”局面的必须，学者个人的成长、学派的造就，往往以此为契机。对于判例研究文库，最重要的衡量标准同样是丰富、可靠、精粹。这是一个“形散而神不散”的“文库”，可以散落于法学研究的每一个角落，在它充分成熟时，应能就判例不断凸显的问题及时提供力所能及的解答。如前所述，本书所称判例“纂辑”包括纂类和著述，本部分却专谈“培养”。这是因为，就此文库而言，最重要的是著述，是如何吸引尽可能多的第一流智慧参与判例研究，在著述上百花齐放，以供采撷。关键在人，打通了这一关，丰富、可靠、精粹的研究文库将水到渠成。

（二）比较法上学术参与的经验

在大陆法系先进法域里，学术参与的经验可以给人诸多启发。先以德国法为例，该国法学在关注实务方面有悠久的传统，在萨维尼、耶林的时代，法学家就积极关怀司法实践。例如耶林完成从概念法学向目的法学转型，其动因全在于回应法院 1858 年某“一物二卖”案件的咨询。在该项咨询工作中，利益冲突彻底颠覆了概念王国，从而使耶林完成了从概念法学转向目的法学的“大马士革之旅”，1858 年也成为德国法学史上重要的年份。[②] 在《德国民法典》出台之后，实务导向仍旧主导了学术研究。例如利益法学巨子海克倡议以法官发现法律为中心。第一篇研究利益法学对最高审判机关影响的专题论文是 1929 年首次发表的《帝国法院与利益法学》，该文整理出多个案例群，评估了利益法学的影响力和努力方向，为判例研究创设了一个范式。[③]

评论判例也被当代德国的学者们作为毕生职责，拉伦茨、弗卢梅等大家都在耄耋之年仍为此孜孜不倦。在有关撰著中，判例整理不可或缺。学

---

① 阿列克西提到，法教义学触角未及的立法令人不知所云。参见［德］阿列克西著，舒国滢译：《法律论证理论——作为法律证立理论的理性论辩理论》，北京：中国法制出版社 2002 年版，第 328 ~ 330 页。

② 参见吴从周：《民事法学与法学方法》（第二册），台北：新学林出版股份有限公司 2007 年版，第 30 ~ 32 页。

③ Müller – Erzbach, Reichsgericht und Interessenjurisprudenz, in: Ellscheid/Hassemer (Hrsg.): Interessenjurisprudenz, 1974, S. 126ff.

说努力在司法界获得了尊重，成功的学说结论常是司法判决征引的对象。这一努力在立法上也获得了极大的重视。例如2001年《债法现代化法》将有关积极侵害债权、缔约过失等学说和判例发展成果吸收入民法典，但此前学说对判例的总结仍是理解适用该当法条的必要根据。①

在日本法上，判例制度的建构和繁荣同样离不开学术参与。据称大审院于1921年开始将判例结集出版，就是受到了学者末弘严太郎呼吁研究案例的影响。② 其后权威学者我妻荣先生在其方法论名文以第一章专论“裁判为中心”，③ 在其民法全书里集民法判例之大成，终其一生另又撰写案例评论240余件，开创了学说与判例互动的新局面。其后学继续将判例研究引向深入。川岛武宜抓住了“判例”的概念问题，认为概念界定众说纷纭，以至于讨论总是擦肩而过，有必要重定概念并整理研究方式。④ 这一工作获得较多认同，也使日本判例研究以提取“先例性规范”为一主要鹄的。⑤ 被认为继承了我妻荣地位的星野英一，自谓受益最大的时光就是参与东京大学判例研究会的时期，其所创立的利益衡量论也直接扎根于判例研究。⑥ 至今日本法学仍称道判例研究两大流派：东京大学的“判民型”（得名于“民事判例研究会”）与京都大学的“民商型”（得名于《民商法杂志》）。两所大学也被视为日本判例研究的重镇。⑦

（三）我国目前的问题及出路

目前我国境内案例研究主要由法官承担。法官身处实务第一线，对个案裁判的曲折奥妙有亲身体会，裁判之余发为文章，对于裁判经验总结是

---

① Dauner-Lieb/Heide/Lepa/Ring（Hrsg），Das Neue Schuldrecht，2002，S. 138f.

② 当时打算对此前的判决进行清理，这一点与我最高人民法院《规定》第9条要求清理此前“有指导意义案例”何其神似。但日本大审院后放弃了该项清理工作，据称是与作业量过大有关。参见段匡：《判例的法源意义——以日本法为视角》，中国民商法律网（http：//www. civillaw. com. cn/article/default. asp? id =54752），2012年1月29日上传，2012年7月20日访问。

③ ［日］我妻荣著，王书江等译：《债权在近代法中的优越地位》，北京：中国大百科全书出版社1999年版，第351~353页。

④ 参见段匡：《日本的民法解释学》，上海：复旦大学出版社2005年版，第222~224页。

⑤ 参见解亘：《案例研究反思》，《政法论坛》2008年第4期。

⑥ 参见张利春：《日本民法中的利益衡量论研究》，山东大学博士学位论文，2008年，第119~120页；台湾大学也曾有“民商法判例研究会”，于每月最后星期六下午召集，参见杨仁寿：《法学方法论》，北京：中国政法大学出版社1999年版，第289页。

⑦ 参见解亘：《案例研究反思》，《政法论坛》2008年第4期。

很有益的，应该受到鼓励和重视。但是把案例研究的重担压在法官身上，从实务和理论分工来看并不妥当，还会形成系统性的弊端，[①] 使案例研究在审案心得记录的水平上徘徊。学术研究置身事外，表面看来大约出于案例研究论文发表难等原因，[②] 但究及深层原因，恐怕还是学术共同体对案例研究的重要性没有充分评估，对判例养成的任务缺乏自觉担当的意识。[③]

上述德国和日本的经验在最直观的层面表明，学术关注判例的传统都形成于判例制度的成熟时点之前，甚至可以断言，若无学术的推动，就不会有后来的学说、判例共荣局面。法学先行，这是由成文法系法学优先地位先决了的。而法学盯紧判例的背后还有不容忽视的机理：从中汲取问题和素材丰富自身，支持立法和司法；利用裁判“时效性”和对抗性特点，联通抗辩双方和学术商榷的血脉，使法学研究更具对抗性，更具人间烟火气；说到底，就是启动判例、学说双重“通说”互竞、互济的机制，激发司法、学术、立法演进的活力。

古人常以“立德、立功、立言”三者并举，谓之“三不朽”，著述本应归属于立言。可是法学（法教义学）著述的终极目的却并非造就不朽名著，并非“藏之名山、传之其人”，而只是满足于影响当下的立法和司法实践。的确有个别法学家可能跻身不朽，但是他们名满天下的著述却早已湮灭无闻，[④] 比较起来，他们所做到的更像是“立功”，而非“立言”。法学家以著述“立功”，无非是以文章说服法律人共同体，并将其说服力贯

---

① 参见解亘：《案例研究反思》，《政法论坛》2008 年第 4 期。

② 当前法官对先例的藐视、学者对判例的怠慢以及几乎所有法学期刊对判例研究的吝啬，简直是一场扼杀判例（法）的“共谋”。王泽鉴先生于 2008 年及 2009 年在北大、清华分别讲学半学年，其间曾屡屡大声疾呼，号召我大陆学界关注判例（法）培育工作，令人感佩、惭愧、动容！参见崔建远主编：《民法九人行》（第 5 卷），北京：法律出版社 2011 年版，第 249 ~ 254 页。

③ 王泽鉴先生提及，三十年前，我国台湾省的学者也不重视判决研究，其理由与目前风行大陆者一般无二，如判决公布不系统、不全面，个案判决学术价值不够，判决内容过于简略，法学期刊很少刊登判例评析性论文等等。王先生一一驳斥，指出，学者研究判决，“这是他的权利，更是他的义务”！可谓振聋发聩。参见吴一鸣：《民法的方法与法律的成长——王泽鉴教授华东政法大学讲学综述》，《华东政法大学学报》2009 年第 4 期。正是由于王先生及台湾大学等学术重镇的推动，台湾的判决研究早已今非昔比，蔚然成风。

④ 所以王泽鉴先生凭吊注释法学大师阿佐时也不免感叹其名不朽，其书磨灭。假如存在例外，民法学家的著作居然也能不朽，那么几乎可以肯定，其著作已不是纯粹的民法著作，而更多的是以法史或法哲学的人文色彩跻身不朽。双栖于人文和法学的冯象教授也关注到：称得上法学的传世之作，历来只有两类，一是哲人的片段论述，一是优秀的法制史和法律思想史著作。参见冯象：《法学三十年：重新出发——纪念王元化先生》，《读书》2008 年第 9 期。

彻到立法和司法实践中去，一言以蔽之，他们所追求的不是不朽名著，而是当下的通说。[1] 在体系融贯的法教义学笼罩之下，法学家个体的工作与法律人共同体集体的工作获得一种系统效应——任何个人的任何作品如果有其意义，意义都在于代言了“通说”或催生过“通说”。[2] 认识到这一点，有利于促使法律人安于集腋成裘的判例研究工作，自觉担当渐进发展法律的使命。

判例研究文库应兼摄各类著述体裁，在反面也可以说，以现行法运行为主题的各类体裁均应关注判例。所以体裁自觉也是促使法律人共同体瞩目先例的重要一维。部门法著述体裁大约可以分为案例分析、专题研究、评注书、教科书及体系书。[3] 各类体裁都可以服务于打造体系通说的使命：例如案例分析可就细节直接沟通学术通说及判例通说，形成两重通说互竞互济机制；专题研究使对话围绕专题走向深刻和全面；教科书则整理通说成就，便于师生教学口耳相传，是代际传播的载体。至于评注书和体系书则更加重要，由于这两种总结性著作是判例研究文库和索引库交义的领域，且其特殊重要性更集中于索引方面，所以在下一部分将另作详述。此处应可确知：如上各类体裁虽然侧重点各有不同，但是判例理应成为它们共同的题材，形散而神不散的判例研究文库，也将由此而在种种著述之中丰富起来。

最后还应看到，比较法上学术参与的成功离不开研究环境的协力。例如创立各类判例研究组织，形成人才气候和研究氛围；创立专门的判例研究刊物，为发表与推广成果大开方便之门；鼓励培养学派和个人风格，强化法学研究商榷及论证色彩；在学术评价体系上，应关注对实务的影响、对通说养成的贡献等实质性指标。因此，在明了判例研究的重要性之后，还须在环境优化上下功夫，若非如此，法律人共同体就不可能形成瞩目先

---

① 关于“通说”请参见《北大法律评论》第12卷第2辑（贺剑主编）刊载的“法学通说”系列论文，尤请参见其中庄加园：《教义学视角下私法领域的德国通说》；黄卉：《论法学通说》（又名《法条主义者宣言》）。以上文献主要介绍德国法族的情形，此外就意大利学说与判例互动做法，请参见薛军：《意大利的判例制度》，《华东政法大学学报》2009年第1期。

② 参见尹田：《体系书与民法学家的使命——评崔建远教授著物权法体系书》，《中国法律》2012年第4期。

③ 其他较早探讨民法著述体裁者，参见韩世远：《合同法总论》，北京：法律出版社2004年版，前言。最近就此问题较深入的阐发请参见尹田：《体系书与民法学家的使命——评崔建远教授著物权法体系书》，《中国法律》2012年第4期。

例的潮流。即便个别有识之士安于判例研究，辛苦所得也只是没有回音的绝响而已。

四、索引库之纂辑

（一）纂辑目标

判例遴选、研究和应用的过程其实也是信息传播的过程。当代信息科学的一个基础性共识主张，知识分两种，其一是知识本身，其二是获取知识的方法，后者在信息爆炸的时代越发重要。判例制度也是如此——如果缺乏获取适切判例及研究成果的方法，那么积累的“散装”判例和研究成果愈多，就愈是运转失灵。

不过，法典法系在进入判例时代之前早就面临了处理大量法律信息的难题，并且因此而形成了法条体系和法教义学体系这两大架构。信息使用者所要做的就是在体系中像卫星定位地图那样层层推进细化，直至找到需要的那个知识点。[①] 这些千锤百炼的架构和方法对于判例制度也是有效的支持。所以判例精华提取以后，还应融入这两大架构之中，如此才能真正成为现行法教义学的有机组成部分。[②] 本书所称“索引库”就是上述“融入”效果的物质承担者。这里的“索引”不是某种多级目录，也不只是为“散装”案例配上方便搜索的关键词，而是以一系列综合性的纂辑体裁，形成提炼精粹和体系融会的渠道，并在现行法研究和适用时，为人们寻找判例支持提供迅速精确的指引。

（二）比较法经验

在比较法上，索引库可依上述“两大架构”划分为两大类别，分别是以法条为纲的索引库和以法教义学体系为纲的索引库，以下分别述之。

---

① Medicus, Bürgerliches Recht, 2007, S. 2f.；［德］齐佩利乌斯著，金振豹译：《法学方法论》，北京：法律出版社 2009 年版，第 126～128 页。

② 那些未能融入者要么永久删除，要么沉睡，直到未来或又因缘际会再被唤醒。比较起来，大陆法系更注重新的判例，“无名”判例往往沉睡至“死”；英美法系则因尘封判例至少在理论上仍具有法源地位，所以在法庭上被戏剧性“唤醒”的可能性要大得多，这实际上也会破坏法律安定性效果，故而屡受指摘。

1. *以法条为纲的索引库*

以法条为纲的索引库约有两种典型。其一是将判例要旨提取出来直接附在法条之后。民初大理院及我国台湾省“最高法院”《判例要旨汇览》，清朝律例合编，[①] 日本和台湾省学者编辑的“判例六法”，以至法国著名的巴罗茨（BALLOZ）民法典也都可以归入这一典型。[②] 它的有利之处是可以在阅读法条时迅速了解相关实务立场，美中不足则是仅为原材料的拼装，没有学说的深度参与。按照我国传统著述的说法，这些只是“功力训练”，而非“撰著”。

第二种典型是德国法族最为发达的法律评注。在每一条之下，由学者阐明条文所涉制度的始末，提取主要争点，罗列代表性学说和判例，尽可能概括通说立场，并时而阐发撰写个人立场。为了彰显体系性，还常常在各篇章节或多个法条构成的“立法意群”之前，专门阐发该整个“意群”在法教义学体系中的地位。征引的判例多被浓缩为关键性的话语，指出其主要意旨，然后引向原生态的判例库及判例研究文库。这种典型是法教义学研究最成熟的撰著形式之一。

评注可根据受众需要采取各种规模。例如德国民法规模最大的三大评注：施陶丁格（Staudinger）评注、泽格尔（Soergel）评注、慕尼黑（Münchener）评注，均为多卷本鸿篇巨制。例如其中规模尤大的施陶丁格评注创办至今已逾百年，共分四五十卷，多达十万页以上，根据各部分立法、判例、学说进展不断滚动式修订更新，堪称民主法制文化的柱石。此外为学术研究和教学使用的中小型评注也不胜枚举。因司法实务中的使用既须携带方便，又须精炼信息，所以又有专门的所谓“法官评注”——帕兰特（Palandt）评注，被推定为实务法律人所应了解，若未经查阅其引述的判例而致败诉，将可能导致律师责任。这种理念与判例在方法论上的地位是相联系的。

2. *以法教义学体系为纲的索引库*

这种索引库也可以举出两大典型。其一是为教学或实务目的制作的专门汇编，例如风行于德国法族的各类“裁判百选”，其中日本法学界编纂

---

① 明及清初条例纂辑时原以时间为顺序，自乾隆五年本《大清律例》始改按条例内容分类附入律条，便于使用并大幅解决了律、例柢牾的难题，乾隆五年本也由此而被尊为中国历朝法典发展最高阶段的标志。参见田涛、郑秦点校：《大清律例》，北京：法律出版社1999年版之，点校说明。

② 参见罗结珍译：《法国民法典》，北京：法律出版社2005年版，第1页。

的各类“裁判百选”又尤值取法。以民法为例，日本由各领域著名学者就民法总论、分论、交通事故、消费者保护、医疗过失、家族法分别编纂裁判百选。所有汇编都体例严明，短小精悍。任一判例均按事实摘要、判旨、解说、参考文献四部分展开，各占篇幅一个对开两页纸，读起来一目了然。① 在编辑上可做较大幅度的删裁，以提升有限篇幅的覆盖面，但又要忠实于原判决，反映其原貌神韵。其中教学汇编尤其应该与教科书的阐述紧密关联，使研习者及时熟悉实务立场，养成理论联系实际的习惯。同时也提升了经典判例的“知名度”，通过学术传承培养本土判例制度。

其二是体系书，这是评注书之外法教义学研究最成熟的另一撰著形式。例如我妻荣在体系叙述中随时随地地穿插着有关判例，使人既有整体的概观，又有细节的确信，不过分增添阅读材料的负担，却又可以随时根据兴趣和需要按图索骥寻得个案深入研究。其著作体现出学说与判例的完美结合，故而被誉为使日本法获取自己生命的重述。在共同的母法法域德国法上，经典体系书与判例的穿插结合更是炉火纯青，深值取法。②

3. 总结性著作与两重通说机制的形成

如前所述，评注书和体系书这两类索引库又可归属于总结性著述体裁。任何学问，当其智识材料积累繁富时就需要删繁就简，归纳总结。法学也是如此。但是总结性法学著述的意义又更加重大，这是由上述共同体使命所决定了的，在其背后，潜藏着深层机理。通说是充分对话的结果，总结性著作则为对话提供了可靠平台。这一平台有两大支柱，其一是锻造体系，其二是总结文献。法教义学应对的是社会生活的方方面面，有如一个恢宏的画卷，若无体系建构，岂能以简驭繁。体系书和评注书则以法学体系和法条体系建构为首务，避免了“盲人摸象”之忧，由此而打造了对话平台的第一大支柱。与此同时，它们又以绝大的魄力完成了对既有文献的总结，借此津梁，可于体系之中，就各路学说判例洞若观火，从而大幅度地节约检索时间和达成共识的时间。

总结性著作本身常常就是通说的渊薮。文献占有和处理能力，以及建构体系的能力，无不彰显着强大的学术创造力，更何况法学原本就是经验

---

① 日本法学对判例篇幅标准化的追求另见于著名的《法学时报》，其刊载各案连带评论一律短至四页纸，极尽简约之能事。

② 参见米健教授担任编译委员会主任的“当代德国法学名著”系列各部门法体系书。

积累和总结的产物，[①] 总结得最好的人往往最能说服人。所以在学术史上，多数“权威”著作亦为总结性著作。而这“权威”，也恰是“通说”代言资格的别称——“通说”（herrschende Lehre，herrschende Meinung）直译起来，正无非“权威（支配）说”而已。[②]

通说背后的“权威”可以大致区分为政治权威和智识权威，[③] 其中政治权威意味着借助法律审或一般性的上诉审，赋予上级法院相对于下级法院的权威地位。上级法院推翻下级法院的立场时，说理固然很重要，但是人们并不能想当然地认为上级法院的法官就任何问题都比下级法院的法官要高明，归根结底，最终还得靠政治权威来确保上级法院判决的立场。智识权威则意味着以有力的论证、渊博的法理智慧支撑起某个立场的说服力。如果说政治权威可以简化为“压服”，那么智识权威即应简化为“说服”。通说包括学术通说和司法通说，在这两重通说之间，上述两类权威所起的作用是不同的。学术通说应该是智识权威的代表，应是充分对话商榷的结果；而司法通说则恒以政治权威为最终的后盾。但是也应看到，一个判例立场之所以能够成为司法通说，绝大部分情形下离不开论证的说服力，也就是其自身隐含的智识权威，在缺乏统一于最高法院的法律审时，尤其如此。[④]

总结性著作恰恰是智识权威生成的重要凭借。它可以放宽时空视界，汇集各家学说及判例，折中权衡，找出合适的方向，并大面积地考察群体行动，就一定目标立场求得支持的证据。其特点契合于两重通说发现的规律，取得智识权威地位不足为奇。最后还应提及，学术通说与司法通说虽然在多数情况下应该一致，但是在一定情形下，两类通说也会脱节乃至对立，此时就要靠批判和对话来实现新的统合。而在这个旷日持久的统合过

① 罗马法历久弥新，以及法史的方法、比较法的方法风靡至今，足以说明经验在法学中是多么重要，霍姆斯大法官更直接宣称法律的生命在于经验，而非逻辑。

② 参见尹田：《体系书与民法学家的使命——评崔建远教授著物权法体系书》，《中国法律》2002 年第 4 期。该文借“景行行止”诠解通说，沟通“道”之权威、习惯法及通说的深层理路，甚值体察。

③ 参见［美］波斯纳著，苏力译：《法理学问题》，北京：中国政法大学出版社 2002 年版，第101 页。

④ 参见李友根：《指导性案例为何没有说服力——以无名氏因交通肇事致死案件中的原告资格为研究对象》，《法制与社会发展》2010 年第 4 期。即便是以遵循先例原则著称的英美法系，也有“预先推翻”之说，即下级法院窥测上级法院修正其判例立场的意向而提前悖逆不欲遵循的判例立场，这是下级法院对智识权威不够的上级判例实施的“兵谏”。

程中，又是总结性著作锲而不舍地记录每一次交锋，纂辑阶段性成果，呈现基本的走势，向法律人共同体发出引导力量。

（三）我国案例索引库纂辑的现状与前景

在我国当前，除就各法律部门均急需“裁判百选”等索引库以支持教研、实务之外，总结性著作尤应成为索引库纂辑的着力方向。自史尚宽先生等先驱以来，我国学人一直重视体系书写作，新时期法学研究在这一方面也取得了较好成绩。晚近又有学者提出了“全面、详细而深刻”的写作要求，并积极探索如何培养体系书的风格。[①] 体系书多出自于一人之手，而非人海战术的结果，这个特点赋予了它不同于评注书的特殊意义。特别是民法学着意于应对市民生活的全部，可以说一降世就具有天赋的史诗气质，故以独著而不是主编的方式完成体系性著作，对于民法学来说意义非常，甚至《瑞士民法典》、《阿根廷民法典》等法典也因“独著”色彩而为世人称道。我国学人在体系书方面取得的成就是值得称道的，但是也应看到，与成熟法域经典体系书相比，我国现有体系书在判例总结上存在不足，需要在中国特色判例制度建构过程中及早弥补。否则就不可能促成两重通说互竞互济机制，发挥体系书应有的作用。

评注书大多需要法学家群体协力完成，更像是宏大的交响乐。其撰著过程也是锻炼队伍、加强共同体凝聚力的过程，具有学术史的意义。我国（包括台湾省在内）在评注书方面暂无太大成绩，不过令人欣喜的是，晚近传来消息称，民法学界有两路专家在此领域正在开展有深远意义的工作：其一是翻译《欧洲私法原则、定义和示范规则：共同参照框架草案》(DCFR)，[②] 其二是纂辑民法立法评注。[③] 上述翻译母本是欧洲学者群体以评注体裁创制的民法典示范法，乃欧陆民法比较研究的总结性著作，在其框架之内以及注释征引文献中，蕴藏了极为渊博的私法智慧，其中不乏判

---

① 参见崔建远：《物权：规范与学说》，北京：清华大学出版社 2011 年版，序；尹田：《体系书与民法学家的使命——评崔建远教授著物权法体系书》，《中国法律》2002 年第 4 期。

② 参见欧洲民法典研究组、欧洲现行私法研究组编著，高圣平译：《欧洲示范民法典草案：欧洲私法的原则、定义和示范规则》，北京：中国人民大学出版社 2011 年版，第 550 页。据称由梁慧星教授主持翻译该示范法全文，共六巨册近七千页。

③ 《中国民法学研究会第一次全国会员代表大会暨 2012 年民法理论研讨会简报第二期》，中国民商法律网（http：//www. civillaw. com. cn/article/default. asp？id＝55319），2012 年 5 月 4 日上传，2012 年 7 月 24 日访问，参见其中王利明教授的工作报告。

例制度之精华。该项翻译工作将不仅使我国未来民法评注有所矜式，也将成为研究欧陆债法及动产物权法全方位的新起点。后项评注工作似将总结我国民事立法、学说、判例成就，其中整理本土判例以理解现行法真实现状并指明未来方向，当属题中应有之义。我国法律体系虽已备民法典却仍未成，此际推出大型“立法”评注继往开来，应比率先推出民法典意义更加重大。

两项工作堪称魄力沉雄，高瞻远瞩，或将引领一代学风。建议在其中都能眷顾中国特色判例制度的建构任务。有些工作略加配合，似可收到相得益彰的好效果。例如可在前项翻译工作之余，通过整理注释征引文献，将触角广泛延伸到判例比较研究中去，其研究成果又可以在后项评注中择善而从之。判例翻译和比较是欧洲民法典进程中的显赫主题，积累的知识财富令人赞叹，令人神往。在私法这么一个全球化和趋同化特征最明显的领域，借此两项评注工作大规模“拿来”母法法域的判例库，将使“中国特色判例制度”尽早站上巨人之肩！

第二章　指导性案例之文本剪辑[①]

——尤以“指导案例1号”为例

一、文本剪辑与文本“垄断”

现已发布的前两批八个指导性案例（下文简称“八个案例”），[②] 有两项特征深值关注。其一是文本剪辑，其二是文本垄断，二者与当下开展的案例指导工作及未来前景均关涉甚重。

文本剪辑是指裁剪编辑原裁判文书，这是八个案例直观的特征，易受察觉。文本垄断则不然，人们似乎普遍忽略了如下事实：八个案例在发布之前，几乎都没有存在的痕迹；发布之后，也绝无“多余”信息进入公众视野。如果想一想八个案例生效裁判时间一般超前于发布时间数年，[③] 而我国目前各类案例出版物及电子数据库又已如此浩瀚，那么八个案例“潜伏”得这样深沉，是绝不寻常的。

最有指导价值的案例往往在较短时间之内成为各类载体追逐的对象，可是案例指导工作程序又决定了，它们被列入指导性案例肯定是很长时间以后的事，上述案例载体可说是自然汰选的有益环节。换句话说，指导性

---

① 本文是12YJC820095号教育部人文社会科学研究青年基金项目之阶段性成果。

② 最高人民法院于2011年12月及2012年4月分别发布第一、二批共八个指导性案例，这是我国案例指导制度的发轫之作。

③ 八个案例生效裁判作出的时间分布为：2011年有3个，2010年有2个，2009年有2个，2006年有1个。

案例从自然汰选出来的案例中筛选其中最“渴求”指导者，显然最能体现案例指导工作的价值。可是八个案例的共同特征似乎指向完全不同的事实：指导性案例遴选人不是“正向”利用自然汰选结果，而是小心翼翼地避开已公开案例，独辟蹊径，另寻“遗珠”。这种工作思路既没有效率，也难以保证指导效果。[①] 若不改弦更张，以往积累的宝贵资源或将在案例指导制度名目之下反而束之高阁了。而且《规定》第9条要求清理、编纂已经发布过的有指导意义的案例，循此鸵鸟政策，恐难完成。

上述两项特征看似相互独立，其实紧密相连。案例文本剪辑虽非重新“创作”，但是必定产生种种差异。况且指导性案例文本剪辑更具有规范性色彩，只要条件允许，剪辑者为了避免“法出多门”，文本垄断简直是顺理成章的倾向。这在我国法制史及区际比较法上，甚至还是“常例”。

指导性案例与明清“条例”及民国时代大理院、最高法院之“判例”虽然外观差异极大，但是其借助行政力量剪辑发布的实质却一脉相承。[②] 上述条例及判例均取自于真实案例，[③] 所有发布文本均经有权机构大力剪裁。[④] 为了统一渊源，杜绝异说，上述条例和判例的母本案例都在官方发布文本之后被“打入冷宫”。

但历史经验同时又表明，在文本垄断的另一面，法学研究却致力于寻根探源，百折不回。这在清代已见端倪，康熙年间王明德所著《读律佩觿》、道光年间祝庆祺等人纂辑的三辑《刑案汇览》就挖掘了不少条例的渊源。这项工作在目前我国台湾省终已汇成巨流。台湾“最高法院”完全继承了原国民政府时代的判例制度，仍旧发布抽象形式的“判例”。20世

---

① 目前各界对于已发布案例暂无完整评价，但是对于第一批案例的评价似乎不够乐观，许多意见认为案例指导意义不够大，甚至处理方法也有待反思。这或许与此工作方式也有一定关联。参见《中国式“判例”头炮有点闷》，《南方周末》，2012年1月13日；罗斌、安海涛：《案例指导：断案再添一把尺》，《人民法院报》，2012年3月12日，请参阅其中宋鱼水法官所引他人对第一批案例的消极评价；《第六期金杜明德法治沙龙实录：聚焦最高人民法院第一批指导性案例》，中国法学创新网，2012年5月21日上传，2012年8月14日访问，请参阅其中梁根林教授及周光权教授的发言。

② 参见苏亦工：《论清代律例的地位及其相互关系》（上、下），《中国法学》1988年第5、6期；黄源盛：《民初大理院与裁判》，台北：元照出版有限公司2011年版。

③ 其中条例之底本案例也像指导性案例一样可出自于任何审级法院之手，判例则只能出自最高法院之手。

④ 与指导性案例不同的是，条例和判例最终文本均已删裁绝大部分事实，而往往只剩抽象命题。

纪70年代，受西方经典判例制度的启发，王泽鉴先生等有识之士屡屡呼吁“最高法院”公布判例“底本”案例全文。2006年杨仁寿法官担任“最高法院”院长以后，更倾尽全力，将民国十六年（1927年，是年“大理院”改称“最高法院”）以来积累多年的判例之底本案例都寻找了出来。[①] 殷鉴不远，今日指导性案例文本剪辑和垄断，会否催生群起寻根的大潮，案例指导制度和法律人共同体又将为此付出多少代价，也有待反思。

此外在法学方法论上，文本剪辑和垄断也颇有深意。当剪辑前后的文本并驾齐驱时，法律适用将受如何影响，实在是一个大难题。例如我国台湾省的判例虽经杨仁寿法官等有识之士奋斗不辍，及至今日，已可透视剪辑发布文本背后的完整文本，但就判例引用却仍有“读内”与“读外”的分歧。所谓“读内”即仅看判例抽象命题，“读外”则参酌其母本案例。内外之争，莫衷一是。[②]

综上可知，判例文本剪辑和文本垄断问题，可谓是中华法系久悬未决的老问题，即便是台湾继受西方成熟的判例制度之后仍无定论。从八个案例看来，案例指导工作开展伊始，也已不自觉地陷身于老问题的泥潭。这是一个不可绕道的问题链条，它在工作的开端处即显露端倪，但又深入关涉案例指导制度整体定位、指导性案例的顺利运行，将与案例指导制度之成败相始终。

依托如上问题链条，下文将关注如下焦点：剪辑有否正当性；剪辑的限度如何；剪辑前后文本的关系如何。如上思路主要以裁判文书本身的剪辑为出发点，裁判要点之辑录与此水乳交融，所以也多有涉及，但其专有的问题，则另待他文探讨。本书叙述之间将列举一定实例，其中具有特殊意义的是指导案例1号。该案例虽然与其余七个案例一样也没有完整判决面世，[③] 但是在2011年12月作为指导性案例推出之前，早有基层法院人士撰文公开发表，[④] 文中概括的判决书内容虽然简略，但仍显示了指导性案例文本剪辑不只是在“缩写”，也在“改写”，事实和法律论证都可能在剪辑中遭受修正。所谓一叶知秋，从该案两个简略文本的比对中亦可窥见

---

① 参见黄源盛：《民初大理院与裁判》，台北：元照出版有限公司2011年版，序言（杨仁寿撰）。

② 参见杨仁寿：《法学方法论》，北京：中国政法大学出版社1999年版，第285页。

③ 指导性案例取材的裁判文书自然不限于判决一种，本书为行文便利，常以判决或判例概称裁判文书或裁判例。

④ 张宁：《房屋买卖居间合同中规避“跳单”条款的效力和“跳单”行为的认定》，《法律适用》2010年第8期。

指导性案例文本剪辑的深层问题。

二、剪辑的正当性

上文交代的一系列问题，都渊源于文本剪辑，如果发布的不是剪辑文本而是完整的原文书，似乎一切都不再称其为问题。事实上，的确有观点主张发布文本不应剪辑，[①] 虽然其出发点不是上述问题，而是下文将会涉及的一些比较法经验，但是就解决上述问题而言，不经意间也有釜底抽薪的效果。故而接下来的讨论不能不以“剪辑是否正当”为起点。

（一）简约是永恒的追求

从比较法经验来看，英美法系及大陆法系各国在法学研究中，都不约而同地对判例大力剪裁。例如美国判例原文动辄数十页，但是著名的范斯沃思合同法判例材料教科书里，各个判例都被剪裁为大约三页纸。[②] 德国使用比较广泛的判例集《最高法院民事判例百选》,[③] 各个判例长度一般亦为三页纸，显然是大幅浓缩的结果；著名的教学案例用书《案例问答》,[④] 则更是惜墨如金，往往十余行字交代整个案例。日本在浓缩案例的同时，还有对篇幅的“标准化”追求，尤值关注和取法。例如该国著名的《法学时报》之判例专辑，各案事实、论证连带评论一律短至四页纸；弘文堂按法律部门编纂的“裁判百选系列”，则各案一律短至对开两面，整齐划一，极尽简约之能事。

由于“以有涯随无涯”的自然法则，在规则发现和研究时，节录文本无可避免。[⑤] 完整的判决在绝大部分情况下是被束之高阁的，在任何成熟法域，这类文献都浩如烟海，不可能就任一判例规则的任一次引用，都指望法律人自行从原始文献中去寻绎。大家所依赖的，绝大多数情形毋宁只是“判例要旨”、评注书、教科书对相关判例的提炼。这些就具体判例不

---

① 参见《第六期金杜明德法治沙龙实录：聚焦最高人民法院第一批指导性案例》，中国法学创新网，2012 年 5 月 21 日上传，2012 年 8 月 14 日访问。

② Farnsworth, Cases and Materials on Contracts, 1995（5th）.

③ Haimo Schack, Hans - Peter Ackmann, Höchstrichterliche Rechtsprechung zum Bürgerlichen Recht : 100 Entscheidungen mit Anregungen zur Vertiefung für Studium und Examen, 2004.

④ Helmut Köhler, Rechtsfalle in Frage und Antwort, 1998.

⑤ 参见冯象：《木腿正义》，北京：北京大学出版社 2007 年版，第 145 页。

断积累起来的简约共识与司法效率追求和法律安定性价值都有紧密关联。我国法官审判工作任务尤其艰巨，在实务中虽然常有寻找同类案例参考的需要，但是案例篇幅一长，常常望而生畏，难以翻阅全文。据有关调研所得，不少法官反映最受益的还是选编案例末尾剪辑的“短篇”。[①]

（二）原始文本完整性“崇拜”

但是在另一方面，英美法系和大陆法系各经典法域又都强调判例全文的重要性，对一切节录文本抱有普遍的怀疑，尽管程度各有不同。例如德国联邦最高法院各个机构判例集里的判例只经过小幅度的剪辑，主要除去当事人姓名（名称）和事实的猥杂之处，但是对于法律论证部分却保留得相当完整。日本的判例除文首提取判例要旨之外几乎保持了原貌，甚至还会附以原审未生效的判决。所以连德国学者都惊叹于日本判例的完整：德国判例仅见判决的“外衣”，日本判例则不仅可见“外衣”，还可见其“裸体”。[②] 英美法更注重判例的原貌，所有判例基本上都保留了判决的原貌，而且对于建议性质的摘要极度谨慎，法院甚至会直截了当地要求对各类摘要保持警惕。

两大法系公开的判例都有判例要旨等摘要性质的附件，但是在法律方法上也都有不同程度的警惕心。其警惕心程度的差异，以及对判决原貌重视程度的差异，其实与对待判例基本态度紧密相连。具体而言，英美法系以“遵循先例原则”为出发点，征引判例也就是在征引“先例”，以先例为规范的佐证，更重视发挥判例适用者的主观能动性，自主提炼判例之先例规范；大陆法系并无“遵循先例原则”，征引判例不过是寻求一些法教义学上的启示而已，所以一边是理论上要求结合事实提炼规范的警策，一边却是实务中追随判例要旨的惰性。但不管怎样，无论大陆法系还是英美法系，都在剪辑之外，保留有判例全文，且后者才是“正式文本”。尽管程度不同，我们仍可以说：凡属成熟的判例制度，都对判例全文有近乎“真相崇拜”的重视。这同样与判例背后的法律思维是分不开的。

判例规则的适用仰赖类比思维，即从判例总结重要事实，以待决案件的事实与之相比较，看要件的吻合度以决定是否适用。在此过程中决定哪

① 参见张骐：《指导性案例中具有指导性部分的确定和适用》，《法学》2008 年第 10 期。

② 参见［德］门策尔、田建设：《司法审判公开与德国当代判例数据库》，《法律文献信息与研究》2009 年第 4 期。

些是“重要事实”，哪些是“次要事实”，最为重要也最为繁难，并且还要因事制宜，针对不同待决个案得出不同结论。上列思维方式赋予了判例制度相对于制定法的弹性优势，也自然而然地提出了判例全貌的要求。此外，判例原本就是从连绵不断的生活事实中撷取法律关系而报以法律效果，这是一个先天性的“剪辑”。其“剪辑”之得失成败有必要在决定是否适用于新案件之前先作反思，而这种反思显然需要从判例整体入手占有尽可能多的细节。

总之，为了体现判例制度相对于成文法的优越性，必须为法律发现者提供比较完整的判决。可是为了真正发挥判例制度的作用，又不得不在浩瀚的材料中大施剪裁，纂辑排比。这在任何判例制度之下都是一组二律背反。成熟法域化解的基本方案，是将简约工作交给法学研究，将最后的文本权威保留给判例原文。

（三）以系统演化的观点看待指导性案例文本剪辑

指导性案例剪辑却与上述经典判例制度的方案完全不同，其发布文本仅为剪辑文本，原文书全文并不公开，且即便通过其他渠道予以公开，是否仍属“指导性案例”也不无疑问（这一点将详述于下文第三部分）。易言之，最后的文本权威并没有保留给判决原文，而是赋予了剪辑文本。这与成熟判例制度之下的剪辑做法相距甚远。鉴此，若是从成熟判例制度的立场出发，则案例指导制度中的剪辑做法是不可取的。① 可是，假如走出简单比较的误区，从系统演化的立场看待问题，应可发现以上回答并不恰当。

从长远来看，案例指导制度或将是系统演化的一个环节。其实在推出案例指导制度以前，长期以来人们所期待的是判例制度。新时期自 20 世纪 80 年代起，众多有识之士即已大声疾呼建立我国自己的判例制度。2004 年，武树臣教授搜集 1986 年至 2003 年间我国学者发表的呼吁建立判例制度的论文，勒成上、下两册，一百四十余篇，蔚为壮观。② 我国也需要判例制度，可以说是历久弥新的共识。自最高人民法院 2005 年在《第二个

---

① 盛行于中华法系的条例或判例与指导性案例相近，也和经典判例制度完全不同，它们在发布之前固然也有判决原文，但是经由行政力量遴选剪辑，发布伊始即已彻底删改，只剩判例要旨，完全失去了原貌，与指导性案例相比，与经典判例甚至更为隔阂。

② 参见武树臣主编：《判例制度研究》，北京：人民法院出版社 2004 年版。

五年改革纲要》里提出“案例指导”的说法之后，直至案例指导制度正式推出，人们对于判例的企盼从未终止。目前实务界与学术界一般性的观点认为，如果积极对待，案例指导制度就是“中国特色判例制度”，或者是往“中国特色判例制度”发展的过渡阶段。①

当然，案例指导制度毕竟不同于判例制度。我们切不可忽视，前述大陆法系各国成功经验背后其实是一个“联动”机理：综合了法律审、一定程度的遵循先例、官定编纂、学术补强及纠偏等因素，才使得一个个“死”的判决汇入到“活”的判例制度之中。其中法律审之终审又集中于最高法院，使之真正成为一般案件审级的“最高”，从而使得法律适用统一的原点锁定于最高法院，② 对于法官预测上诉审结果之注意力集中、学术批判之注意力集中具有决定性作用，判例制度的效率也因此有了强大的保障。学术补强体现为学术通说与判例通说互竞互济的完整机制：③ 学说观察判例，发现法教义学问题，并协助法院以大视野厘定法院的“判例通说”，即“持续的判例（ständige Rechtsprechung）观点”；学说评价上述判例通说，若有异见，则经充分商榷形成自己的“学术通说”，并通过不断的判例批判向法院灌输，直至说服之或自己为之说服；④ 前述通说在立法活动中又常是优先被法典吸纳的对象。

我国目前在上列条件上仍有很大欠缺，所以案例指导制度充其量只是一个走向判例制度的“初级阶段”。不过，由于案例指导制度将有力地引导法律人共同体集中注意力于判决先例，《规定》第 7 条所说的“参照”又保留了弹性空间，所以只要行动得当，它的确很有可能为判例制度的实质确立带

---

① 参见陈兴良：《案例指导制度的法理考察》，《法制与社会发展》2012 年第 3 期；高领：《“指导”意在规范——构建中国案例指导制度研讨会综述》，《人民法院报》，2011 年 1 月 7 日，第 5 版。在后一报道中，张军大法官说：“我国案例指导制度的最高发展阶段，就是要建立起具有中国特色的判例制度”。

② 关于法律审对统一法制的重要意义参见张卫平：《民事诉讼法律审的功能及构造》，《法学研究》2005 年第 5 期。在该文中张教授直称判例制度为法律审的“副产品”，对二者的关系有中肯的分析。

③ 关于“通说”请参见《北大法律评论》第 12 卷第 2 辑（贺剑主编）刊载的“法学通说”系列论文，尤请参见其中庄加园：《教义学视角下私法领域的德国通说》；黄卉：《论法学通说》（又名《法条主义者宣言》）。以上文献主要介绍德国法族的情形，此外就意大利学说与判例互动做法，请参见薛军：《意大利的判例制度》，《华东政法大学学报》2009 年第 1 期。

④ Bydlinski, Juristische Methodenlehre und Rechtsbegriff, 1991, S. 502.

来契机。[①] 从案例指导制度到中国特色判例制度，这是一个系统演化的过程。

从系统演化的阶段性来看，目前最高人民法院在发布指导性案例之前对原判决加以剪裁并提取裁判摘要，是正当的。现阶段因法律审的欠缺，大量典型案例难以顺畅地进入最高人民法院的审判范围，所以它在遴选指导性案例时不能不大量采用各级地方法院的判决。这些判决原非最高人民法院自己作出，除了指导性要点之外，各个方面难免不如人意，如果一味强调保持原貌，必将泥沙俱下，反而破坏了指导效果。另外因为目前我国学术与判例互动机制远未形成，所以前述“简约”工作难以寄望学术承当，不如先由遴选者一齐做好。这也是现阶段两个特殊的正当化理由。

此外，在未来系统演化的阶段，基于判例制度固有的另一组二律背反，上述剪辑仍将在很长时期里保有正当性。经典的判例制度虽能发展法律，但只能与诉讼相联系，就事论事，进行“缓慢的创造”，“缺乏远见是所有判例性创造不可避免的缺陷”，而且也因诉讼的影响经常不能清晰表达先例规则。[②] 这与我国的准立法性司法解释相比，自然缺乏效率，但偏偏符合判决最低限度主义，而后者对于法院功能的正确定位似乎提供了一个必要的原点。[③] 案例指导制度则因最高人民法院可以遴选各级法院的判决，又有事后剪辑能动性，在一定程度上克服了上述“就事论事”的不足；且又因为毕竟系于个案，[④] 仍可借鉴两大法系判例制度久经考验的区分技术加以柔化，甚至并无“遵循先例式”的刚性效力，而更进一步地柔化，于是也在很大程度上克服了此前司法解释的弊端。这是一种新的有意义的平衡。可以在未来判例制度培育的过程中仍予保留一段时期，而与实质性的判例制度共存为“双轨”，相得益彰。但是在判例制度成熟之后，还须强调法院功能的正确定位，毅然放弃这种从行政干预衍生出来的便

① 按民初大理院及民国十六年之后的最高法院之“判例”，只能取自于最高审判机关的判决，且删去完整事实，仅保留抽象的命题，遴选、发布的程序则与案例指导制度同样刚性，从先例规则的形成上看，弹性还要小得多。简言之，上述所谓“判例”制度，与大陆法系经典的判例制度距离比较遥远。然而上述“判例”制度在我国台湾省实施至今，不仅迄今未废弃，且还的确开出了实质的判例制度。

② 参见［法］盖斯旦、古博著，陈鹏等译：《法国民法总论》，北京：法律出版社2004年版，第448、460页。

③ 参见［美］桑斯坦著，泮伟江、周武译：《就事论事——美国最高法院的司法最低能动主义》，北京：北京大学出版社2007年版，第12页。

④ 例如保留原审判决文号、基本事实和论证，在这一点上不仅优于司法解释，也与明清时代的条例、民国时代及目前我国台湾省的判例保持了距离，而体现出较多优势。

利，使判例制度还其本真。

三、剪辑的限度

（一）剪辑而流入“修正”

上述正当性探讨主要是从浓缩信息、提高效率着手的，一般而言，剪辑应以不失真为原则，这也是所谓“缩写”的基本要求。但是这种纯粹语文意义上的技术要求在判例剪辑上是难以维持的。而且判例（法）相对于制定法一大优势就在于赋予适用者发现规范的弹性空间，所以至少从理论上，可以认为每一剪辑者都是“六经注我”的诠释者。英美法系要求区分判决理由、附带理由，而将后者剥离出先例规范；大陆法系普遍要求区分结论命题、理由命题及傍论，[①] 亦与之相近。两者都是在这种弹性化区分过程中，借剪辑之名行修正之实。但是无论如何，就像法律解释至少要尊重文义射程，上述“修正”也只能在一定射程之内。而指导性案例的修正，其范围却又可能大得多，似乎看不出何谓限度。

首先，前四个指导性案例均略去了裁判主文原本征引的法律条文。以指导案例 1 号为例，原生效判决征引了《合同法》第 424 条、第 426 条第 1 款、第 427 条、第 45 条第 2 款等条款，发布文本悉数删除，而仅在文首法条处引用了《合同法》第 424 条。该条规定自然是该案处理的核心法条，但是在民法上须借助诸多法条形成请求权规范链条，才能精确定位判决的法律根据。在整个规范链条，除了请求权基础，其他环节往往也是争议的焦点所在。更重要的还是，某些否定性征引的法条排除了一定思路，这些思路是论证射程的重要方面。例如《合同法》第 45 条第 2 款是有关条件拟制的规定，与居间跳单情事联系在一起，一般是指委托人避开居间人直接与对方当事人磋商并缔约，不正当地阻止了居间人报酬请求权条件的成就，应准用《合同法》第 45 条第 2 款，视为居间人收取报酬的条件

---

① 参见王亚新：《对抗与判定——日本民事诉讼的基本结构》，北京：清华大学出版社 2010 年版，第 242、243 页。

成就。这种观点在我国已有出现,[①] 在德国法上更有重大影响,[②] 是一个很有意义的比较法问题，但是被指导案例 1 号一笔勾销了。

其次，在法律论证上可能修正。例如指导案例 1 号原案判决提及原告中介公司是分别带领被告陶德华看房的三家公司中最后一家，从而认为既非第一家，那么在报酬主张方面应有不利。这一论证虽然粗糙，但在居间法上实已深入涉及报酬请求权“先知（Vorkenntnis)”要件问题,[③] 我国法学暂未涉及，在比较法上资料信息却甚多，本案正是民法学移植一大生长点。但是这一论证被发布文本完全删除，生长点也被一举抹杀了。

最后，在事实上也可能修正。例如指导案例 1 号引用的《看房确认书》第 2.4 条与原文书内容至少有如下区别:[④] 一是仅原文以“第三方”与“出卖方”相并列，似有禁止召入其他居间人的解释余地，而“指导案例 1 号”却删除了“出卖方”，仅提“第三方”，又明文支持委托人召入其他居间人的自由，似乎将“第三方”限缩解释为“出卖方”了；二是“利用中原公司提供的信息、机会等条件”在原文中仅是后段选项的要件，而在“指导案例 1 号”之中，因为同条前段已删，所以“利用中原公司提供的信息、机会等条件”成了所有“跳单”行为共同的最重要的要件。这两大区别昭示出，原文更为周延，更加符合实践中居间人设计格式合同时利益驱动的方向，易言之，也应更符合一般禁止“跳单”条款的真实面貌。而且在 2005 年《人民法院报》一刊载案例所引禁止“跳单”条款，

---

① 参见周晓晨:《论房地产居间的法律规制》,《中州学刊》2010 年第 3 期。

② Larenz, Schuldrecht II/1, 1986, S. 403; Hartmut Oetker, Felix Maultzsch, Vertragliche Schuldverhältnisse, 2004, S. 570; MünchenKomm/Roth, 2009, §652, Rn139, 160, 224f. 基本的立场是：居间报酬请求权以委托人缔结本约为停止条件，条件拟制成就规则可适用于居间合同；但是委托人即使拒绝完全符合居间合同所定目标的缔约条件，依其决定自由亦非“阻止条件成就”。

③ 是指假如委托人对于本约之对方当事人在居间人报告之前即已作为潜在兴趣方（Interessenten）知情（先知），则中断居间行为之原因关系，报告居间人不能主张报酬请求权 StaudingerKommentar/Reuter, 2003, §§652, 653, Rn118f, 124, 139; MünchenKomm/Roth, 2009, §652, Rn105f.

④ 原文中该关键性约款谓：“陶德华在验看过该房地产后六个月内，陶德华或其委托人、代理人、代表人、承办人等与陶德华有关联的人与出卖方达成买卖交易或者利用中原公司提供的信息、机会等条件但未通过中原公司而与第三方达成买卖交易的，陶德华应按照与出卖方就该房地产买卖达成的实际成交价的1%，向中原公司支付违约金。”张宁：《房屋买卖居间合同中规避“跳单”条款的效力和“跳单”行为的认定》,《法律适用》2010 年第 8 期。

也与后者几乎毫无区别，印证了如上见解。[1]

（二）法律适用和论证方面修正之允许

在法律适用和论证方面，笔者认为最高人民法院在文本剪辑时可以进行修正。理由已略见上述，由于缺乏法律审，指导性案例中有一大部分并非出自最高人民法院之手，而且即便是最高人民法院自己的判决，因目前判决风格仍不成熟，普通判决自难满足指导性案例的要求，如果一律禁止修正，只会使遴选工作束手束脚。完善有力的法律论证对于指导性案例还有特殊重要性。因为指导性案例必定要追求某种“射程”，这就意味着，其事实相对于当下具体的个案，应被赋予足够的伸缩弹性，而在每一个伸缩的细节上，利益衡量都可能失之毫厘，谬以千里。原有的可以信赖的结果，在实现“指导性”效用时或成谬误。此时严密的可供检验的论证模型将不断地修正谬误，真切地划定其射程，划定未了事项，并提出可供选择的方案。其实换一个角度，也可以将此修正环节视作某种意义的法律审，而各大陆法系最高审判机关的判例即多是法律审的结果。

另外，还可以期待最高人民法院通过修正完善指导性案例法律论证，引导我国司法裁判风格的养成。裁判风格对于判例制度效用的实现意义重大。[2] 例如德国联邦最高法院系统各大判例集所载判例，在大幅裁减事实之外对法律论证部分的完整性情有独钟，呈现出严密有力的判决风格，为判例的权威性提供了最直观的保障。甚至德国法上地位最尊崇的联邦宪法法院也自觉地将其判例权威建立在严密有力的论证上，而非诉诸自己的政

---

① 高完泉、李鸿光：《买卖房屋跳开“中介”为何被判违约》，《人民法院报》，2005 年 4 月 11 日。笔者在调研中看到的有限文本，大多囊括直接与卖方交易和通过其他居间人与卖方交易，但在“违约金”上时有出入，有些征引报酬或报酬的一定比例，有些未明确载入。

② 李友根教授的一项实证研究表明，2007 年某一有关“无名氏交通肇事致死民事赔偿”的“公报”案例，在实践中几乎未获遵从（其分析样本来源于公共传媒报道案例群），其结论是指导性案例的约束力并非来源于其封号，而在于其自身的说服力。参见李友根：《指导性案例为何没有约束力——以无名氏因交通肇事致死案件中的原告资格为研究对象》，《法制与社会发展》2010 年第 4 期。冯文生研究员将指导性案例的先例性效力归结于多种因素汇集而成的综合效应，而非强制安排，与李教授的观点颇多共识，参见冯文生：《审判案例指导中的“参照”问题研究》，《清华法学》2011 年第 3 期。无论是判例的说服力还是促成说服力的综合效应，都与判决的论证风格紧密相连，这一点应无疑义。

治地位。[①] 与风格过于粗疏的法国法院判例相比，德国判例不仅在国内法上扮演了更有效的角色，在国际法律文化交流中也赢得了更多的尊重。[②] 这些比较法的经验教训或能提醒我们发挥最高人民法院自主裁减的优势，使指导性案例的指导作用更为多元。

我国各级法院的判决在法律论证上一向过于简略，所以指导性案例的"底本"在这一方面本来就不失于烦冗而失于简陋，现在从八个案例来看，反而一删再删，可能在判决风格的导向上带来不利影响。或许更适当的做法还是借鉴德国判例编辑者，对判例制度的法律法学功能予以优待，可删除不必要的事实及当事人身份名称等信息，[③] 而尽可能地修正完善法律论证。如此既可以在法律构成上更为妥当，也可以在判决风格上收到示范效果。

（三）事实及裁判结果修正之弊端

但是有关事实的修正，或应慎之又慎，最好以忠实于原貌为剪辑的限度。原判决陈述案情难免芜杂，为了集中于指导焦点，删裁繁芜是可以支持的。但在删裁之余决不能牵引事实硬凑论证，即使是有意无意地修正事实也要尽可能避免。现实生活原本蕴含了无穷无尽的智慧，法律适用讲求穿梭往还于事实与规范之间，[④] 是以有限的法律构造去应对无穷。可以说，判决的作出本就是一个诠释的结果，而其间辑取的案情也只是剪辑的结

---

① 参见施启扬：《西德联邦宪法法院论》，台北：台湾商务印书馆股份有限公司 1971 年版，第 287 页。

② 法国学者也叹曰："最高司法法院判决说明理由不充分，乃是其在国外知名度不高的根源。"见［法］盖斯旦、古博著，陈鹏等译：《法国民法总论》，北京：法律出版社 2004 年版，第 466 页。而这种"知名度不高"在国际统一法（尤其是统一私法）进程中往往意味着话语权的萎缩。关于法国法院短至 30 行字甚或一页纸的判决之风格请参见 Eva Steiner，*French Legal Method*，Oxford University Press，2002，p. 164；关于德、法两国判决的风格差异以及英美法系学者对德国判决的景仰之忱，请参见 Markesinis，*Conceptualism*，*Pragmatism and Courage*：*A Common Lawyer Looks at Some Judgments of the Germen Federal Court*，The American Journal of Comparative Law，1986，p. 34.

③ 参见［德］门策尔、田建设：《司法审判公开与德国当代判例数据库》，《法律文献信息与研究》2009 年第 4 期。这也有利于保障人民生活的安宁，但是又有学者单纯从隐私权保护的角度主张一般情况下没有隐去当事人信息的必要，参见李友根：《裁判文书公开与当事人隐私权保护》，《法学》2010 年第 5 期。

④ ［德］拉伦茨著，陈爱娥译：《法学方法论》，北京：商务印书馆 2003 年版，第 160 页，尤其是第 162 页；黄茂荣：《法学方法与现代民法》，北京：中国政法大学出版社 2001 年版，第 188 页。

果。任何剪辑都有失真的危险，在真实诉讼的架构之中，毕竟还有各种程序设置尽可能减轻或避免上述危险：所谓“群众的眼睛是雪亮的”，各路诉讼参与人一以贯之的关注，是案情剪辑保真的良药。而指导性案例的剪辑则是在剪辑文本之后再施裁减，其修正单是在技术上失真的危险就已不小，如果再考虑到已经没有程序和诉讼参与人擦亮眼睛的监督，那么剪辑人上下其手，穿凿附会几乎是无可避免的。

而案情失真的弊端则至少有二，其一是实效上的，其二则有关案例指导制度定位的根本性问题。

首先就实效而言，在现实生活面前人的想象力只是有限的，剪辑人删削事实纳入论证，这种量身度造看似最为保险，但是原事实之中隐藏的真切问题也被一齐泯灭，案例在指导价值上将大打折扣。[①] 而且对真实案情的保留有利于后来者适用指导性案例时对其中的法律论证进行必要的反思，从而通过类似于英美法的“区别（distinguish）”和“推翻（overrule）”技术避开错误适用。

其次，在法院职能上，现代法治国家一般强调法院应固守不告不理的本分，即便是具有实际立法功能的英美法院也不例外。[②] 其判例法也只能针对单个真实案件作出判决来逐步地、有论证地、可以反思地发展。这种做法看似笨拙，但是符合法院在权力架构中的地位，也符合判例制度相对于制定法的独特追求。相反，若是任由修正案情，指导性案例实际上将会成为虚构案情，虚构论证，与此前司法解释除了格式之外，毫无二致。而这恰恰与上述“系统演化”的方向南辕北辙，将走向制度发展的“死路”，实不可取。

在事实之外，判决结果也不应被修正。就像在成熟判例制度之下，各个判例必须是生效判决，指导性案例的择取范围也限于生效判决，如果最高人民法院认为某案例有指导价值而处理结果不如人意，应启动再审程序，改判之后再发布为指导性案例。换句话说，对于判决说理乃至法律适用的细节加以修正可以被允许，但是最终处理结果则断不能在文本剪辑环

---

① 刘士国教授曾从某省自考题里挑选了一则虚构案例题，用以说明“假案例”令人意想不到的坏处，与本书似所见略同。参见刘士国：《中国的民事法律与司法判例》，张礼洪、高富平主编：《民法法典化、解法典化与反法典化》，北京：中国政法大学出版社 2008 年版，第 152 页。

② 参见［美］桑斯坦著，泮伟江、周武译：《就事论事——美国最高法院的司法最低能动主义》，北京：北京大学出版社 2007 年版，第 12 页；［美］西格尔、斯皮斯著，刘哲玮译：《正义背后的意识形态：最高法院与态度模型》，北京：北京大学出版社 2012 年版，第 159 页。

节加以修正，否则甚至都无法向原案当事人交代。

这一见解不只是出于程序，还与实务经验相吻合。人们在处理具体个案时，经常“锚定”一个结果，然后再来论证。这个“锚定”的结果，通常又是实际利益衡量的结论，在很多时候指向了正确方向（当然并不绝对）。囿于论证的功力，这些利益纠葛往往“只可意会，不可言传”。换句话说，许多判决即便论证力度稍欠，很多时候也未必导致错判，其判决结果仍可以不失指导价值。这就意味着，在不修正判决结果的前提之下，其仍可以为指导性案例遴选工作保留很大的选择空间。而在另一面，它还意味着，远离裁判现场的剪辑人若是贸然修正结果，很可能错过原文书“不可言传”的部分，反而走向错误。当然对于“指导性案例”来说，严密论证比起一般判决又更加重要，这是应该完善和修正的，这一点已如上述，此处不赘。

四、剪辑文本与原裁判文书的关系

（一）发布时避免对立

我国虽无一般性的裁判文书公开制度，但是随着资讯日益发达，实际公开的裁判文书“库存”也变得越来越庞大，这是令人欣喜的。处理好指导性案例发布文本与原裁判文书的关系，不仅有利于案例指导制度健康发展，也有利于推动裁判文书公开及充分利用已公开文书。相反，如果将原裁判文书与发布文本对立起来，最高人民法院就会避免公众获取原裁判文书。其做法可能是阻止“底本”未来公开，这显然不利于推动裁判文书公开；也可能是拒绝从已公开的文书中遴选案例，这就意味着在许多公众普遍关注的案型面前，案例指导制度偏偏采取了鸵鸟政策。如上文第一部分所言，这些情形均应避免。

而且在目前形势之下，文本垄断也不可能坚持始终，而只会事与愿违。因为有关判决的信息渠道早已多元化，即便没有正式的公开文本，大多数指导性案例背后的文书也早晚会被“挖掘整理”出来。前述我国台湾省“最高法院”院长杨仁寿先生为所有判例寻找原文书的做法，就是一个好例子。与之相较，指导性案例文本垄断的前景还会惨淡得多。因为多元渠道透露出来的文书信息必然杂乱无章、以讹传讹，文本垄断的天真幻想将破产得比台湾“判例”还要彻底。

必须承认，在剪辑文本之外寻根探源也是案例指导制度运行的必然规律，为了避免若干年后我们再走同样的弯路，不如当下就在发布剪辑文本的同时附上原文书。在附上原文书之后，“扩展版”指导性案例在格式上可以参考我国台湾省“司法院”的“司法解释”。其解释本文一般极短，寥寥数句而已，其后紧跟一段也不太长的解释理由。在理由之后又附上参与表决的大法官自主撰写的长篇论述，或为“协同意见书”（同意者），或为“不同意见书”（异见者），最后再跟上当事人提请解释的文书（隐去当事人姓名称谓）。其“司法解释”均由个案出发，不告不理，带有强烈的判例色彩，与我国准立法性的司法解释截然不同，而更近于指导性案例。上述格式既可以确保解释全文言简意赅，又可以提供丰满的背景信息，而且还可以激发参与决策者个体的工作热情，汇集其智慧，对于解释的理解适用大有裨益，颇具借鉴价值。① 目前一般论者对指导性案例遴选、剪辑、讨论过程普遍心存疑虑，影响所及，或会阻碍制度的运行，如上建议似是破解一途。

（二）运用时辩证对待

如上文分析的，文本剪辑必然带来文本差异，有时甚至是有意识修正而带来的巨大反差。于是当文本并存时如何运用，也便成为一个现实问题。若是处理不好，上述避免对立的吁求即为空话。

文本之间互有差异，但是放入前述案例指导制度向实质判例制度系统演化的背景之中，仍可调和矛盾，辩证统一。在现阶段，应以充分发挥指导性案例的潜力为主，要借此凝聚法律人共同体的注意力，所以应承认就指导要点发布文本具有最终的权威。即使可以确知原裁判文书与发布文本的不同，也不能以之击破后者。

对于二者之间的相左之处，应首先探询最高人民法院如此剪辑的原意。有时或许只是下意识地试图使语词更加贴切，有时则可能是有意识地避开拿不准的问题。后者自不待言，即便是前一种情形，在原用语词不贴切的背后恰也可能隐藏了论证的断层。在这些断层处，虽不宜贸然用原裁判文书击破发布文本，但也绝非对原裁判文书的不同之处视而不见，掩耳

---

① 大陆法系在传统上一般讲究合议庭“全体一致”，但是晚近受英美法系影响，至少在日本和我国台湾地区也有尊重合议个体意见的趋势。指导性案例既是由最高人民法院审委会讨论决定发布，在案例附件中为各委员发表个人意见提供平台，也是一个可以考虑的“试验田”。

盗铃。对这种不同的关注首先可以看出最高人民法院在取舍主题之际，暴露了哪些法教义学的薄弱环节，然后着力弥补。指导案例1号在条件拟制成就、先知抗辩和独占委托等问题上凸显了弥补薄弱环节的任务，若非通过文本比较，就难以发现得这么清楚，而发现之后即应借助比较法资源着力弥补。其次，就指导性效用发挥来说，有关不同还可以在充分论证以后，尝试通过扩展解释融入指导性观点之中，但前提是这么做并没有被发布者剪裁原意所拒绝。易言之，只能补足剪裁时拿不准的观点，却不能强加观点于剪裁者。

以上理念其实已超越了前述“读内”与“读外”的文本对立，而将剪辑前文本作为发布文本解释和填补漏洞的支持性文本。最高人民法院剪辑整理指导性案例当然不是立法，但是在察其意旨时，原裁判文书应起到类似于法律解释中立法史料的作用：从中要探询剪裁者的目的，但又不固守其主观目的，而谋求在主观目的和客观目的之间实现平衡。

站在前述系统演化的立场，借行政力量遴选剪辑所得的指导性案例，仅具有起点上的重要性，最终仍要追求自然养成的实质性判例。这就需要及早努力，将指导性案例集结起来的注意力引向尽可能多的其他可靠而精粹的案例。其中指导性案例所基于的“底本”显然是首选。因此，若原裁判文书本身即可靠而精粹，也不排除取得实质性判例的地位，首先可能在发布文本之外的要点上提供先例规范。当指导性案例随着时间推移而不再合理时，与之有异的原文本也可能在指导要点上取而代之——系统演化正是在这种个案更替中朝着实质判例制度挺进。

综上所述，发布文本与原文书之间的关系大致可以概括为两个层面：第一个层面是以原文书作为发布文本的背景材料；第二个层面是原文书可能脱离发布文本之外独自发挥价值。

五、结　论

目前指导性案例文本剪辑对原裁判文书既有简化也有修正，彻底破除了“底本”的权威，甚至导致文本垄断，阻碍案例的有效遴选。在比较法上，剪辑文本力求简约，是判例库为法律人共同体正确利用的必要前提；但是为了体现判例制度相对于成文法的优点，又必须为法律发现者提供完整的初始文本。这是判例制度所固有的一组二律背反，两大法系经典的判例制度采取了相同的化解方案：将简约工作交给法学研究，将最后的文本权威保留给判决原文。我国指导性案例文本是行政力量遴选剪辑的结果，与中华法系固有的“条例”、“判例”一脉相承，均为经典判例制度所不容。但也应当明了，从案例指导制度到中国特色判例制度是一个可以实现的系统演化历程，以此系统演化为背景，则不能不承认，现阶段指导性案例剪辑文本的“最后权威”也有其正当性，一定程度的修正对于减轻法律审缺位之弊、综合发挥指导价值、改良裁判风格、破除判例制度固有弱点也大有裨益。但是在剪辑的限度上，应反对修正事实及裁判结果，而鼓励完善法律论证。徒劳无益的文本垄断则必须放弃；并应在上述系统演化的背景之中辩证把握剪辑前后文本的关系：原文书既可以作为发布文本的背景材料，也可能根据情况脱离发布文本独自发挥价值。

第三章 从“跳单”违约到居间报酬

——“指导案例1号”评释

案例指导制度的正式确立，是我国新时期法制史上的盛事，对促进司法统一、提升法律安定性价值意义重大。而本文关注的民法学研究模式也或将受此影响，发生深刻转型。

由于民法具有鲜明的总分结构特征，民法学在建构法教义学体系时自会率先着眼于体系框架，待各部各层次“总则”底定以后，才能从容应对细节主题。然而生活却是没有“总分”结构的，当下不断遭遇的某些问题可能很长时间都不能进入民法学研究的主流。此时，直接源于本土生活的（指导性）案例或将发挥功用，敦促民法学及时关注不应被忽略的细节主题。

最高人民法院首批发布的“指导案例1号”（2011年12月20日发布）对于推动民法学研究朝向生活，就具有典型的意义。该案全称“上海中原物业顾问有限公司诉陶德华居间合同纠纷案”（下文简称“本案”），①以居间合同为主题，以居间“跳单”现象为切入点，为民法学研究开拓了新疆域。

我国目前经济生活中，从房产、投资、就业、工程到婚姻、家政等等，居间服务都方兴未艾。本案涉及的二手房买卖居间，更是促成此类交易的常规模式。与此同时，在司法实务中，居间合同纠纷也层出不穷。然而，在我国民法学研究领域，居间合同却“人迹罕至”。

---

① “指导案例1号”的内容请参见《通知》及其附件。

据笔者检索，从 1999 年至 2011 年的 13 年的时间里，以居间合同为主题发表于 CSSCI 期刊的论文仅一篇。[①] 而在内容上，现有研究就居间合同独特品性、新合同范式的创设自由以及报酬请求权的要件等重大问题，也都存在大量分歧或缺漏。

在这种理论及实务背景之下，最高人民法院以本案作为“头号”指导性案例推出，体现出“敢于第一个吃螃蟹的勇气”。但也由于上述背景，“指导案例 1 号”存在种种问题也就不足为奇。

作为研究“头号”指导性案例的专题论文，本书当然需要对本案的处理结果和论证过程发表个人看法。为发挥本案“指导性”作用，本书还将集中关注最高人民法院提炼的“裁判要点”，通过注释明了其射程，揭示未了事项，发其余蕴。鉴于此前学说准备不足，本书也将有意识地围绕核心问题带动理论建构，促进问题破解和理论筑基共荣双赢，为居间合同法体系性研究做点铺垫工作。企望以本书抛砖引玉，吁请更多同仁关心指导性案例及居间合同的研究。

一、“跳单”之初步认识及问题初探

《最高人民法院关于发布第一批指导性案例的通知》（下文简称《通知》）在“准确把握案例的指导精神”里开宗明义地宣称，本案“旨在解决二手房买卖活动中买方与中介公司因‘跳单’引发的纠纷”。因此，何谓“跳单”乃是认识本案的一个出发点。“跳单”现象源于居间实务，这种在实务中自然形成的老大难问题往往有其深刻的法理渊源，若能准确把握，自能更好地破解实务疑难、引导实务发展。故而笔者认为，对于本案禁止“跳单”条款的理解，第一步应从当前有关实务汲取灵感；第二步应借鉴比较法上成熟法域的经验，探询更深层广阔的法理基础，知其然而又知其所以然；在经过这些实务及理论的准备之后，最后再回到本案中去。这一部分所要做的就是上述“第一步”工作。

（一）二手房买卖居间实务简况

在对“跳单”现象做深入剖析之前，有必要先就居间实务建立起背景

① 参见税兵：《居间合同中的双边道德风险——以“跳单”现象为例》，《法学》2011 年第 11 期。

上的感性认识。据笔者在北京、广州两地调研所得，二手房买卖居间的实际情况可以勾勒如下：

房源信息一般先由卖方提供给居间人，[①] 同时可能提供看房钥匙。大部分情况下，卖方会委托多名居间人，以加速信息扩散，形成竞争。[②]偶尔也有卖方给予居间人独家委托，此时召入的居间人通常具有较强交易能力，独家委托的期限会很短（或短至半月、一月），并且可能要求居间人预付一笔诚意金，如逾期不能促成交易即予没收，借此督促居间人勤勉居间。

买方意向人有望从居间人处获得的帮助主要有三：一是提供房源信息，二是代为谈判取得尽可能低价等有利条件，三是指导并协助办理手续。买方看房的基本特点可以概括为：看多套房、多次看同一套房、经多家居间人多次看同一套房。居间人带买方首次看房时，一般要求签订格式化的《看房确认书》，其内容较为简单，除确认看房及看房时间之外，多会要求买方承诺不谋求与卖方直接交易，也不委托其他居间人。这种确认书在很多时候被有经验的买方所拒绝，为了及时扩散房源信息，居间人也时常并不强求。若买方签订了确认书但事后又违反其中的承诺，因调查及诉讼成本较高，一般仅较大居间公司会经其法务部门跟进“纠察”。就这类诉讼与广州一些法官座谈得知，他们认为，因居间人未参与完成包括办理手续在内的大部分工作，所以即使判由居间人胜诉，也只能支持居间报酬的一定比例。

买方及其亲属可能是在多次看房之后，才与居间人订立正式的委托中介合同。[③] 其中往往约定：在促成三方（即买方、卖方、居间人）协议时支付一定比例的报酬（一般为百分之二十至百分之三十），待办妥所有手续时才支付剩余报酬；订立居间合同时由买方预交一笔诚意金，若居间人

---

① 居间人的信息除直接来源于卖方提供之外，还可能因各居间机构从业人员私下交流或买方主动提请媒介而获得，然后居间人再借助这些信息与卖方沟通，请求提供居间服务。除非卖方已经独家委托他人，一般不会拒绝。

② 但是许多精明的卖方也会发现，委托的居间人不宜过多，否则可能导致居间人之间过度竞争以至于互相拆台，使得买方意向人对价格的预期不断降低，从而不利于卖方维持某个保底价期待。

③ 此处为行文方便混用“委托中介”和“居间”，其实在此类合同的“归列”问题上仍大有探讨余地，因已基本超出本文主题，故未展开，仅在下文第二部分第一节有关“居间雇佣合同”暨注释处略有提及。

经与卖方谈判获取了居间合同所约定的价格等条件，买方即有义务订立三方协议，该诚意金在订立三方协议时由居间人转付卖方作定金，若买方拒绝按居间合同订立三方协议，诚意金由居间人没收。居间报酬一般在房价百分之一至百分之三之间，若为百分之三，很可能意味着由买方一并承担了原本应由卖方承担的那部分居间报酬支付义务，这在楼市较旺时经常发生。

（二）有关实务中“跳单”现象的四种观点

上述实务概况及本案基本案情征引的《看房确认书》都集中关注了“跳单”现象。顾名思义，“跳单”就是“跳过”了居间人的“账单”，其通常含义是指委托人与房产中介机构订立居间合同后，就居间人报告的标的房屋私下与交易对方达成买卖协议或另行委托他人提供居间服务的行为。[①] 这种行为危及居间人的利益，为谋应对，实践中居间人带客户看房时，常常要求签署《看房确认书》，一来证明缔结了居间合同，二来借格式条款带入禁止“跳单”条款。有关这类实务条款的解读，归纳起来可得如下四种观点：

观点一认为，居间合同若有禁止“跳单”条款，则委托人别无选择，只能委托该居间人。这种格式合同加重了委托人责任，排除了其主要权利，应依《合同法》第 40 条作无效处理。[②]

观点二认为，委托人避开居间人直接与对方当事人磋商并缔约，不正当地阻止了居间人报酬请求权条件的成就，应准用《合同法》第 45 条第 2 款，视为居间人收取报酬的条件成就。[③]

观点三是在批判前述观点的基础上提出来的。其主张者首先认为禁止“跳单”条款并非无效，条件拟制成就的规定在居间合同无适用余地。然后提出应就“跳单”行为的法律后果作类型化处理：①委托人与第三人私下缔约，该缔约机会系由居间人促成；②委托人与第三人私下缔约，该缔约机会不是居间人所促成；③委托人另行委托其他居间人并经其促成缔

① 参见税兵：《居间合同中的双边道德风险——以“跳单”现象为例》，《法学》2011 年第 11 期；张宁：《房屋买卖居间合同中规避“跳单”条款的效力和“跳单”行为的认定》，《法律适用》2010 年第 8 期。

② 参见何向阳：《客户跳单后，原先约定的中介服务费或违约金还能执行吗》，《楼市》2005 年第 23 期。

③ 参见周晓晨：《论房地产居间的法律规制》，《中州学刊》2010 年第 3 期。

约；④委托人另行委托其他居间人，但未促成缔约。其中，情形①中的居间人依《合同法》第426条享有报酬请求权；情形②、③、④中的居间人依《合同法》第427条享有必要费用返还请求权，如必要费用不能填补实际损失，可按实际损失主张违约金支付请求权。①

观点四认为，禁止“跳单”条款是关于委托人跳开居间人的违约责任条款，据此居间人履行带客看房的报告义务之后，若委托人有恶意逃避报酬支付义务行为，即应支付相当于报酬的违约金。该观点重视委托人召入其他居间人的自由，拒绝要求委托人支付多次报酬，倾向于认为只要委托人向其中一名居间人支付了报酬，也就没有了“恶意逃避报酬支付义务行为”。②

（三）最高人民法院眼中的“跳单”

最高人民法院在本案“基本案情”部分摘录《看房确认书》第2.4条约定曰：“陶德华在验看过该房地产后六个月内，陶德华或其委托人、代理人、代表人、承办人等与陶德华有关联的人，利用中原公司提供的信息、机会等条件但未通过中原公司而与第三方达成买卖交易的，陶德华应按照与出卖方就该房地产买卖达成的实际成交价的1%，向中原公司支付违约金。”最高人民法院据此认为，“跳单”行为就是“买方利用中介公司提供的房源信息却绕开该中介公司与卖方签订房屋买卖合同”的行为。③

当然其内容在不同居间人提供的格式条款中也会互有出入，甚至就本案同一案件所涉《看房确认书》文本，上述最高人民法院摘录内容与原判决摘录内容就有不同，后者见上海市黄浦区人民法院张宁先生2010年针对本案的撰文（下文简称“张文”）④——“陶德华在验看过该房地产后六个月内，陶德华或其委托人、代理人、代表人、承办人等与陶德华有关联

① 参见何向阳：《客户跳单后，原先约定的中介服务费或违约金还能执行吗》，《楼市》2005年第23期。

② 参见张宁：《房屋买卖居间合同中规避“跳单”条款的效力和“跳单”行为的认定》，《法律适用》2010年第8期。

③ 参见“指导案例1号”裁判理由有关“‘跳单’违约的关键”之论述。

④ 例如有论者指出，美国积累的判例数以百万计，现代信息技术的兴起使得人们无法确信自己搜读了所有相关的先例，传统意义上的“遵循先例”原则不得不大打折扣。参见［美］阿蒂亚、萨默斯著，金敏等译：《英美法中的形式与实质——法律推理、法律理论和法律制度的比较研究》，北京：中国政法大学出版社2005年版，第102页。技术延展了人们的手眼，但却动摇了人们内心的确信，真是“成也萧何，败也萧何”。

的人与出卖方达成买卖交易或者利用中原公司提供的信息、机会等条件但未通过中原公司而与第三方达成买卖交易的，陶德华应按照与出卖方就该房地产买卖达成的实际成交价的 1%，向中原公司支付违约金。”

两者对比，至少有如下区别：一是张文摘录者仅以“第三方”与“出卖方”相并列，似有禁止召入其他居间人的解释余地，而“指导案例 1 号”却删除了“出卖方”，仅提“第三方”，又明文支持委托人召入其他居间人的自由，似乎将“第三方”限缩解释为“出卖方”了；二是“利用中原公司提供的信息、机会等条件”在张文摘录者中仅是后段选项的要件，而在后者之中，因为同条前段已删，所以“利用中原公司提供的信息、机会等条件”成了所有“跳单”行为共同的最重要的要件。这两大区别昭示出，张文摘录者比后者更为周延，更加符合实践中居间人设计格式合同时利益驱动的方向，也应更符合一般禁止“跳单”条款的真实面貌。①

（四）问题初探

如何看待“指导性案例”文本与剪辑前同案裁判文书之间的不同，在指导性案例制作及解释方法上，是一个值得继续思考的问题。就本案来说，“指导案例 1 号”与原案判决文书的不同，隐藏着最高人民法院贯彻其论证思路的需要。如果将其论证思路与前述四种观点相对而观，这一点会更加清晰。

本案与前述四种观点反映出，在“跳单”问题上有两大主题相互纠缠：其一是独家委托，其二是报酬请求权。观点一专注于前者，观点二专注于后者，观点三兼及于两大主题，观点四又专注于后者。本案判决原文引用了《合同法》第 45 条第 2 款规定的条件拟制成就规则，也似避开了前一主题，而专注于后者，只是以报酬请求权未成就对“跳单”违约移花接木，与观点二思路一致。

“指导案例 1 号”的“裁判要点”及“裁判理由”都强调了两点：“禁止买方利用中介公司提供的房源信息却绕开该中介公司与卖方签订房屋买卖合同的约定合法有效”及“买方有权选择报价低、服务好的中介公司促成房屋买卖合同成立”。这两处受强调的重点，无疑是为了彰显《通知》所划定的“指导精神”——“既保护中介公司合法权益”，“又促进房

① 参见高完泉、李鸿光：《买卖房屋跳开“中介”为何被判违约》，《人民法院报》，2005 年 4 月 11 日。该文所载案例引用的禁止“跳单”条款与张文摘录者几乎毫无区别，也印证了如上见解。

屋买卖中介公司之间公平竞争……保护消费者的合法权益”。通观全篇，其论证可以简化为：既然“买方有权选择报价低、服务好的中介公司促成房屋买卖合同成立”，那么他如果这么做了，就不是“利用原缔约中介公司提供的房源信息”，虽然“禁止买方利用中介公司提供的房源信息却绕开该中介公司与卖方签订房屋买卖合同的约定合法有效”，但是由于买方没有“利用原缔约中介公司提供的房源信息”，而“有否利用”又是“判断‘跳单’的关键所在”，所以买方并没有“跳单”违约。

可见，“指导案例1号”也继受了前述移花接木的思路，有意避开独家委托的主题，实际以报酬请求权替换了“跳单”。最高人民法院为进一步支持这番论证，通过剪辑使自由召入其他居间人在解释上更加熨帖（即避开主题一）、将“跳单”完全系于“有否利用”（即锁定于主题二），其良苦用心也是可以理解的。但是仍有两个疑问不可不问：其一，即便如此剪辑，其论证是否真能证成；其二，剪辑之后强调的两大重点是否满足“指导性”任务的需要，是否真能实现上述“指导精神”。由于前述论证思路实际上根本没有讨论何为“利用”、有否“利用”，所以依其思路未证成没有“跳单”，第一个疑问或以否定告终。就第二个疑问的回答可能也是否定的。

首先，“买方有权选择报价低、服务好的中介公司促成房屋买卖合同成立”，这在买方未与任何居间人订立独家委托居间合同时，自属当然之理，召入多名居间人是委托人基于一般居间法“本质的基础思想”自然保留的自由。[①] 问题是禁止“跳单”条款有否独家委托之意，若为独家委托，则召入其他居间人即构成违约；即使未有独家委托，召入多名居间人也可能为委托人带来支付多次报酬的风险，并且在多名居间人报酬请求权之间互生影响——所有这些“后话”都被“指导案例1号”回避了。其次，“禁止买方利用中介公司提供的房源信息却绕开该中介公司与卖方签订房屋买卖合同的约定合法有效”，似乎也只是表达了一个“当然之理”，甚至这种禁止性约定还可能只是画蛇添足。因为“利用中介公司提供的房源信息签订房屋买卖合同”似乎就意味着居间报酬支付的条件成就，排斥居间人参与缔约过程无非是阻止条件成就，此时适用条件拟制成就规则（《合

① Jauernig BGB, 2003, Vor § 652, Rn3.

同法》第45条第2款）自然可以支持报酬请求权，[①] 而本案中“按成交价1%”计算的“违约金”所追求的也不过如此。画蛇添足往往还会在意想不到的地方滋生不便。例如，“买方利用中介公司提供的房源信息却绕开该中介公司，通过其他中介公司与卖方签订房屋买卖合同”是否也在禁止之列？“买方‘未’利用中介公司提供的房源信息，绕开该中介公司与卖方签订房屋买卖合同”的行为呢？——所有这些“后话”也被“指导案例1号”回避了。止步于当然之理而回避真正的问题，“指导性案例”的“指导性”价值也就不免令人生疑。

以上两个疑问还将在下文第四部分详述，此处先须明了，之所以出现这些疑问，其根源在于，无论是本案的处理，还是前述四种观点之整体，围绕“跳单”现象就独家委托与报酬请求权这两大主题缺乏清晰认识，对其相互之间的过渡关系更无问题意识。所以其处理方式，要么如“指导案例1号”轻施剪裁削足适履，要么如观点一、二、四偏执一端，要么如观点三，虽已二者兼备却在混沌里湮灭了主题的脉络，功败垂成。但是，综合以上实务与理论上未竟全功的努力，仍可得出很重要的初步结论：独家委托与报酬请求权这两大主题共生于“跳单”现象之中。随着这个初步结论的呈现，接下来所要做的也就变得清晰了起来：先借助理论资源就此两大主题做必要的建构，以补我国学说准备的不足，然后再落实到本案，就上述两个疑问寻找出路。

二、独家委托与居间合同法定范式的修正

（一）居间合同法定范式修正的一般内容

禁止“跳单”条款可从居间人地位改善的要求中寻找法理根据。居间报酬请求权的对价物不是居间人的工作，而是委托人采用了他提供的缔约信

---

① 居间报酬请求权以委托人缔结本约为停止条件，条件拟制成就规则可适用于居间合同，不应存在疑问，但是委托人即使拒绝完全符合居间合同所定目标的缔约条件，依其决定自由亦非“阻止条件成就”，而此处正文所示“利用而排斥”的情形则恰好属之。Larenz, Schuldrecht II/1, 1986, S. 403; Hartmut Oetker, Felix Maultzsch, Vertragliche Schuldverhältnisse, 2004, S. 570. 我国学说此前对居间合同可否适用条件拟制成就规则尚有疑问（参见上文“观点三”），最高人民法院在“指导案例1号”绝口不提该案原判决适用的《合同法》第45条第2款，或有回避矛盾之意，唯在其论证思路上似仍阴为沿袭。

息、机会缔结本约，[①] 这是居间合同与其他劳务性合同最直观的不同。居间报酬请求权以委托人缔结本约为条件，可是委托人根据居间合同法定范式（gesetzliche leitbild），保留了大量决定自由和缔约自由（Entschliessungs - und Abschlussfreiheit），其中主要包括是否缔结本约的自由（包括拒绝一个完全符合居间合同预定条件的报价）、自己直接与意向人缔约的自由、召入其他居间人的自由、随时撤销委托的自由。[②] 大陆法系有句法谚最能体现居间人的尴尬——"居间人总是白忙活"。[③]

为了打破这种不利局面，居间人在订立居间合同伊始就会自然而然地谋求改善自己的地位。[④] 其改善的入手之处也就相应地瞄准了限制上述委托人的决定自由，以扩张自己的权益。居间合同法定范式只是立法提供的最低标准，当事人另可借助格式合同等手段量体裁衣，创设新的居间合同。[⑤] 但是为了避免居间人滥用创设自由倾轧委托人，又必须对这种创设自由设置限制。以德国法为例，其限制主要体现于如下方面：

其一，某些界限不可为创设自由所逾越。委托人最基本的决定自由——是否缔约的自由，是不可排除的，申言之，委托人可以拒绝任何完全符合居间合同要求的缔约条件而无须支付居间报酬，最多可能发生居间人损害赔偿请求权而已。[⑥] 另外，报酬请求权只能是系于效果的，亦即仅缔结本约始生报酬支付义务，如果额外地要对居间人工作本身支付报酬，也就意味着另一种所谓居间雇佣合同（Maklerdienstvertrag）的诞生。[⑦]

其二，某些委托人自由只能依非格式合同限制。例如委托人直接与意向人磋商缔约的自由，被认为比召入其他居间人自由重要程度更高，不能

① StaudingerKommentar/Reuter, 2003, Vorbemerkungen zu §§652ff, Rn4. 此处"本约"在德文中虽然亦作"Hauptvertrag"，但显然不同于相对于预约的"本约（Hauptvertrag）"。或译为"主合同"，但又与主、从合同相混淆。为求"最不坏"的效果，本书干脆直译为"本约"，恳请谅察。

② Jauernig BGB, 2003, Vor §652, Rn3.

③ "Maklers Müh ist oft umsonst", Jauernig BGB, 2003, Vor §652, Rn10.

④ Brox/Walker, Besonderes Schuldrecht, 2003, S. 328f.

⑤ Jauernig BGB, 2003, Vor §652, Rn10; StaudingerKommentar/Reuter, 2003, §§652, 653, Rn222.

⑥ Hartmut Oetker, Felix Maultzsch, Vertragliche Schuldverhältnisse, 2004, S. 572.

⑦ Münchener Kommentar/Roth, 2009, §652, Rn. 26, 227. 有时居间人在典型居间行为之外还有其他各种协助行为，以至于不能简单用居间雇佣合同加以概括，而毋宁是居间合同与另一个具有雇佣或承揽合同特征的实务实施合同的混合，参见 Münchener Kommentar/Roth, 2009, §652, Rn. 230，上文第一部分第一节"实务简况"反映出报酬支付与居间人工作阶段相对接，并影响到法官对报酬份额的认定，颇有这种合同混合的意味。

以格式合同排除，而必须仰赖特别约定。①

其三，某些委托人自由虽可限制，但也只能在一定限度内限制，或者只能在居间人作出自己一方的让步之后才能限制。例如虽可限制委托人撤销委托的自由，但也只能在一段合理时间之内加以限制，且丧失信赖等重大终止事由仍不能被排除（德民第314条）。② 而委托人召入其他居间人自由的排除，将使整个居间合同因居间人必须同时让步从单务转入双务。这一点与“跳单”关联尤为紧密，需要深论。

（二）居间合同因独家委托而转入双务

法定范式对居间合同双方当事人提供的结合是相当松散的。除了报酬请求权附条件之外，在另一方面，居间人也没有为居间行为的义务，所以被划入附条件单务合同。③ 这种范式与一般居间交易的现实情景相符合。居间交易的是缔约机会而非居间人的劳务，缔约机会又是自由存在的财物，既可以为此居间人所获取，又同时可以为其他居间人所获取，甚至还可以由委托人自己经其个人努力直接获取。④ 因此委托人更像一个采购缔约机会的买方，是从多个方向比对交易条件来做决断，以劳务为表面特征的居间合同在本质上更接近于买卖合同。⑤ 即使居间合同已经签订，作为缔约机会“卖方”的居间人仍很难确信自己有多大把握促成其与委托人之间有关缔约机会的最终“买卖”。居间人这种疑虑与委托人各色各样决策自由之保留显然有因果联系。为了在疑虑中谋生存，实务中居间人就不能不预留退路，而这些退路也在居间合同法定范式中占据了一席之地。例如居间人并非一定要尽力报告或媒介以提供缔约机会，他没有必须为居间行为的义务，至于其忠实义务（《合同法》第425条）也只是若为居间行为时附随的义务。⑥ 就像委托人可以召入多名居间人一样，居间人也可以就

① Hartmut Oetker, Felix Maultzsch, Vertragliche Schuldverhältnisse, 2004, S. 572.

② Hartmut Oetker, Felix Maultzsch, Vertragliche Schuldverhältnisse, 2004, S. 572.

③ 参见崔建远、韩世远、于敏：《债法》，北京：清华大学出版社2010年版，第609页；史尚宽：《债法各论》，北京：中国政法大学出版社2000年版，第464页；［德］梅迪库斯著，杜景林、卢谌译：《德国债法分论》，北京：法律出版社2007年版，第356、359页；StaudingerKommentar/Reuter, 2003, Vorbemerkungen zu §§652ff, Rn10.

④ StaudingerKommentar/Reuter, 2003, §§652, 653, Rn3.

⑤ StaudingerKommentar/Reuter, 2003, Vorbemerkungen zu §§652ff, Rn4f.

⑥ Hartmut Oetker, Felix Maultzsch, Vertragliche Schuldverhältnisse, 2004, S. 581; StaudingerKommentar/Reuter, 2003, §§652, 653, Rn199.

同一缔约机会召入多名委托人。他甚至可以在为委托人服务时，同时向委托人之交易对方效忠，易言之，他接受本约之双方当事人的委托而无须顾虑“双方代理”的禁忌。① 所有这些都在居间当事人利益之间达到一种平衡，符合其法感情及行为预期，也符合交易机会这种稀缺资源最优配置的制度需求。可是，一旦居间人试图动用创设自由修正法定范式，情况即截然不同。

简单独家委托（einfacher Alleinauftrag）使委托人放弃了召入其他居间人的自由，特别独家委托（qualifiziertener oder erweiterter Alleinauftrag）甚至使之放弃了自己直接与意向人磋商缔约的自由，这种放弃等于在买卖合同的场合，由买方赋予卖方一项比优先权还要优先的权利。因为优先权仍未杜绝竞价，买方仍可在多家卖家报价之间权衡，它只能保障优先权人在买方选定的最低价位优先成交。② 而这种比优先权还要优先的权利则不同，它直接取消了买方货比三家的可能，使之仅保留买或不买的自由，若买则只能从权利人处买。这种彻底失衡的格局，显然需要新的平衡。因此，德国这样的成熟法域，一方面在缔约方式上提出要求：放弃自己直接缔约（Direktabschlüssen）不得采用一般交易条件而必须特约（Individualvereinbarung）；③ 其他放弃虽可采一般交易条件，但是居间人应当应委托人的要求予以充分说明；独家委托必须以独家委托、固定委托（Festauftrag）等名称直观可见，或者从约定可确定地解释出来。④ 另一方面，在内容上直接要求居间人一方的让步：为居间行为不再是其保留的自由，而是一项主给付义务，与委托人附条件（缔结本约）的报酬支付义务互为对价，形成双务合同；⑤ 就居间人居间行为义务将适用较高的勤勉、忠实标准；⑥ 居间人就同一缔约机会为他人提供居间服务的自由将受约束，特别是为委托人本约对方提供的居间服务仅限于报告，而排除了为其计算的双方媒介。⑦

---

① 但是双方居间可能带来较高义务标准，参见 Brox/Walker，Besonderes Schuldrecht，2003，S. 330. 另在双方媒介居间的场合更容易触犯禁忌，参见下文第四部分的讨论。

② 关于优先权参见 Münchener Kommentar/Kramer，2001，Vor §145，Rn. 55；StaudingerKommentar/R. Bork，2003，Vor §§145 - 156，Rn. 69.

③ Münchener Kommentar/Roth，2009，§652，Rn. 236.

④ Münchener Kommentar/Roth，2009，§652，Rn. 241.

⑤ Münchener Kommentar/Roth，2009，§652，Rn. 228；Hartmut Oetker，Felix Maultzsch，Vertragliche Schuldverhältnisse，2004，S. 572；Brox/Walker，Besonderes Schuldrecht，2003，S. 329.

⑥ Jauernig BGB，2003，§652，Rn36；Palandt/Sprau，2006，§652，Rn78.

⑦ Münchener Kommentar/Roth，2009，§652，Rn. 229.

德国法上述判例与学说，在法定范式之外为实现新的利益平衡确立了轨辙，既顺应了居间人创设新范式的自然需求，又保护了委托人的正当利益，加之其利用的各种范畴及调整技术也为我国立法、法学所习见，在法律移植上具有高度的可参照性。所谓“人同此心，心同此理”，由于居间合同法定范式是在人们自然交易状态下提炼的最低标准，居间人创设新范式又是以此最低标准为起点的进一步修正，这种提炼模式及修正模式为法律比较及移植带来了广泛的可能。以德国法为参照，我们对本土法域自发产生的禁止“跳单”现象或有全新认识。

（三）前述四种观点之批判

上文总结的四种观点，除了观点二之外，其余三种观点其实都已自然而然地将“跳单”禁止与独家委托联系在一起。观点一和观点三可谓针锋相对：前者直接以独家委托诠解禁止“跳单”条款继而一棍子打死；后者虽未出现独家委托的字样，但是自其所设四大类型可知，该观点所见的禁止“跳单”条款基本上就是独家委托条款，并且一般性地认为其有效。

笔者认为，参考前述德国法的经验可知，对于独家委托有效与否不可一概而论，而要看独家委托是否满足内容及形式审查，在修正了居间合同法定范式以后是否实现新的平衡。根据我国《合同法》第39条、第40条的规定，前述德国法经验应有移植空间。另外值得特别注意的是，从我国二手房实际交易模式来看，居间人首先自卖方接受委托寻找买方，然后再接受买方委托带客看房并提高其他居间服务，在整个交易过程中，居间人接受双方委托，并且由于房源比起个别买方意向人对于居间人而言更加重要，卖方的利益在居间人眼里更占优势，甚至居间报酬和“跳单”违约金也大多以本约交易总额的一定比例计。可见在双方居间关系中买方利益原本处于劣势，如果再以无限制的独家委托使买方预先放弃选择自由，则利益失衡将更为严重。为此，居间人承担的忠实勤勉附随义务，在本领域独家委托合同中更加重要。

观点四则比较别致地认为，禁止“跳单”所禁止的是委托人直接与本约相对方磋商缔约，由此而“恶意逃避报酬”，至于召入其他居间人，只要缔结本约后向其他居间人支付了报酬，也就没有“恶意逃避报酬”了。之所以说这种观点“别致”，是因为它虽然由个案出发，但着眼的却并非案件当事人利益冲突，而是一个更加宏观的居间交易的场景，或者说是以整个居间行业的利益为己任。其潜台词其实就是，只要委托人支付过居间报酬，没有彻底跳过“中介行业”，则不必作为“跳单”予以禁止，可禁止的只是自己缔约。然而参照上述德国法稳定的学说判例可知，就独家委托而言，委托人自己缔约是比召入其他居间人缔约更重要的自由保留，甚至是不能以一般交易条件放弃的。观点四却恰恰相反，依其见解，委托人以禁止“跳单”格式条款放弃的不是召入其他居间人，反而是更重要的自己缔约。

笔者认为，观点四的着眼点有误。合同解释应尊重当事人真实意思，居间合同当事人在约定禁止“跳单”条款时内心所系的肯定不是居间行业的整体利益，而是要尽可能地排除委托人以其他途径获得缔约机会。这其中当然既包括自己缔约，也包括召入其他居间人缔约。这些目标能否有效实现，以及若不能实现时作何解释更符合当事人真意的问题，下文还需思考。此处站在禁止“跳单”条款独家委托说的立场，应该承认德国法对简单独家委托及特别独家委托的划分、对自己缔约和召入其他居间人缔约作不同对待，是有合理之处的，观点四倒转了两类独家委托的评价，轻重之际，实有未妥。此外，观点四以向其他居间人支付过报酬作为理由否定“恶意逃避支付报酬”，可能触发道德风险，因为本约双方交易之后以低廉“手续费”虚构其他报酬支付事实，衡诸常情，也是堵不胜堵的漏洞。易言之，若一概拒绝居间人借禁止“跳单”条款限制委托人召入其他居间人的自由，这种解读模式虽自以为“促进中介服务市场健康发展”，其实效则未必。

总而言之，禁止“跳单”条款与独家委托理出同源，当然有可能涉入后者，至于在本案中是否如此，还将详论于第四部分。此处又须留意，前述四种观点中的观点二完全不涉独家委托，而以条件拟制成就规则立论，从而将“跳单”违约与一般性的居间报酬支付义务不履行绑定在一起。更值得留意的是，观点三将类型化标准之一系于委托人缔结本约是否居间人所促成、观点四要求“恶意逃避报酬支付义务”的委托人仍要支付报酬，其实都有观点二的影子。由此可见，在此前有关禁止“跳单”条款的观察中，独家委托和居间报酬请求权常为交相变幻的焦点。

三、多人居间报酬及原因性要件

虽然行文之际绝无“原因性”或“原因关系”字样，“指导案例 1 号”却多处提及买方是否利用了中原公司提供条件的问题，显示出二审法院和最高人民法院的注意力已经下意识地转向了报酬请求权之原因性要件。根据有关居间报酬请求权的经典论述，其要件有三，分别是有居间合同、有缔结本约、在居间行为和缔结本约之间有因果关系，其中最复杂最可能发生争议的环节是原因性要件（Ursächlichkeit oder Kausalzusammenhang）。[①] 本案因陶德华实际召入了多名居间人而形成多人居间的典型情形，原因性关系更为复杂。针对本案，二审法院和最高人民法院虽无考察请求权要件的自觉，但其思维路径最终仍不可避免地汇入到比较法的经典路径之内，正好体现出上述比较法经验有一种“水流湿火就燥”的引导力量。所以下文的分析仍锐意从德国法这一成熟法域汲取经验。

（一）报告居间与媒介居间的有关差异

《合同法》第426条第1款第1句前段“促成”一词，在解释上应与《德国民法典》（下文简称“德民”）第652条第1款第1句“由于（infolge）”这种表述一样，均要求居间报酬请求权须以居间行为（报告或媒介）与本约缔约之间存在因果联系为前提，此即报酬请求权之原因性要件。居间行为可被划分为报告居间（Nachweismakler）和媒介居间（Vermittlungsmakler）（《合同法》第424条），[②] 二者在原因性要件方面有诸多不同，并将在多人居间的场合演绎得更为复杂，所以本部分即先从二者有关原因性要件的差异入手考察，以为多人居间提供分析基础。

由于合同机会在市场经济中呈现为自由存在的财物，[③] 既可以为此居间人所获取，也可以为其他居间人甚或委托人自己所获取，故而在具体个案中，只有当合同机会利用之可能有居间人的一份功劳时，其利用才能催生报酬请求权。[④] 而在另一方面，居间行为也就不太可能成为“唯一的”原因，其原因性认定标准亦被降低为共同原因性（Mitursä chenlichkeit）。[⑤]

---

① 参见［德］梅迪库斯著，杜景林、卢谌译：《德国债法分论》，北京：法律出版社2007年版，第358页。

② 报告居间的重点在于使委托人获知此前不知的有关缔约的机会。媒介居间的重点在于直接或间接（例如针对本约对方之配偶或合伙人为行为）作用于本约对方的缔约决心，具体来说，有意识且有目的地导致或促成未来交易对方的缔约决心，即可理解为媒介。MünchenKomm/Roth，2009，§652，Rn94，106.

③ StaudingerKommentar/Reuter，2003，§§652，653，Rn3.

④ StaudingerKommentar/Reuter，2003，§§652，653，Rn113.

⑤ StaudingerKommentar/Reuter，2003，§§652，653，Rn117.

但是对于什么情形满足共同原因性标准，报告和媒介的情形是不同的。例如德国最高法院认为，依事物的本质（Natur der Sache）应对二者不同对待，[①] 针对报告居间更强调“实质性地促成”，有关本约之缔结必须是居间工作效果的要求，也多在报告的场合提起。[②] 而在媒介居间的场合，往往只是提及，居间人行为对本约当事人之合同决策的影响不能仅是“完全不重要”，而必须“有那么一些显眼”，或者居间人必须触发了本约当事人的动机，且该动机“并非完全不值一提”。[③] 这是二者在原因性要件认定上的一般标准差异。[④]

另一重要的差异是“先知”抗辩仅适用于报告媒介。先知（Vorkenntnis）是指委托人就未来本约之对方当事人为潜在意向人，在居间报告之前即已知情，通说认为此时报告居间人不得主张（共同）原因性。[⑤] 在媒介居间的场合，先知与否却经常是无关紧要的。因为在很多时候，居间委托人正是已经得知交易潜在意向方的存在，才召入媒介居间人周旋说合的。而且媒介也不像报告那样仅对一方进行，而多是周旋于双方。这些特征决定了，媒介居间的共同原因性有其自己的根据，不受先知的妨害。[⑥] 所以先知只是报告居间的特殊主题，这是报告居间和媒介居间相互间的原则性区别。[⑦] 这一点在多人居间的场合影响尤其深远。

（二）多数居间人在共同原因性认定时的相互影响

1. 多人报告的场合

在多人报告居间的场合，主要的问题集中于先知抗辩上。首先要考虑报告内容是否一致。若委托人从多名报告居间人那里获知缔结本约的机会，且报告内容一致，则应对最先报告者承担报酬义务。因为最先报告者造成了“先知”，排除了其他报告的原因性可能。[⑧] 总之，在多人报告居间

---

① StaudingerKommentar/Reuter, 2003, § §652, 653, Rn117.

② BGH NJW - RR 1988, 942.

③ BGH WM 1971, 1098, 1100.

④ 单从该“差异”来看，似乎对报告居间较为严苛，但若考虑到报告居间因报告而一劳永逸，媒介居间则大多需要周旋始终，德国判例对前者的“严苛”应是允当的。

⑤ MünchenerKommentar/Roth, 2003, §652, Rn158f.

⑥ MünchenKomm/Roth, 2009, §652, Rn179; Hartmut Oetker, Felix Maultzsch, Vertragliche Schuldverhältnisse, 2004, S. 578.

⑦ MünchenKomm/Roth, 2009, §652, Rn105, 179.

⑧ StaudingerKommentar/Reuter, 2003, § §652, 653, Rn31.

时，如果委托人就该机会的先知乃因某居间人之报告而得，则后续他人内容一致的报告对于本约之缔结在任何情况下均非（共同）原因。[①]

若多个报告内容不同，其处理方案分歧较大。例如多名居间人就同一买卖交易的报价各不相同，德国有州法院判决认定对委托人最有利的报告行为具有完全的原因性。[②] 该国最高法院却主张各报告居间行为之间仍有竞合原因性存在的可能，[③] 易言之，多数居间行为均具有共同原因性。因为价格与标的、当事人等因素对委托人决定缔约都很有意义，本约可能是多方居间人促成的，任何按居间合同约定所作的报告对本约缔结而言都不是完全的（allcin）而是累积（kumulativ）的原因，若本约基于后续报告提供的更有利价格缔结，则这一报告至少具有共同原因性，[④] 而其他在先报告的共同原因性也不受否定。所以在很多个案中，德国最高法院的立场更值得取法。

由上可知，对于后续报告居间人来说，关键在于证明自己的报告内容有不同（比如有关标的盈利潜力的新报告），[⑤] 并实质性促成了缔约，这样才能应付委托人的先知抗辩。

2. 多人媒介的场合

在多人媒介居间的场合，关键之处是委托人能否主张因果关系中断。例如，委托人通过居间人媒介与第三人就缔约进行谈判，此时媒介行为原本是有发生原因性可能的，可是在后来的谈判过程中，委托人就与该第三人缔约的兴趣终局地、完全地丧失，谈判宣告失败，其后在原居间人未参与的情况下，即使委托人又基于全新的谈判与该第三人缔结了合同，这时一般仍可主张原媒介行为原因性的中断，拒绝支付报酬。[⑥] 但是，纯粹中断谈判，以及在居间人报告和事后缔约之间的长时间跨度，均不足以中断因果关系。[⑦] 在与第三人缔约之前对居间合同的终止，也不能中断因果关系。[⑧] 这些做法是为了防止委托人滥用其决策自由害及居间人的正当利益。

---

① StaudingerKommentar/Reuter，2003，§§652，653，Rn139.

② OLG Köln AIZ 1979，29.

③ BGH NJW 1980，123，124.

④ Knütel，ZHR Bd 144，1980，289，314.

⑤ BGH WM 1970，855，856.

⑥ MünchenerKommentar/Roth，2003，§652，Rn. 160；BGH MDR 1960，283.

⑦ BGH NJW－RR 1996，691.

⑧ Larenz，Schuldrecht/BT 1，1983，S. 402f.

实践中经常可见这样的案型：委托人受两名居间人媒介服务而缔结本约，仅第二位居间人取得突破促成缔约。1913 年德国帝国法院（RG）在一份有关这种案件的判决中，将报酬请求权限定于第二位居间人身上，该案第一位居间人放弃进一步工作，使得委托人不得不召入第二位居间人。[①]德国联邦最高法院（BGH）在 1981 年就一个类似案件认定，两位居间人均有报酬请求权。关于第一位居间人，该法院明确宣称，委托人因召入了第二位居间人而夺走了他的机会，使之不能亲自完成突破性工作。[②]

上述德国 1913 年和 1981 年的判例在结果上是不同的，但是考虑到案情及说理，似仍有调和余地。帝国法院判例强调了委托人召入后续居间人的不得已，将在先居间行为之原因性中断归结于该居间人“放弃”进一步工作；联邦最高法院判例则凸显出是委托人召入后续居间人打断了前一居间人的工作，剥夺了后者继续取得突破的机会。其处理结果互异是适宜的。

3. 报告居间与媒介居间并存时

若委托人召入两名居间人，其中一名居间人依约报告了缔约机会，另一名居间人则依约进行了媒介，在此情形二者行为不同，其原因性要件具备与否应分别视之，互不干扰。只要二者对于缔约均具必要的实质原因性，自然都可以带来报酬支付义务。而且如上所述，对于任何居间人来说，“共同”原因性即为足够，所以没有理由拒绝任何居间人的完整报酬。

（三）确认共同原因性之后的报酬处理

委托人有召入多名居间人的自由，但是也面临一种危险：若他通过多名居间人的报告、媒介就某个标的缔结了本约，则可能承担多项报酬义务。例如上述德国联邦法院 1981 年判例，就在承认共同原因性之后要求委托人支付两次报酬。委托人排斥了第一位居间人，使其努力被无成效地打断或败坏，其行为原因性原本已告中断。但若综合考虑该居间人已经取得的成效以及对于最终缔约仍有继续性作用，委托人该排斥行为或因有失公平而例外地不中断原因性，从而使委托人在缔结本约时仍负支付原居间人完全报酬的义务。若他召入第二位居间人完成了前一居间人的工作，由于客观上的确是后一居间人取得了突破，所以委托人还须支付第二次报酬。

---

① StaudingerKommentar/Reuter, 2003, § §652, 653, Rn137.

② NJW 1981, 387, 388.

另外，在上述报告与媒介混杂的情形，也应支付多次报酬。因为报告居间固然必须涵盖所报告意向人的缔约意愿，但并不排除本约当事人进一步磋商的必要性，更不必考虑后续磋商是否还需要另有媒介居间人帮助。从报告居间合同的本意看来，完全报酬请求权仅系于委托人是否缔结本约，而无涉于委托人是否借助其他媒介居间人帮助而缔约的。在另一方面，媒介居间合同的本意亦非将完全报酬请求权系于委托人对交易意向人及其意愿的知情是否来源于自己的努力或其他某个报告居间人的告知。①报告居间人因撮合了本约当事人而应得报酬，媒介居间人则因使本约内容达到了委托人所要的条件而应得报酬，二者并行不悖，在共同原因性上都很“完足”，应各自取得其完全报酬之请求权。

但若一律对所有居间人都赋予完全报酬请求权，却又似乎过分增加了委托人的负担，难谓公平，实际也会使委托人召入多名居间人的“自由”流于空谈。德国学者 Knütel 征引了德民第 660 条第 1 款第 1 句的法律思想，② 主张谁若同时或分次召入了多名居间人来促成本约，也就像举办悬赏竞争的悬赏人那样。缔结普通居间合同而非居间人所乐见的独家委托，的确就意味着委托人保留召入其他居间人的权利。③ 但是居间人也不应因委托人这种决定自由的保留而遭受过大不利，不管怎样，居间人不应比悬赏之参与人受更劣的对待，同时委托人又不应当然地负担多份报酬支付义务，故而 Knütel 上述见解在价值评价上值得赞同。评论者认为，上述多人报告的情形正是类推适用德民第 660 条按公平原则分割报酬以解决问题的适例，这一方案也尤其符合经济生活的现实状态：只要委托人与报告居间人没有订立单独委托的居间合同，人们在寻找报告居间服务时，其典型情形正是广开言路，在多名居间人之间举行类似于悬赏的竞争。④

① MünchenKomm/Roth，2003，§652，Rn157；StaudingerKommentar/Reuter，2003，§§652，653，Rn136.

② Knütel，ZHR Bd 144，1980，289，311. 该句规定所针对的是悬赏广告，其内容为“若多人对所悬赏的结果进行了协助，悬赏人应考虑各人对该结果所起作用，在各人之间公平决定分配报酬”。Knütel 这一借悬赏广告法补居间法“漏洞”的观点获得许多人认同。拉伦茨在其债分体系书里就有否漏洞存疑，但是对于分割报酬法也未提异议，见 Larenz，Schuldrecht/BT 1，1983，S. 400.

③ MünchenKomm/Roth，2003，§652，Rn157.

④ MünchenKomm/Roth，2003，§652，Rn157.

（四）前述观点三之再批判

如上文所见，在前述四种观点中，除观点一专注于独家委托之外，其余三种观点均属意于报酬请求权。其中观点三尤为重要。该观点兼涉独家委托违约和报酬请求权两大主题，将“跳单”行为划分为四种类型，采取了多种有意义的类型化标准，并在效果上区分了报酬请求权、费用偿还请求权及实际损失，相对于另外三种观点，可谓总其大成，是我国居间法继续研究的新起点。正因如此，在本部分及上文第二部分各就其核心主题交代以后，可再借观点三之批判呈现理论建构的价值。

该观点厘定的类型一为“委托人与第三人私下缔约，该缔约机会系由居间人促成”。这是报酬请求权条件拟制成就的典型情形，因居间行为原因性要件完足，应如观点三所言，由委托人支付报酬。但是如本部分上文所言，在多人居间的场合，不能笼统谈论“系由居间人促成”，而应先看是否独家委托，若否，则再看各居间人行为共同原因性关系。其效果可能是观点三意指的完全报酬，也可能只是报酬之一部分。

其类型二为“委托人与第三人私下缔约，该缔约机会不是居间人所促成”。此时仍须先看是否独家委托，若是，才有费用偿还或赔偿损失的余地。因此涉及委托人自己直接缔约自由，其排除将涉入“特别”独家委托，应以特约订立。另因居间行为之原因性要件仅采“共同”原因性标准，对“该缔约机会不是居间人所促成”的判断是很复杂的。首先应区分报告居间和媒介居间。前者认定较易——若居间人未为完整报告，又非独家委托，则委托人在此类型无责任。反之，媒介居间时则甚难，如上文所述，媒介居间行为之原因性认定适用“较低标准”，“‘并非不重要’即可”，故而委托人自己绕过居间人所做的一切直接努力，都不足以导致“该缔约机会不是居间人所促成”。

其类型三为“委托人另行委托其他居间人并经其促成缔约”。此时仍须先看是否独家委托，若是，则直接进入违约赔偿；若否，则还要看原缔约居间人行为与后居间人行为之共同原因性关系，可能前者为报告居间，后者为媒介居间，亦即各自获取完整报酬，又可能一齐适用报酬分割规则。恐怕不可以如观点三一概而论。

其类型四为“委托人另行委托其他居间人，但未促成缔约”。此时仍须先看是否独家委托，若是，才可能发生损害赔偿请求权。且应注意，即便是独家委托，也并非当然发生损害赔偿请求权，其原因在于，委托人始终保留是否缔约的决定自由。我国《合同法》第 427 条规定的费用返还请求权，在比较法上似未曾见，与实务做法也颇有拮抗，很难说是一个务实可行的安排，有待继续反思。但因现行法既有如此规定，观点三将此类型之效果部分系于该条，就此节而言无可非议。

总之，就“跳单”现象的完整把握，离不开在法理深处对独家委托违约与报酬请求权、报告居间与媒介居间、一般独家委托与特别独家委托、完全原因性与共同原因性、多次完整报酬与一次分割报酬等重要主题的精细建构。就此建构工作，本书仅围绕案例评释任务做了一点铺垫而已。

四、落实到本案

（一）本案处理结果之评价

1. 是否独家委托

落实到本案涉及的禁止“跳单”条款，该《看房确认书》第 2.4 条所称“第三方”应可涵盖自己缔结本约与召入其他居间人缔结本约的情形，在解释上前述“观点四”的偏颇是可以避免的。亦即，该条款有解释为独家委托的可能，“指导案例 1 号”未及讨论，在论证思路上留下了断层。前引张文认为本案无独家委托，该禁止“跳单”条款不是独家委托的约定，其理由是“否则中介公司只要静待其他中介公司促成交易，即可坐收相对于佣金的违约金”。这种观点有因果倒错之误，所谓“坐收佣金”是独家委托可能出现的结果，也是前述德国法大力避免的不当结果，但并不能因为可能发生这种结果就否定独家委托的存在。极而言之，无效的独家委托仍是独家委托。

但是也要承认，若将该条款理解为独家委托，则至少有如下几点不免过分优待居间人：中原公司无须承担忠实勤勉提供居间服务的义务，以平衡陶德华因独家委托而牺牲的决定自由；中原公司也无须承诺避免双方居间、放弃为多人居间，以免害及陶德华的利益。易言之，尽管有了这么一个约定条款，但是居间合同并没有在打破法定范式的平衡之后精细安排以实现新的平衡，如果理解为独家委托合同，则根据《合同法》第 40 条仍应无效，不影响对本案处理结果的评价。

当然，由于该约定条款并没有明确使用独家委托字样，加之整个诉讼过程居间人中原公司似乎也没有明确主张独家委托，说明居间人对条款的定性也心存疑虑，这种模糊性本身在解释上具有深刻意义，为多元解释方案打开了方便之门。于是“指导案例1号”及张文均将该禁止“跳单”条款与报酬请求权杂糅在一起，也就并非不可理解，而且从前述“四种观点”可知，在以往对禁止“跳单”的本土研究中这种杂糅也屡见不鲜。该现象提醒人们：较为精到的分析不能不直接考问报酬请求权。

2. 报告居间抑或媒介居间

假如从双方《看房确认书》第2.4条读到的不是独家委托而是居间报酬支付条件的拟制成就，那么首当其冲的问题就是，陶德华和中原公司订立的居间合同究竟是报告居间还是媒介居间。中原公司在报告机会之外绝无媒介行为，而媒介居间合同报酬的发生系于媒介行为，居间人仅证明纯粹的报告行为时，不存在报酬支付义务，即便本约终因其报告而缔结，仍是如此。①因此在本案可以说，居间合同的定性对于居间报酬是“釜底抽薪”式的前提性问题。

可惜最高人民法院在“指导案例1号”剪裁的材料中，并未交代这个问题。实际上，在居间交易中，居间人提供的格式合同的确会有意无意地模糊这个问题，而给自己收取报酬保留主动。② 不过，2010年研究本案的张文透露出，“《看房确认书》约定，中原公司带陶德华实地验看涉案房屋，提供购房媒介服务”。由此看来，似为媒介居间，可是考诸上下文，并不能确定张文摘引为《看房确认书》原文。此时只好求助于“交易习惯”。

从上文第一部分提供的实务简况可知，中介机构大多须受买方委托与卖方磋商价格等重要条款，甚至要主持办理各项法定手续。在本案中收取报酬的汉宇公司就是如此行事的，所以至少在表象上，这类合同依交易习惯似属媒介居间合同。本案终审法院及最高人民法院都将中原公司与获取报酬的汉宇公司相对比，凸显后者所做卓有成效的继续性工作是其取得报酬的正当性基础，应该也有此意。但这只是支持其“媒介性”的一面，并且其支持力度并非绝对，因为报告居间也不排斥居间人有诸般后续行为，他与媒介居间人一样必须等待委托人缔结本约时方能取得报酬，故而天然地有着继续工作的热情，③ 但是这不会使报告转化为媒介。而在另一面，

① Hartmut Oetker, Felix Maultzsch, Vertragliche Schuldverhältnisse, 2004, S. 579.

② MünchenKomm/Roth, 2009, §652, Rn56.

③ ［德］梅迪库斯著，杜景林、卢谌译：《德国债法分论》，北京：法律出版社2007年版，第356、359页；MünchenKomm/Roth, 2003, §652, Rn56.

我们甚至还可以找出支持其“报告性”的一面。

二手房交易居间有一个突出的特征，即居间人大多为买卖双方提供居间服务。双方居间可能涉及类似于双方代理的特殊利益冲突，所以在法律关系的构架上需要特殊安排。在比较法上，德民第 654 条规定，“居间人违背合同的内容，也为相对人的利益而活动的，居间佣金请求权和费用偿还请求权即被排除”。表达了对双方居间的警觉心。不过在德国实务中，不动产买卖居间也根据交易习惯一般性地认可双方居间，只是此双方居间乃一方面为卖方提供“媒介”居间，一方面为买方提供“报告”居间，[①] 对于买方来说，居间人就是一个“信息库（Datenbank）”而已。[②] 他所做的只是报告机会，即便参与诸般后续工作，买方也不能期待为其利益计算。我国《合同法》未及规定双方居间问题，但是，从交易模式和各方交易心理来看，德国法涉及的上述主题同样存在：先经卖方委托居间人发布信息，确立基本交易条件，再由买方咨询居间人获知信息；相比较“流寇”式的潜在买方，向居间人提供了看房钥匙的卖方对居间人显然掌控着更多主动，甚至在一开始就已密定了“保底价”；[③] 连居间人向买方未来收取的报酬也大多以卖方所获价额为基数的。居间人受命为卖方利益计算的事实简直一览无遗。

但是，德民对双方居间心怀戒心只是出于保护双方委托人的需要，如果委托人明确首肯或者从居间合同中可以解释出这一意愿，则双方居间并没有“违背合同的内容”。易言之，上述对二手房交易居间之“报告性”的支持，也不是终局性的，报告抑或媒介，仍大有疑问。本案裁判法院及最高人民法院，甚至此前观察居间实务的学者们，似乎都没有在这一定性问题上停留，所以无论是本案个案处理，还是一般性的研究，也都在论证思路上留下了断层。

3. 共同原因性与“先知”抗辩

不过就本案处理结果的评价，并不会由此而走入死胡同，因为即便是媒介居间合同也并不排斥就报告居间行为依当事人意思收取报酬，[④] 这样本案所涉禁止“跳单”条款在独家委托、条件拟制成就之外又获得了第三

---

① MünchenKomm/Roth, 2009, §654, Rn7, 9.

② MünchenKomm/Roth, 2009, §652, Rn95.

③ MünchenKomm/Roth, 2009, §654, Rn12a.

④ MünchenKomm/Roth, 2009, §652, Rn56.

种解读可能：该条款着眼于“利用中原公司提供的信息、机会”，应有基于报告居间行为赋予报酬请求权的解释余地，尽管这项“报酬”与媒介成功后的报酬只是择一的。应否支付报酬的问题仍未解决，但毕竟可以确定：不能借媒介居间之定性而“釜底抽薪”。于是又转向报告居间之共同原因性要件问题。

由上文第三部分探讨可知，报告居间报酬请求权之原因性要件仅需具有共同原因性即可，且其他居间人提供的较低价款也不能当然否定该当居间人报酬请求权，这些都是有利于中原公司的。但是“先知”抗辩却可以达到中断原因性的效果。最高人民法院在“基本案情”中交代，原产权人李某某到多家中介公司挂牌销售同一房屋，陶德华在被中原公司带去看房之前即已被其他两家中介公司带去看房。因此在中原公司报告缔约机会之前陶德华即已知情，似乎符合“先知”的构成要求。但是在中原公司与陶德华签订《看房确认书》时，后者并没有声明其知情，这一细节的法律意义却需斟酌。委托人为了多方了解信息，自然需要与多名居间人接触，在接触时为了获得以前不了解的新信息，往往隐瞒自己此前的知情。[①] 这种做法合乎交易习惯，也不违背人们的法感情，一般来说，不应该当然视作委托人放弃了先知抗辩而使之承受不利。[②] 但是在德国法上，仍有重要观点要求委托人在一段合理时间里加以说明，否则即视为放弃抗辩。[③] 在本案中，由于双方签订的《看房确认书》第2.4条在（有限）排斥后续私自缔约的同时，也颇有排斥先知抗辩的寓意，[④] 如果中原公司能够证明：订立之前已充分提醒陶德华留意该条款且陶无异议，订立之后在居间服务过程中虽屡有声明机会但陶仍无异议声明。则应可认定放弃抗辩。问题是，看房之后双方似已再无往来，衡诸常情，陶似也没有专程声明先知的必要。所以陶的沉默应不可被认定为放弃抗辩。从张文可知，本案原判决强调了，“从时间先后顺序上看，首先向陶德华报告订约机会、提供看房服务的并非中原公司”（此语为“指导案例1号”所不载），虽未出现“先知”术语，但论证的思路正以此为落脚点。

但是将报酬请求权纯粹系于中原公司是否为第一家报告人，偶然性过

---

① MünchenKomm/Roth, 2009, §652, Rn182.

② StaudingerKommentar/Reuter, 2003, Vorbemerkungen zu §§652ff, Rn5.

③ StaudingerKommentar/Reuter, 2003, §§652, 653, Rn200.

④ 这也是在上述三种解读之外的第四种解读，并且除第一种“独家委托”之外，其余三种解读是可以兼容的。

大。最高人民法院在“指导案例1号”事实部分清晰交代了三家居间人带陶德华看房的次序，指出中原公司居最后，但是在论理部分以及裁判要点部分却只字不提，或许也是对以上偶然性的顾忌。这种顾忌的确是明智的，因为上述偶然性不仅意味着本案作为“指导性案例”参照价值大打折扣，也意味着个案处理恐怕也难谓妥当——受委托人“点卯”获得居间报酬的居间人显然将“恒”为第一报告人，因为二者私相授受的看房记录即为“明证”。这是触发道德风险的死角。

4. 共同原因性与何谓“利用”

为了走出上述最后一环有关“先知”抗辩道德风险的死角，必须回过头去直面这样一个问题：假如中原公司恰好是第一家报告的居间人，它是否就能获得报酬请求权?

假如中原公司恰好是第一家报告的居间人，那么陶德华就很可能是受其激发而产生交易动机，并积极寻找其他信息，特别是当《看房确认书》俱在时，不能不说后者“利用了中原公司提供的信息、机会”。而“利用了中原公司提供的信息、机会”，恰好正是最高人民法院在“指导性案例”里认定的“衡量‘跳单’违约的关键”。然而，最高人民法院认定的此处关键本身还值得进一步商榷。[①] 这种认识只看到居间人行为与委托人缔结本约之间自然状态的原因关系，并没有看到，居间报酬请求权所要求的原因性要件必须是“居间行为”与委托人缔结本约之间具有“实质性”的原因关系。即使居间双方借助《看房确认书》第2.4条的确带入一个报告居间，中原公司也必须完成其“居间行为”，单纯的带去看房、指示交易标的，不足以表征报告“居间行为”。如果中原公司宣称其完成了报告居间行为，至少应已指明卖方姓名、地址、联系方式，使得委托人因其报告“居间行为”而可以进行直接的交易磋商，[②] 这样居间人始能获得报酬。

而在当前信用环境之下，这些信息的报告恰恰又是我国二手房居间交易当中居间人的大忌。所以本案中，陶德华只得看房之后仍像一般典型的二手房交易模式那样，向其他居间人而非卖方本人求取低价。这种半途而废的“报告”及其原因性，或许是我国二手房交易中居间人和委托人最低互信缺失的无奈。这对于居间人而言是一把双刃剑：在居间人借助信息保留自我保护的同时，也因其“居间行为”不完成而失去先机。站在买方意

① 这实际上已是有关这一关键的第二层商榷，第一层即上文有关独家委托的探讨。

② MünchenKomm/Roth, 2009, §652, Rn99.

向人的立场，他必定会不断“利用”多位居间人分次添加的信息，依靠召入多位居间人寻求最满意条件。本案终审法院的论证及最高人民法院总结的裁判要点均强调，买方可以借助多个渠道获取信息，并有权选择报价低、服务好的居间人，这是正确的。但是它们又同时宣称“其行为没有利用”居间人提供的信息，无疑违背了事实。简而言之，关键不在于事实上有否“利用”、自然状态下有否“原因性”，而在于其“利用”是否构成了“居间行为”与缔结本约之间“实质的共同原因性”。

在经历复杂的论证之后，我们应可得出结论：本案中无有效的独家委托，中原公司也不能以一次看房即主张如此高标准的“利用”，所以“跳单”违约金请求权也好，居间报酬请求权也好，都不能成立。本案终审判决结果是正确的。

（二）裁判要点评释

1. 关于独家委托

最高人民法院就本案辑出的裁判要点，其第一句首先反映出，最高人民法院没有将禁止“跳单”条款一般性地解释为独家委托条款。但是，该句称“绕开中介公司与卖方签订”云云，且裁判要点第二句明确承认买方有召入多名居间人的自由，两相对照，似有禁止买方跳过所有中介直接与卖方磋商缔约之意。根据上文第二部分“独家委托”的阐述，委托人自己缔约的决定自由相比较召入其他居间人的自由，重要程度更高，甚至在德国法上禁止以一般交易条件排除，所以依当然解释规则，既认裁判要点第一句没有将禁止“跳单”条款一般性地解释为（简单）独家委托条款，也就不能认为该句禁止委托人自己缔约而片面涉入（特殊）独家委托禁止。

由于本案所涉禁止“跳单”条款未明列独家委托字样，且双方在诉讼过程中也未明确主张其为独家委托（虽然中原公司的诉求里似乎隐藏了这种意思），故专就本案在解释论上使此条款与独家委托相脱钩是可行的。但是在“立法论”意义上，不能据此认为将禁止“跳单”条款系于独家委托的观点无价值，如上文第二部分所考辨的，禁止“跳单”在法理深处实际上关系到居间合同法定范式之改良、居间人地位之改善，实与独家委托密切相关。如果当事人在约定条款中涉及独家委托的名目，或者有一方当事人提示这一解释方案，那么禁止“跳单”条款就不得不面对独家委托说。这对于本案裁判法院及最高人民法院来说，均属“未了事项”，笔者认为应依上文第二部分，要求提供格式条款的居间人在改善自己地位的同时，承担各种相应的义务，从而在新的居间合同自创范式里实现新的利益平衡。若未能符合上文第二部分的要求，只是片面要求委托人独家委托，则应根据《合同法》第40条认定无效。

2. 关于报酬请求权

在交代了与独家委托脱钩之后，再回到本案裁判要点，其第一句的“关键”，正如“裁判理由”所言，“是看买方是否利用了该中介公司提供的房源信息、机会等条件”。上文第一部分提及，本案终审判决所引法条以及某些学术观点将禁止“跳单”条款与居间报酬请求权条件拟制成就拴在一起，裁判要点第一句其实也沿袭了这种思路，因而如本章标题所示，裁判的重点从语义模糊的“‘跳单’违约”走向法理基础深厚的“居间报酬”请求权。

然而，无论是裁判要点还是裁判理由，或因此前有关学理支持不足的缘故，均只是宣称“没有利用”却未展开论证，有失独断。因卖方就同一房屋委托了多家居间人、买方可通过多家居间人获得信息，且买方有权选择最有利条件交易，就片面认定“没有利用”，其实并无坚实的基础。即使买方可以从多家居间人处了解房源信息，也不能就此否认前一居间人提供的信息触发了交易灵感、激发了动机，买方由此“按图索骥”向更多居间人做更广泛的信息打探，他当然是在“利用”前一居间人提供的信息、机会。而且如前所述，交易机会的特征就在于它往往体现为市场中多数人可以接近的自由存在的一般“财物”，如果仅因为买方可从多家居间人处了解信息，就拒绝前居间人报告之价值，那么居间合同的法理基础也将由此撼动，这是一个不应走入的误区。就此而言，裁判理由及裁判要点里面反映的思路似乎偏离了重点。

笔者以为，对“是否利用了”这一关键问题的判断，不应停留于自然事实的层面，而要以居间报酬请求权要件（尤其是居间“行为”的标准和共同原因性要件）为依归，考察具体的“利用”是否足以构成居间人的“居间行为”与本约缔结之间“实质性的共同原因关系”，足以支撑居间报酬请求权，在解释论上，裁判要点第一句、第二句的“利用”也将自然而然地走向限缩处理：

（1）若依约定可确认为媒介居间，且若居间人如本案中原公司那样，仅证明自己曾带买方看房，事后买方“利用”看房所得基本信息及交易动机从其他居间人处多方比较交易条件并缔约，则不能以此“利用”主张居间报酬，因为无完整的“居间行为”与本约缔结构成原因关系。

（2）若居间人证明自己带买方看房，并报告卖方姓名、地址、联系方式等必要信息，促成买方与卖方谈判，且以《看房确认书》禁止“跳单”条款证明双方有就报告居间发生报酬的约定，且证明自己为最先报告居间人，或以《看房确认书》禁止“跳单”条款及看房后续往来事实证明买方放弃“先知”抗辩，则即使买方另召入多名居间人提供信息、机会或媒介，或者自己通过与卖方直接谈判，以更低价格等较优条件缔约，前述居间人仍可以此前“利用”主张居间报酬。

（3）若依约定可确认为媒介居间，且《看房确认书》禁止“跳单”条款也不能证明双方有就报告居间发生报酬的约定，居间人证明自己带买方看房，并积极为媒介行为，虽未报告卖方姓名、地址、联系方式等信息，且委托人最后排斥该居间人工作，召入其他居间人促成缔约，但原居间人可证明若非遭受排斥，在原工作成果基础上其原本可以相同条件促成缔约，则仍可以买方之“利用”主张完整报酬；若原居间人仅能证明自己的工作成果对于后续居间人促成缔约有“实质性”的共同作用，此时或应考虑如上文第二部分介绍的分割报酬的思路，在委托人仅须支付一次报酬和多名居间人分享一次报酬之间谋得利益平衡。

在这些情形中，居间人在《看房确认书》里安排的禁止“跳单”条款虽非独家委托，但也有其功用：证明缔结居间合同、证明看房服务、（或许）证明就报告居间行为约定了报酬、（或许）证明委托人放弃“先知”抗辩。在后两项证明事项面前，居间人还应证明不存在《合同法》第40条规定的情形，并已根据《合同法》第39条、《合同法解释（二）》第6条的要求在订立之前向委托人充分说明。

五、余　论

法学方法论研究成果表明，在具体个案处理时，人们经常“锚定”一个结果，然后再来论证。这个“锚定”的结果，通常又是直观利益衡量的结果，在很多时候指向了正确方向。可是其正确并不是绝对的，所以后面的论证过程仍属必需——要靠严密的论证检验结果，修正直观利益衡量的讹误，并彰显该结果的说服力。对于“指导性案例”来说，严密论证又尤其重要。因为指导性案例必定要追求某种“射程”，这就意味着，其事实相对于当下具体的个案，应被赋予足够的伸缩弹性，而在每一个伸缩的细节上，利益衡量都可能失之毫厘，谬以千里。原有的可以信赖的结果，在实现“指导性”效用时或成谬误。此时严密的可供检验的论证模型将不断地修正谬误，真切地划定其射程，划定未了事项，并提出可供选择的方案。

本案处理结果原本是无可厚非的，在利益衡量上，这一结果反映了《通知》的“精神”：“既保护中介公司的合法权益”——因为它毕竟认可禁止“跳单”条款是“有效的”，又“保护消费者的合法权益”——因为它又认可了“买方有权选择报价低、服务好的中介”。至少在后一方面，该处理结果取得了实质性成绩。因为无论如何，都不应允许如下情形发生：居间人于某日带某买方意向人看房十余处，悉数签下此类条款，然后结束作业，待数月之后再调查该意向人是否买下其中一处房产，若有则诉其“跳单”违约。该判决在个案之中避免了这一情形。

但是如上文所述，该判决得出结果的方式并未超出直观层面的利益衡量，尚乏严密的论证，其锁定的“关键”实非关键，而言之凿凿的所谓“没有利用”的宣称，也难免强词夺理之讥。至于作为指导性案例，因为忽略论证环节隐藏的弹性因素，案情略微一变，参照价值即刻或成泡影。为了以无力的论证支撑该正确的结果，最高人民法院在剪辑案情和裁判时，还有意无意地修改了禁止“跳单”条款的措辞、删除了裁判的法条依据。这种现象透露出个案处理中论证能力与追求效果之间的张力，也提醒人们，作为“指导性案例”，剪辑后的内容或如削足适履，将在指导性效用上自废武功。

然而，该案的遴选、发布仍有毋庸置疑的积极意义，它直面学术准备不足的现实，勇敢地踏出了关键的一步，将难题凸显于世人眼前。于今之计，应全面审视居间合同法的理论基础，探询“跳单”现象的深层法理，构造完整的论证模型。这既是检验直观层面衡量结果正误的必需，也是在每一个论证环节，测度“指导性案例”射程的必需。本书对此虽不能至，但也“心向往之”。

第四章　解除和抵销中的异议之诉及异议期间

——《合同法解释（二）》第 24 条评注

一、引　言

2009 年 5 月 13 日生效的《最高人民法院关于适用〈中华人民共和国合同法〉若干问题的解释（二）》（下文简称《解释》）第 24 条规定："当事人对合同法第九十六条、第九十九条规定的合同解除或者债务抵销虽有异议，但在约定的异议期限届满后才提出异议并向人民法院起诉的，人民法院不予支持；当事人没有约定异议期间，在解除合同或者债务抵销通知到达之日起三个月以后才向人民法院起诉的，人民法院不予支持。"

本条关注到诉讼外形成权行使的不稳定性，为谋求法律关系的稳定而锐意创新。但是对相对人过苛，而且与既有的诉讼时效制度相抵触，在法律政策上深值反思。除了实体法上造成的震荡之外，本条也在程序法上对异议之诉的构造、异议之诉与其他诉讼之间的关系提出了复杂的解释任务，[1] 这些任务是必须直面的。

司法解释在我国当前法律运行中，既是对法律的解

① 就此请参阅王轶教授在"民商法前沿论坛（2010 年 5 月 13 日）"中的提问和曹守晔法官的回应，见《合同法司法解释的意义与创新》，中国民商法律网，2010 年 9 月 27 日访问。

释，也可能成为未来修法的先声。一些重要规则正是从司法解释的端口首先进入“现行法”体系，而后再为立法所吸收。解除及抵销中之异议制度，对未来修法和法律解释的影响都将是深远的。鉴此，本书力求兼顾解释论和立法论上的研究任务。

二、总体评说与建议

（一）从形成之诉到异议之诉的非理性安排

解除权和抵销权均属于形成权，发轫于德国法。形成权按其行使方式可分为以诉讼行使和以意思表示行使的形成权，在德国法上绝大部分形成权包括解除权、撤销权及抵销权，都是以意思表示行使的，只有子女婚生性撤销和婚姻撤销等极少情形才需要法院介入。① 德国买卖法上的减价权曾经有请求权和形成权之争，其实也涉及法院介入的程度问题，2001 年债法修订之后，已被明定为依意思表示即可行使的形成权，这正反映出德国法对形成权人的“信任”和对法院介入的谨慎态度。② 我国也引入了形成权的法理和制度，但是比较重视法院的介入，所以撤销权（无权代理之善意相对人的撤销权除外）被“改装”成了形成诉权，根据《解释》第 26 条的规定，情势变更下的解除权也须法院介入方可行使。但是更多的一般解除权、抵销权等形成权仍以意思表示行使，由于这些形成权和前述形成诉权在功能上都是使法律关系消灭，并无质的区别，所以在行使方式上强为不同，于立法政策难谓妥适，可称之为非理性的安排。《解释》制定者显然也关注到了这一点，试图从相对方的角度（而不是形成权行使的角度）为法院介入打开口子，其目的无非也在促使法律关系的稳定。但是这种做法带出了两个问题：其一，在以德国法为代表的传统法上是否的确就此法律关系的稳定性出现了不可容忍的问题？其二，从相对方的角度介入与形成诉权相比会否出现意外的效果？

---

① ［德］拉伦茨著，王晓晔等译：《德国民法通论》（上册），北京：法律出版社 2013 年版，第 291、292 页。法国法比较重视法院对解除的介入，但是“某些情况下，法律、当事人的约定乃至司法实践均排斥了法官对合同解除预先进行司法干预的必要性”，而且其司法干预也是为相对方的利益而存在的，与《解释》第 24 条规定的“异议期间”旨趣迥异，参见尹田：《法国现代合同法——契约自由与社会公正的冲突与平衡》，北京：法律出版社 2009 年版，第 401 页。

② 参见杜景林、卢谌：《德国新债法研究》，北京：中国政法大学出版社 2004 年版，第 186 页。

在以意思表示行使的语境里，撤销、解除、抵销等意在使法律关系消灭的形成权一旦行使，只要具有合法的形成权且行使方式合法则当即发生法律关系消灭的效果，无须法院介入，就可以大大减少讼累。当然持怀疑态度的人可能会问，如果相对方提出异议怎么办？或者相对方当时不提异议事后又提出相矛盾的主张怎么办？仅有相对方的异议，不能阻止形成权效果的发生，如果因法律关系终止而须恢复原状却遭遇相对方拒绝的话，形成权人可选择性地依请求权提起诉讼，相反如果没有恢复原状的麻烦，形成权人只要确信自己的形成权及行使方式合法，即可以此通知而解脱。当然在实践中，有无形成权以及行使方式合法否，可能确有争议余地，此时相对方的异议仍无阻止效果，但是他可以依先期违约等制度选择立即追究违约责任，或者等待履行期满后再追究违约责任，所以在相对方那里绝无不可忍受的不稳定性；而在"形成权"人一方，如果相对方主张权利获得支持，前者也只是承担了自己行为造成的责任，这是意图以己方行为影响他人法律地位的"形成权"人本应承担的风险，同时，相对方长时间的权衡和实际诉讼的难度也可能使之放弃诉讼，这也是"形成权"人可以期待的"意外之喜"（如果须依诉讼行使则很可能一开始就败诉了）。相对方在接到形成权通知时未表示异议，只要尚未构成合意解除、抵销等事由，并没有特别的意义，而且他之所以持有异议，也多是追求请求权的效果，而请求权的行使自有诉讼时效的督促，所以在收到形成权行使通知至提起请求权诉讼之间，应该允许相对方自由权衡，这不会给任何一方当事人带来不可忍受的法律关系不稳定性。

我国现行法将一些撤销权规定为形成诉权，使某些本不必发生的诉讼发生了，增加了讼累，不过对双方当事人的权利义务则并没有过大的触动，所以除了因其他近似形成权"相同事实没有作相同处理"而暴露了法律政策的不连贯以外，在整体上仍可接受。但是《解释》第 24 条在法律关系并没有出现实质不稳定性的情况下，使法院从相对方方面介入的做法确无必要。而且，一旦相对方未及时异议，似乎就丧失了所有的实体权利，较之法定诉讼时效的效果（仅为胜诉权的丧失）还更为严重，这是让人震惊的。[①] 很可能大面积地触发道德风险，诱导本无形成权的当事人以一纸通知的"成本"撬动相对方法定的实体权利和时效利益。下文再就异议期间和时效的关系略作分析，以进一步凸显规则的非理性瑕疵。

---

① 本章"要点注释"部分力图在解释论上消除异议期间的这种负面影响。

（二）异议期间对诉讼时效制度的无意识修正

因为该第24条将异议和起诉绑定在一起，所以若双方当事人就异议期间做出约定，实质上是对诉讼时效做出了变更。有人或许会说，此处因异议而提起的诉讼仅涉及解除或抵销效力的确认，与原诉讼时效所针对的请求权不是一回事。但事实却是，如果没有按期提出异议诉讼，根据该第24条的反面解释，法院既然不支持逾期异议，也就是当然地确定解除或抵销效力，原先的请求权不复存在了，其效果与导致胜诉权丧失的诉讼时效届满相较显然更苛。所以说这是对诉讼时效的实质性改变已是比较保守的评估。而诉讼时效具有强行法的特点，[①] 各法域对于当事人协议改变诉讼时效的做法态度谨慎，如台湾“民法”第147条规定：“时效期间，不得以法律行为加长或缩短之，并不得预先抛弃时效之利益。”另以态度较为宽松的德国法为例，即使是在2001年大幅修订时效法改采较开放态度以后，仍在第202条第1款禁止就因故意发生的责任预先以法律行为减轻诉讼时效。我国因诉讼时效期间大多奇短，且非法通知解除或抵销往往伴随“因故意而发生的责任”，我国虽无像前引德国民法典第202条第1款的规定，但是根据《合同法》第53条第2项的规定，当事人不能事先免除故意责任，所以法律和司法解释自然也不应支持当事人变相减轻时效以规避该第53条第2项的内容。[②] 在现行法没有允许当事人协议改变诉讼时效的条件下，司法解释任由当事人借异议期间约定“暗度陈仓”甚欠妥当，应予纠正。

（三）程序法上的不合理性

本书探讨的异议之诉在诉讼的分类中应属于确认之诉。确认之诉不像给付之诉那样可以强制执行，所以一般只是对现有状况比较满意一方提出来以取得一种防御的效果，[③] 或者对未来的或有责任预先取得一个抗辩，[④] 这种诉讼并不是常常都有其意义，特别是就给付之诉本可以解决的问题，

---

① 参见龙卫球：《民法总论》，北京：中国法制出版社2001年版，第617页。

② 参见朱岩编译：《德国新债法——条文及官方解释》，北京：法律出版社2003年版，第29页。

③ 例如所有权人针对他人的物权主张提出一个确认之诉。

④ 例如工厂主在工厂上马投产前针对他人声称的未来专利侵权提出消极确认之诉。对这一例子的分析见［日］高桥宏志著，林剑锋译：《民事诉讼法——制度与理论的深层分析》，北京：法律出版社2003年版，第315页，该分析对下文所述“形成权人”的确认利益的认定有参考意义。

叠床架屋地提出确认之诉也不符合诉讼经济原则。所以各国民诉法一般要求原告就确认之诉存在特殊的诉讼利益。解除和撤销的相对人可以就自己的请求权提起给付之诉，也可以在对方解除以后的给付之诉中提出抗辩，一般来说，并无确认之诉的特殊利益。① 故而在程序法上异议之诉不符合诉讼经济原则。倒是在“形成权人”方面具有确认之诉的利益，因为一旦对方异议，为了杜绝未来可能存在的责任，“形成权人”有必要诉请确认其行使形成权合法。这一情形本应是异议之下的常情，但是并没有包括在《解释》第24条之内。

三、要点注释

（一）异议之诉的标的及与标的相关的问题

异议之诉的标的是确认解除或者抵销无效。标的问题与诉讼合并、反诉、诉讼中止以及既判力等问题也联系紧密（其中既判力问题在下文作单独讨论）。如果原告在提起异议之诉以外还提起了给付之诉，可能出现诉的合并或者诉的追加。例如原告不但诉请确认解除无效，而且要求继续履行原合同；或者同时要求被告（自以为解除而“迟延履行”）赔偿损失等等。被告方也可能在原告提起的异议之诉之外提起确认之诉，甚或给付之诉，例如解除方诉请相对方返还收取的给付和赔偿损失等。为了避免相互对立的诉讼出现矛盾结果，应该鼓励“形成权人”在作为本诉的异议之诉中以反诉形式提出请求。如果先有异议之诉，“形成权人”再提起标的一致的确认之诉，因诉讼系属的影响，后一诉讼应被驳回。② 但是如果提起的是给付之诉，其标的已超出了原异议之诉，不再受诉讼系属的羁縻，该

① 如果异议人先提起异议之诉，后考虑到诉讼结果将不可强制执行，旋又提起给付之诉，此时德国法通说认为在一般情况下确认利益消失，这一见解甚具参考价值。见［德］罗森贝克、施瓦布、戈特瓦尔德著，李大雪译：《德国民事诉讼法》，北京：中国法制出版社2007年版，第662页。

② 如果先有给付之诉，随后提起的否定性确认之诉也会遇到诉讼系属的抗辩。参见［德］罗森贝克、施瓦布、戈特瓦尔德著，李大雪译：《德国民事诉讼法》，北京：中国法制出版社2007年版，第662页。

给付之诉应被受理。[①] 不过，又因为异议之诉的审理结果实为后一给付之诉的处理依据，所以应根据《民事诉讼法》第136条第1款第5项中止诉讼。

（二）既判力的范围

程序法上异议之诉的既判力是否仅限于判决主文所载事项，也是一个重要问题。《解释》第24条规定的异议之诉，其判决主文所指向的应只是解除或撤销的效力，但是其判决的基础可能就牵涉极广。兹举例说明——

例一：甲乙二人订立合同，在乙之合同义务届至履行期前，甲依《合同法》第68条第1款第2项及第69条的规定解除合同，并要求赔偿损失。乙对解除的效力提起异议之诉，经审理判决主文认定解除有效，裁判理由是乙有转移财产、抽逃资金以逃避债务的行为。

由上例可知，当事人对既判力的要求可能有两种：一是仅限于主文，即仅解除；二是不仅解除，而且其解除的基础即乙逃避债务的事实认定也有既判力。如果采第一种方案，那么既判力仅涉及解除的事实，至于乙是否逃避债务仍可另外提起诉讼，这样做的主要问题有二：一是架空了异议之诉的效果，使之仅讨论解除或不解除，对解除前的缘由和解除后的后果都没有具拘束力的权威结论，如此异议之诉的叠床架屋的累赘性质更显突出；二是既然解除的事由无既判力，那么在事后提起的诉讼中当然存在法院转又认定相对方没有逃避债务的可能，此时裁判的基础实相矛盾，尽管仍能在解除的前提之下寻求其他救济（此时须救济的是相对方而非“解除权人”），但是此时裁判的说服力明显大打折扣。而且此时解除合同可能对双方当事人而言都是违背真意的，即便是从前一诉讼的胜诉方的角度来看，如果后一诉讼不能胜诉，解除合同恐怕也并非所愿了，因为此时按照原合同精心安排的条件履约可能比意外的承担违约责任更具吸引力，可是合同却又已经解除了。

如果采第二种方案，即不仅解除事实具有既判力，而且其解除的基础也有既判力，此时自可避免前述两次诉讼相互矛盾的尴尬。但是，在比较法上，《德国民事诉讼法》第322条及《日本民事诉讼法》第199条均将

---

① 在德国法上，此时通说认为前一确认之诉的确认利益消失。见［德］罗森贝克、施瓦布、戈特瓦尔德著，李大雪译：《德国民事诉讼法》，北京：中国法制出版社2007年版，第662页。

既判力限定于判决主文，[①] 我国法对此暂无规定，但是在解释上通说仍认为：既判力不及于判决理由是划定既判力客观范围的基本要求。[②] 日本民事诉讼法学界权威学者新堂幸司在论述决定既判力范围的各种因素时，首先就强调了，在诉讼过程中让当事人对将来发生既判力的争点有充分了解，并在此基础上穷尽攻击防御方法，既是法院整理争点的目标，也是对当事人的实质性程序保障，接着他还就扩张既判力过分追求制度的效率发出了避免“诉讼法独裁”的警告。[③] 这在本书讨论的异议之诉上尤其具有警示价值，因为异议期间的约束，相对方往往是被迫诉讼，对于裁判理由相关的事实很难做到穷尽攻防之能事，有时甚至还就是因为超出了异议期间而导致的败诉，此时强行发生既判力对相对方更加有失公平，自是典型的“诉讼法独裁”。

因此，第二套方案实不足采，异议之诉的既判力应限于判决主文，即解除或撤销的效力，而不及于裁判理由。当然，这样就不得不接受前述“两个问题”。事实上，这些问题是与异议之诉共生的，如果非要强力祛除，只会使异议之诉的流弊愈益炽烈，两害相权取其轻，莫不如接受它们，在削减异议之诉及异议期间“效用”的同时，也使其流弊得到控制。

（三）主张责任和举证责任

《民事诉讼法》第 64 条第 1 款规定，“当事人对自己提出的主张，有责任提供证据。”这一规定被我国传统的民事诉讼法理论概括为“谁主张谁举证”而曾受广泛遵循。在异议之诉上，有学者也以此为根据直接认定：举证责任应由提出异议的相对方来承担。[④] 可是值得注意的是，我国民事诉讼法理论和实践已经认识到上述教条的局限性——所谓“谁主张谁举证”往往因为双方都在“主张”而不能有效地划分举证责任。[⑤] 所以《最高人民法院关于民事诉讼证据的若干规定》第 5 条按照法律要件分类

---

① 有关论述参见江伟主编：《民事诉讼法》，北京：高等教育出版社 2008 年版，第 348 页。

② 见江伟主编：《民事诉讼法》，北京：高等教育出版社 2008 年版，第 349 页。

③ 见［日］新堂幸司著，林剑锋译：《新民事诉讼法》，北京：法律出版社 2008 年版，第 477 ~ 478 页。

④ 朱广新：《合同法总则》，北京：中国人民大学出版社 2008 年版，第 369 页。但是在该书同页上一段落，作者又指出了，“行使解除权的一方，须为自己享有解除权负担举证责任”。

⑤ 关于理论界的新认识，请参见江伟主编：《民事诉讼法》，北京：高等教育出版社 2008 年版，第 189 ~ 190 页。

说就合同案件的证明责任分配原则作出了比较详细的规定。① 按照该条第1款，主张合同关系解除、终止的一方当事人应对引起合同关系变动的事实承担举证责任；按照第2款，对合同是否履行发生争议的，由负有履行义务的当事人承担举证责任。因此在异议之诉中，不能笼统地称，因为异议方主张异议，就应由其对异议举证。相反，在异议方证明双方原有合同或其他债务关系时，应该转由“形成权人”对其解除、抵销的合法性提供证据。而在“形成权人”所主张的事实涉及相对方（异议人）是否依法或依约履行合同时，又应由负有履行义务的异议人承担举证责任。② 举例来说——

例二：甲以不可抗力为由解除与乙之间的合同，乙接到通知后提起诉讼，主张解除无效，此时甲应举证证明存在不可抗力及其后果足使合同目的落空。反之，如果甲是以债务人乙迟延履行致使定期债务目的落空为由主张解除的，则在乙提起异议之诉中，当甲提供了表面证据以后，涉及的是否如期履行的问题即应由乙承担举证责任。

（四）异议期间规则的适用要件

1. 适用范围

《解释》第24条就合同解除问题征引了《合同法》第96条，该第96条规定了解除权行使，涵盖约定解除权（《合同法》第93条第2款）和法定解除权（第94条），协议解除则被排除在外（第93条第1款），即在协议解除时不适用《解释》第24条规定的异议期间。因此，若当事人对解除协议是否有效成立存在异议，不受异议期间的限制，而应一般地适用诉讼时效（例如主张解除协议不成立而对方迟延履行原合同），或者适用撤

① 参见江伟主编：《民事诉讼法》，北京：高等教育出版社2008年版，第190页。

② 关于主张责任和证明责任的关系，比较法上各国通说都认为二者的标的和范围一致，且应归属于一人。参见［德］罗森贝克、施瓦布、戈特瓦尔德著，李大雪译：《德国民事诉讼法》，北京：中国法制出版社2007年版，第856页；［日］高桥宏志著，林剑锋译：《民事诉讼法——制度与理论的深层分析》，北京：法律出版社2007年版，第452页；江伟主编：《民事诉讼法》，北京：高等教育出版社2008年版，第183页。但是在“确认债务不存在”这种类型的诉讼中，可能出现主张责任和证明责任分别由原告和被告承担的情况（也可以理解为原告并非基于主张责任而是基于诉讼标的所作的陈述），本书讨论的异议之诉因《解释》第24条所定异议期间的驱动，异议人的主张责任与“形成权人”的证明责任相分离，是民事诉讼法学上极为偶然的现象，关于这种现象的进一步讨论，请参见［日］高桥宏志著，林剑锋译：《民事诉讼法——制度与理论的深层分析》，北京：法律出版社2007年版，第438页。

销权之除斥期间（例如以重大误解撤销解除协议）。在某些情况下可能出现依解除权解除与协议解除的竞合，此时《解释》第 24 条适用与否将会出现疑问。

例三：开发商甲与承包人乙签订建筑施工合同，履行过程中，乙已对原约定造价有所不满，后又发现地基与先前勘探结果有异，成本剧升，遂依《合同法》第 94 条第 1 项致函于甲，声称行使解除权。甲收函后对可否适用该项法律颇感犹疑，急招公司董事及法律顾问研究对策，正沉默间，又收到乙寄来单方签字的“谅解书”一式两份，该谅解书称双方因不可抗力协商解除合同，对互相返还押金、工程款及移交工地等事宜作了安排，并附有中介机构对地基的勘探结论一份以证明“不可抗力”。甲因听信该勘探结论，签署谅解书，与乙分别履行。四个月后，甲确知该勘探结论有重大错误，地基的意外情况不构成《合同法》第 94 条第 1 项所规定的情形，即诉请法院依《合同法》第 54 条第 2 款判决撤销谅解书，要求重新履行原施工合同。乙依《解释》第 24 条认为，甲收取其行使解除权的函件以后 3 个月未起诉表达异议，已经超出异议期间，法院应“不予支持”。

在此处举这一例子，只是提示：《解释》既然将协议解除和其他解除方式区别对待，就有了竞合的可能。为了减小竞合带来的不稳定性，在解释规则时应努力缩小不同进路后果之间的差距。下文“2. 异议”中有关“方式”的阐述就与此有关。

合同解除之下，异议期间制度还有一个适用范围的疑难。《合同法》第 94 条第 1 项规定的“因不可抗力致使不能实现合同目的”，可能与《解释》第 26 条规定的因情势变更“不能实现合同目的”有所竞合，这主要是不可抗力和情势变更之间界限模糊所造成的。① 但是二者在处理程序上有极大区别，前者为直接通知解除，后者则须协商变更和诉请法院解除。② 所以，若当事人依该第 94 条第 1 项通知解除，对方当事人如有异议固然受异议期间的约束，但是一旦后者主张适用《解释》第 26 条适用情势变更的程序并受法院支持时，有关异议期间的规定就丧失影响力。鉴此可以预

---

① 参见对外贸易经济合作部条约法律司编译：《国际商事合同通则》，北京：法律出版社 2003 年版，第 341 页。

② 在《关于正确适用〈合同法〉若干问题的解释（二）服务党和国家的工作大局的通知》（法〔2009〕165 号）里，最高人民法院规定，如果适用该第 26 条须由高级人民法院审核，必要时应报请最高人民法院审核。

见，异议期间的作用将加剧《解释》第 26 条与《合同法》第 94 条第 1 项之间的“拉锯战”，[①] 但是这一问题本身已超出本文范畴，主要属于情势变更制度的讨论范围，留待他文探讨。

债务抵销可分为协议抵销和法定抵销，《解释》第 24 条征引的《合同法》第 99 条仅限于法定抵销。

2. 异议

（1）内容。

《合同法》第 96 条第 1 款后句规定：“对方有异议的，可以请求人民法院或者仲裁机构确认解除合同的效力。”由此可知，异议是要确认解除行为、抵销行为无效，其内容大致包括两个方面：一是无解除权、抵销权，二是解除、抵销的方式不合法。

（2）方式。

根据《解释》第 24 条的文义，异议须以向法院起诉的方式提出。所以相对方若只是就解除或抵销通知提出口头或书面异议，仍可能因未在异议期间内提起诉讼而遭受不利。

但是衡诸常情，在接到解除或抵销通知时，若相对方有异议，一般更可能是口头或者书面提出，或者甚至由于各种考虑（如搜集证据等需要时间）而保持沉默，径自提起诉讼实属罕见。[②] 即使在相对方提出异议以后，距离诉讼仍可能有很远的距离，因为此时双方当事人的协商谈判也往往是旷日持久的，在谈判中短暂的异议期间已过恐怕在所难免，而此时如果强行适用异议期间徒过的效果，实在是令法院越俎代庖逼迫当事人滥诉。

这些难题显然是异议方式的特别要求所造成的，同样是期间的设限，现行法直接强求诉讼的情况是极为罕见的。考诸诉讼时效、产品质量异议

---

① 堪称国际统一私法范式之一的《国际商事合同通则》第 6.2.2 条注 6 评论说，在那些既可以视为艰难又可以视为不可抗力的情形，应由受这些事件影响的一方当事人决定寻求何种救济手段。见对外贸易经济合作部条约法律司编译：《国际商事合同通则》，北京：法律出版社 2003 年版，第 341 页。但是在各国内国法上，若法律效果不同，则须消除情势变更和不可抗力的竞合，不允许当事人自由选择，例如德国法就是如此，参见［德］卡斯腾·海尔斯特尔、许德风：《情势变更原则研究》，《中外法学》2004 年第 4 期，第 395 页。与德国民法典第 313 条规定的特殊程序性效果——再磋商义务相比，我司法解释中情势变更规则的程序要求更是极为特殊的，可以预见，在《解释》第 26 条与《合同法》第 94 条第 1 项之间是一场真正的“拉锯战”。

② 崔建远老师在讨论异议的方式时指出，所谓“异议”，应包括提出不同意见、提出履行请求、就“形成权人”的请求提出抗辩等等。见崔建远：《论解除权及其行使》，韩世远、［日］下森定主编：《履行障碍法研究》，北京：法律出版社 2006 年版，第 255 页。

期间、迟到承诺的承认或否认期间以及各类形成权的除斥期间（法定的形成诉权除外），均无先例。现行法之所以认可当事人之间的意思表示或意思通知就可以满足期间制度的要求，是因为诉讼毕竟只是消弭争端的一种方式，也是成本较高的方式，动辄以期间制度敦促起诉不符合诉讼救济原则，也与一般人的法感情相违背，最后可能使得期间制度沦为原告方的陷阱，因纯粹技术的失误轻施实体法上致命的打击，这是当代法制应予避免的。[①]

如果将现行法诉讼时效所要求的方式与异议之诉作个比较，更能体现问题的严重性。根据《最高人民法院关于贯彻执行〈民法通则〉若干问题的意见（试行）》第173、174条的规定，诉讼时效因权利人主张权利、向人民调解委员会或者有关单位提出保护民事权利的请求、义务人同意履行义务而中断。这对于权利人是相当宽松的。一般来说诉讼时效比异议期间都要长得多，而且基于请求权的给付之诉在当事人的法感情上远比单纯异议更容易导向诉讼，但是现行法却规定了尺度宽松的行为谱系提供选择（或者说为事后解释权利人的行权行为提供宽泛的对号入座的机会），现行法此处的“宽容”足以反衬出《解释》第24条过苛的不合时宜。

但是因为异议之诉木已成舟，笔者只能建议在解释论上力求替异议人松绑。在该第24条的解释上，可以参照德国民法消灭时效的做法，在诚实信用原则的指引下鼓励当事人之间的磋商。根据《德国民法典》第203条的规定，“债务人和债权人之间就请求权和成立请求权的情况所进行的磋商悬而未决，则时效中止直至一方拒绝进一步磋商。时效最早于时效中止后的2个月后届满”。这是2001年德国《债法现代化法典》新加的条文，其官方解释称，当事人间的此种磋商具有法律政策所期待的目的，即避免产生法律上的争议，所以此种磋商所需时间不受制于时效的压力。[②] 这其实也是诚实信用原则的要求，在德国债法现代化法上的新规则于2002年1月1日生效之前，德国法院正是借助于诚实信用原则得出相近结论的。[③]

---

① 因技术错误而致败诉的现象，一直是法律史及比较法各法域关注的一个重点，例如英美法系的衡平法就是为应对这种现象而发展起来的，对此请参见［德］茨威格特、克茨著，潘汉典等译：《比较法总论》，北京：法律出版社2003年版，第281页；另一个可类比的情形是请求权竞合，在当代法上如请求权相互影响说、请求权规范竞合说也都着意于防范这种现象。

② 见朱岩编译：《德国新债法——条文及官方解释》，北京：法律出版社2003年版，第30页。

③ 参见［德］梅迪库斯著，邵建东译：《德国民法总论》，北京：法律出版社2000年版，第105页。

在《解释》第24条确立的异议期间之下，期间甚短，异议人之法律感情又偏向于磋商而非起诉，所以在解除和撤销相对人有异议的场合，如果一直保持沉默，根据该第24条的规定，异议期间自会徒过，但是如果相对方已经向“形成权人”提出异议，双方进入磋商时，因相对方正在积极行权，异议期间不应徒过。现行法及司法解释虽未作此规定，但是参酌德国法对诚实信用原则的如上理解与运用，以上结论似是当然之理。以上做法还有一个作用，就是防止“形成权人”故意以磋商等方式误导异议人延迟起诉而致期间徒过。在上文所举例三中，甲虽未起诉但已提出异议，与乙进行了实质性磋商，最后达成的谅解是以乙提供的错误勘探结论为基础的，在这种情况下乙主张异议期间徒过，显然悖于诚实信用，不应受到支持。

3. 异议期间

在合同中预先约定解除权的情形本来就少，约定法定解除时异议期间的情形自然更少。参与制定《解释》的法官在《最高人民法院关于〈合同法〉司法解释（二）理解与适用》里特意指出，解除通知里如果指定异议期间而得到对方同意的，视为约定异议期间。[①] 值得强调的是，在这种情况下，对方的同意必须是明示的。通知人也不能在通知中规定对方的沉默被视为同意。[②]

《解释》对异议期间的重视或会催生一种有特色的格式合同异议期间条款。尤须谨慎对待的是，过短的异议期间可能造成当事人间利益极端失衡。因《解释》第24条要求异议必须以诉讼方式提出，而诉讼前的决策和准备过程往往是漫长的，比“形成权人”发出一纸通知书要煎熬得多，过短异议期间可谓致命的陷阱。对此应适用《合同法》第40条认定为“加重对方责任”的无效条款，转而适用“法定”异议期间。

法定期间为三个月。期间起算点应为相对人收到解除或抵销通知。这一起算点和极短期间相互结合对相对人利益的打击可能是毁灭性的，与诉讼时效的起算点——当事人知道或者应当知道受损情事相比，其不合理性

① 沈德咏、奚晓明主编：《最高人民法院关于〈合同法〉司法解释（二）理解与适用》，北京：人民法院出版社2009年版，第176页。

② 关于法律行为理论对沉默的谨慎态度请参见［德］梅迪库斯著，邵建东译：《德国民法总论》，北京：法律出版社2000年版，第261页；韩世远：《合同法总论》，北京：法律出版社2008年版，第88页。关于沉默可视为承诺的特别情形请参见崔建远：《合同法总论》（上卷），北京：中国人民大学出版社2008年版，第116页。

更是一目了然，因为相对人在短期之内很可能还不足以对收到的“通知”形成完整准确的判断，更不用说做好诉讼准备了。在解释论上，目前只能如上文所阐述的，在诉讼外强调磋商阻却期间经过的意义，在诉讼中降低异议人的证明责任，将诉讼结果的既判力限定于主文，以降低其负面影响。因无相关规定，异议期间应不适用诉讼时效中止、中断、延长的规定。

（五）异议期间规则的适用效果

异议期间徒过的效果根据《解释》第 24 条的规定，是“人民法院不予支持”，如上所述，异议所指向的是确认解除或抵销无效（《合同法》第 96 条后句），所以此处“人民法院不予支持”从文义来看，似指相对方要求确认解除或抵销无效的诉讼请求不被支持。对这一法律效果，约有三大疑问需要探讨。

首先，对异议期间的审查究竟应采法院职权主义还是当事人主义。现行法关于诉讼时效的同一问题也没有明确条文交代，但是在解释上通说认为应采当事人主义，甚至法院并无释明义务，[①] 其精义在于贯彻私法自治之意旨。笔者认为诉讼时效制度里的这一考量在异议期间上也甚具意义，而且如上文交代的，异议期间比起诉讼时效来说，对相对方更加严苛，而且异议之诉的既判力也有较大局限性，强行由法院引用可能违背当事人真意。鉴此，应准用诉讼时效里的当事人主义以补充法律漏洞。

其次，假如异议期间过后，相对方若提起异议之诉固然不受支持；反之，若相对方并未提起异议之诉，而是主张实际履行原债务或者请求违约损害赔偿，法院是否也可以单因超过异议期间而直接“不予支持”呢？兹举例说明——

例四：乙对甲负有债务，清偿前通知甲以其对甲同种类债权抵销，半年后年终结算发现该发动债权早经清偿。甲诉请乙实际履行。

例五：基本案情同上文例三，唯地基并无异常，纯因乙不满原定造价，而以莫须有的不可抗力通知解除。甲经多方协调，取回建设用地再作勘探，确认绝无异常，而三个月的异议期间早过，始诉请乙承担违约责任。

在以上两例中，相对方所提起的均非异议之诉，而是给付之诉，此时

---

① 参见梁慧星：《民法总论》，北京：法律出版社 2007 年版，第 242 页。

不应当得出不予支持的结论。根据上文有关既判力的阐述，异议之诉判决的既判力应仅限于主文，即解除或抵销的事实，至于裁判基础事项并无既判力。在此处两例中，对相对人而言，异议期间徒过的后果似也不应重于异议之诉败诉的后果，所以相对人在诉讼时效期间之内提起的给付之诉，只要不为异议之诉的主文所覆盖，是可以胜诉的。申言之，违约责任的主张是可以胜诉的，但是实际履行因与抵销、解除直接对立而难以支持。

以上两例还有一个共同点，即“形成权人”乙都是有过错的，实是借严苛的异议期间制度倾轧相对人，此时是否当然地适用异议期间也深值推敲。对此《解释》没有规定，似有法律漏洞，应予弥补。弥补的方法可以适用诚实信用原则，也可以准用《合同法》第 158 条第 3 款的规定。根据该款的规定，在买卖合同中，若出卖人知道或者应当知道提供的标的物不符合约定的，买受人就不受该条前两款规定的通知时间的限制。①《合同法》第 158 条规定的通知时间同样是一个异议期间，与《解释》第 24 条规定的异议期间具有可比性，在法学方法上应可类推适用以弥补法律漏洞。② 故而，解除或抵销通知人若明知或者本应知道自己的“行权”行为是没有法律根据的，即不得主张异议期间徒过带来的利益。

再次，“解除权人”在异议期间过后若基于解除的效果提起请求之诉，相对方能否提出与“形成权”行使效果相矛盾的抗辩？对此疑问的回答，仍须从异议之诉的既判力上找根据。如上文已经阐述的，异议之诉判决的既判力仅及于主文，即解除，如果解除通知以后相对人又面临了违约损害赔偿之诉，因违约等事由作为解除的理由并非异议之诉判决的主文事项，也就不具既判力，有关抗辩仍是可以被支持的。

四、结　论

《解释》第 24 条片面追求法律关系的稳定，将本应由通知解除或抵销一方承担的风险转嫁给相对方，借助要求苛刻的异议程序剥夺相对方实体权利，不但侵害了其本应享有的时效方面的利益，还可能制造比罹于时效

---

① 《联合国国际货物销售合同公约》第 40 条也有相同规定。

② 关于类推适用以补充法律漏洞请参见梁慧星：《民法解释学》（第三版），北京：法律出版社 2009 年版，第 274 页；黄茂荣：《法学方法与现代民法》，北京：法律出版社 2007 年版，第 492 页。

更严重的失权后果，这些体系上的连锁雪崩现象似是《解释》第 24 条的制定者所未预见的。并且在程序法上，该条规定的消极确认之诉并无特别的确认利益，似为叠床架屋式的制度设计。作为一个难谓成功的创新范例，它告诉我们，对传统民法的革新牵一发而动全身，必须眼观六路、洞烛玄奥，如果作片面的追求，可能在有关目标实现前，就要面临始料不及的麻烦。本条在立法论上应当删除。

因《解释》仅以一个条文规定了这种独特的消极确认之诉，规则配备是不够的，需要在现行法的体系中通过解释论努力构造异议之诉。在构造异议之诉的过程中，还应观照《解释》第 24 条的负面影响，极力避免之。鉴此，异议之诉的既判力应限于判决主文，而不及于裁判基础事由；主张责任和证明责任应采法律要件分类说以公平分配；应在诚实信用原则的指引下略为放开异议的方式；防范“形成权人”恶意借用异议期间制度倾轧相对人。

第五章　德国预约制度研究

预约制度立足于磋商人自己达致的阶段性协议，尊重意思自治，关怀当事人真意，优待法官熟知的合同法规则，① 而又为法律干预保留了空间，是大陆法系缔约制度的重要特色。我国学说也继受了这一概念，但是其研究长期停滞。在实务压力面前，最高人民法院率先于《关于审理商品房买卖合同纠纷案件适用法律若干问题的解释》第5条就商品房买卖预约打开了缺口。但正如参与起草的法官所说的，因理论准备不足，该司法解释只是竭力将预约朝一般性的本约靠拢而已，至于预约本体制度则仍付阙如。② 时隔五年，2008年第4期《最高人民法院公报》刊载的《仲崇清诉上海金轩大邸房地产项目开发有限公司案判决书》［（2007）沪二中民二（民）终字第1125号判决］，虽然认定了预约，却实际否定了如约履行的请求，也否定了履行利益的赔偿请求，体现了我国审判机关对此前预约学说所作的反思，同时也凸显出深入研究预约的重要性和紧迫性。作为一项移植而来的制度，其深入研究显然离不开对先进法域相关制度的悉心考察，而德国法因其法律行为之“母法”地位，在这项比较法研究中无疑是绕不过的重镇。本书即专注于此。

① 关于在先合同责任方面合同性基础的有利性参见 Paula Giliker, Pre – contractual Liability in English and French Law, 2002, p62.

② 最高人民法院民事审判第一庭：《最高人民法院关于审理商品房买卖合同纠纷案件司法解释的理解与适用》，北京：人民法院出版社2003年版，第71页。

一、概 览

德国法上的预约（Vorvertrag）是指缔约人据此合意，将缔结另一个债务合同（shuldrechtlicher Vertrag）的债务合同。“预约”这个术语始自Thöl，在19世纪文献中人们通常使用“pactum de contrahendo”。它一开始应该常与实践合同（Realkontrakt）联系在一起，这样人们就将缔结实践合同之本约的合意作为预约从本约之中分离了出来。① 在《德国民法典》起草的时候，预约制度被认为“必要性不充分”而没有规定在法典之中。但是后来它的重要性日益彰显，而被作为合同自由原则的体现在判例和学说中发展了起来。预约的存在已为法律所容许（Zulässigkeit），这是无可争议的了。② 当事人借此而可以达成合意缔结另一个合同，缔结本约就是基于“预约”所负担的给付。所以预约也就在合同性基础上设置了一项意定的缔约强制（Abschluβzwang）。

预约与本约的区分并不总那么容易。首先应该坚持，预约与本约是相互区别的。③ 即使在个案区分很困难时，预约作为一种独立的合同类型也不能与本约混淆在一起。如果就所存在者究属预约抑或本约有疑问，则预约应视为例外，亦即一般不应认为所缔结者乃预约，④ 所存在的是本约——必要时可以是附条件的本约。另外，预约必须有不同于本约的合同标的，而且它所涉及的本约必须是债务合同。以处分行为为债务的不是预约，而自身就是个本约。⑤ 当事人就其法律关系采取的名称，并非理所当然地具有无条件的决定意义。⑥ 当一个协议虽然名为预约，但是所有合同条件均已具备时，也不存在预约，它已是本约。⑦ 而在另一些情况下，当事人之间的阶段性协议虽然采取其他名称，但也可能存在一个预约，这也是下文“与其他相近制度之界定”所要解决的问题。

---

① Werner Flume, Das Rechtsgeschäft, 1979, s. 613, 4.

② Münchener Kommentar/ Kramer, 2001, Vor §145, Rn45; StaudingerKommentar/R. Bork, 2003, Vor § §145 – 156, Rn51.

③ StaudingerKommentar/R. Bork, 2003, Vor § §145 – 156, Rn52.

④ Münchener Kommentar/ Kramer, 2001, Vor §145, Rn43.

⑤ StaudingerKommentar/R. Bork, 2003, Vor § §145 – 156, Rn53.

⑥ Münchener Kommentar/ Kramer, 2001, Vor §145, Rn43.

⑦ StaudingerKommentar/R. Bork, 2003, Vor § §145 – 156, Rn53.

依德国法，一般来说只有当预期的合同依合意已就所有细节成熟了，追求最终缔约的合同谈判人方能接受法律行为性约束。鉴此，仅在特别情形下当事人“例外地”愿意在所有合同要点最终达成一致之前就接受约束时，承认预约才是合法的。[①] 预约必须是个合同，即依法律约束力之意思而缔结。无约束的或纯粹失败的先前谈判不能成立预约。假如关键问题没有确定，那么是否有拘束意愿也就不无疑问。德民第 154 条的推定也适用于预约，这首先意味着，如果没有特别情事，即不能推论当事人在未就所有合同问题点作出安排前就愿意受到约束。不过，一个公证证书（Beurkundung）却通常表明了受拘束的意思。[②]

从一个本约中区分出预约来，只有在如下情形才有意义：就缔结合同的前提条件或者合同约定的内容以及由此建立的合同关系，在预约和本约之间存在不同。至于当事人是就某个标的缔结了一项买卖合同还是确定（特别是标的及价款等项）合同内容并达成合意将缔结一个买卖合同，这相互之间显然没有区别。究竟是直接设立交付标的支付价款的义务，还是仅使当事人负有缔结相同内容之合同的义务，也没有重要性。[③] 预约的功能在于，即便是缔结本约仍有障碍，也产生合同性的约束。人们常常主张一个预约总是在这种情况下发生：由于某个法律上或者事实上的原因，按照当事人的想法缔结独立合同的相关情况显得尚未成熟。[④] 此处的“尚未成熟”常常表现为有待机关批准、第三人追认或者仍需完善形式要求。易言之，即使本约适用要式规定（或必须批准方可生效），而预约却以不要式缔结（或未经批准），该预约仍可能具有意义。[⑤] 另外，若缔约人尽管仍未对所有要点达成一致，但是他们“例外地”设置了合同性约束，也就以缔结预约的方式颠覆了德民第 154 条第 1 款第 1 句规定的解释规则，[⑥] 当然此时并非通过设立（虽有待决要点却具约束力的）本约，而是绕道预约实现的——该预约以缔结本约为义务内容。

---

① Münchener Kommentar/ Kramer, 2001, Vor §145, Rn43.

② StaudingerKommentar/R. Bork, 2003, Vor§ §145 – 156, Rn52；关于公证证书请参见陈卫佐译注：《德国民法典》，北京：法律出版社 2010 年版，第 47 页注 40。

③ Werner Flume, Das Rechtsgeschäft, 1979, s. 614.

④ Werner Flume, Das Rechtsgeschäft, 1979, s. §33/7.

⑤ Münchener Kommentar/ Kramer, 2001, Vor §145, Rn44.

⑥ 该句规定：“只要双方当事人未就合同所有各点达成合意，而按照哪怕仅是一方的表示，应就所有各点做出约定的，有疑义时，合同未成立。”

二、与相近制度的界分

当事人在商务实践中为记录一定阶段的谈判成果所使用的术语，根据经济生活的需要是多种多样的，鉴别它们是否有约束力，或曰明了预约与无约束力协议（unverbindliche Abrede）之间的区分，这是分析缔约过程、认识预约一个重要途径。[①] 由于这些经济生活中的“构造”（Figuren）有否约束力根本不能“顾名思义”，这种区分并不容易。面对个案时，执着于当事人使用的名称、术语固然并不明智，但是完全无视这些形式也不妥当，因为它们毕竟承载了一定暗示和线索，总而言之需要“循名责实”，查清当事人具体的真实意图。具有决定意义的是，缔约人之间是否存在受约束意思。如果没有，也就不必继续考察有否预约了，因为这种意思对于预约来说是必要的前提。[②]

意向书（Letter of Intent）源自于英美法，[③] 一般来说，是指在完成更复杂、更有经济意义的缔约行为前发送的这样一个“意向表达”：将以诚意与对方（潜在的合同方）缔结最终合同。意向书的内容通常包括对一些合同要点的确认，甚或还列出需进一步明确的要点。典型的意向书里通常还明确宣称仍无法律约束力（无约束条款，no binding clause），而只是表明诚意，将在一定条件下就期待中的合同作诚恳的磋商。假如意向书发出人并没有诚恳地追求缔约，相对人最多只能基于信赖将意向书作为缔约过失下损害赔偿请求权的基础。[④] 但是因为意向书处于开始磋商和达成最终协议的两极之间，法律意义和效果有很多不明确的地方，[⑤] 所以也不能排除偶尔在意向书的名义下发生约束力。这种约束力带来的可能是获得对方同意的“预备协议”，[⑥] 也可能是预约甚或本约。[⑦] 故预约是意向书的一

---

① 参见 Dieter Henrich, Vorvertrag, Optionsvertrag, Vorrechtsvertrag, 1965, s. 99ff.

② Nicolas R. Herzog, Der Vorvertrag im schweizerischen und deutschen Schuldrecht, Rn148.

③ 许德风：《意向书的法律效力问题》，《法学》2007 年第 10 期，第 79 页。

④ Münchener Kommentar/ Kramer, 2001, Vor §145, Rn41.

⑤ 许德风：《意向书的法律效力问题》，《法学》2007 年第 10 期，第 79 页。

⑥ 该协议涉及经由先给付所做的成本分担，涉及信息义务（Informationspflichten）或者磋商独占约束（Exlusivbindungen）。Münchener Kommentar/ Kramer, 2001, Vor §145, Rn41.

⑦ Münchener Kommentar/ Kramer, 2001, Vor §145, Rn41.

种，是一种特殊的有约束力的意向书。①

德国经济实践中经常使用的类似术语还有临时协议（Punktation）、君子协定（gentlemen's agreement）、协定纲领（heads of agreement）。临时协议反映了长期谈判的特点——通过一系列就单个要点所达成的合意来形成最终合同（final contract），其间就不同要点达成的合意即为临时协议。临时协议本是德国法的术语，但在法国法上也产生了大的影响，并且引发了是否可通过适用《法国民法典》第1135条而将此类协议带入合同法框架的争议。有意见强烈地批评道，临时协议只是就某一点达成的协议，标志了谈判发展的一个阶段，并不意味着最终合同，至于该第1135条将合同约束力范围从合同表述事项扩张开去的规定，仅应用于完善合同，而非决定合同存在与否。② 而临时协议是否为一个合同（预约），恰恰是合同存在与否的问题。

临时协议在实践中还可以用其他术语表示，例如被称作协定纲领。协定纲领的效力也可以作不同安排，完全准于当事人意思。它有时只是草稿、条目，偶尔也会是预约。③ 君子协定则经常被作为协定纲领的同义词使用。例如在卡特尔法上，当事人通过君子协定确定未来生产或销售计划，但是又不欲就此计划实施问题赋予法律义务。此处也清晰地体现出君子协定与协定纲领之间的区别，在协定纲领之下，当事人是否追求（法律或道德的）约束力还是个要具体分析的问题，君子协定则绝无法律约束力，而总是道义上的。④

德国学者在考察了各类相近构造以后总结说，在以下情形都不存在预约：①当事人还在就期待中合同的有关条件进行谈判；②当事人虽已就期待中合同的必要之点（wesentlichen Punkten）达成合意，但仍欲就一定附属之点（Nebenpunkte）达成一致；③尽管已就合同达成完整合意，但合意前即已约定要以见证（Beurkundung）作为生效要件（Gültigkeitserfordernis），此时仍未见证。所有这些情形下欠缺的都是约束力，而合同性的约束力恰恰是预约的根本。⑤

另外，单务预约与选择权、优先权的特殊关系也耐人寻味。单务预约

---

① 许德风：《意向书的法律效力问题》，《法学》2007年第10期，第86页。

② Paula Giliker, Pre - contractual Liability in English and French Law, 2002, p. 44.

③ Dieter Henrich, Vorvertrag, Optionsvertrag, Vorrechtsvertrag, 1965, s. 107.

④ Dieter Henrich, Vorvertrag, Optionsvertrag, Vorrechtsvertrag, 1965, s. 108.

⑤ Dieter Henrich, Vorvertrag, Optionsvertrag, Vorrechtsvertrag, 1965, s. 113.

是指仅一方预约当事人负有缔结本约义务的合同，至于权利人是否也将在本约中负责对待给付则在所不论。所以买卖固然是双务合同，但是买卖之预约则不妨是单务的。有关单务预约的典型案例见德国联邦最高法院1974年的一个判决，在该案中，被告对原告负有义务以缔结一项内容已充分确定的土地销售合同，而受诺人（Versprechensempfängerin，即原告）则并无承担与之适应的对待义务。为了原告的利益，可就被告不履行单方转让义务约定违约金以加强这种义务。在另一个案件中也可以看到单方预约，此处诉讼参与人甲为诉讼参与人丙设置了权利，当租赁关系结束时丙可以要求取得土地A及其巴士产业。①

如果预约当事人一方既想继续使自己不受预约约束，又想对其追求的缔约有所保障，单务预约就进入了他的视野。在交易中单务预约又常被称为选择权，这是因为二者具有一个共同点——仅一方被赋予优先权。但是选择权人所行使的是形成权，这在预约中并不存在。② 单方缔约义务可以在某个确定的期间届满时或者在权利人表示行权意思时到期。与独立的选择权不同，在这里本约内容不必巨细靡遗地确定下来，毕竟直至缔结本约仍有机会规定开放的要点、详定不明之处。这在独立的选择权之下不太可能，因为选择合同依单方意思表示应迅即尘埃落定，其典型要件就是所有要点均已特定化。③ 偶尔也会有这种情况，当事人意思虽尚未完全把握合同内容，但也设置了一项选择权，通过选择权行使而使未完备处完备。有一种观点认为，这种借助独立选择权使不完备的报价事后完备的债务关系，也可以作为预约对待。这种观点不应被认同，因为这一补述义务（Ergänzungspflicht）的目的不在于获得某个额外的本约，而毋宁是使选择权人能够行使形成权。④

预约权利人有权要求对方提出报价或者要求接受他自己提出的报价。就此也可以采取其他构造方法，例如首先可采纳一项优先权——权利人任意地接受或者拒绝自对方获取的要约，其次也可以仅仅是发生在要约本身之上的约束力。从这里也可以看出，单务预约产生的不是形成权而是真正的债权，权利人原则上不能仅依单方行权而和盘托出本约来。就此类构造

① Nicolas R. Herzog, Der Vorvertrag im schweizerischen und deutschen Schuldrecht, Rn119.
② Nicolas R. Herzog, Der Vorvertrag im schweizerischen und deutschen Schuldrecht, s. 66.
③ Nicolas R. Herzog, Der Vorvertrag im schweizerischen und deutschen Schuldrecht, Rn120.
④ Nicolas R. Herzog, Der Vorvertrag im schweizerischen und deutschen Schuldrecht, S. 66.

(Figur) 间或提出的异议——它很烦琐而应以约束性要约取而代之，德国法学对此的回应是：基于对契约内容自由的尊重，单务预约的容许性和实用性（Zulässigkeit und Verwendbarkeit）当然应受支持。[①]

三、内容确定性要求

预约的必要内容首先决定于其合同类型：该合同必须设立有缔结本约的义务。当一方负有义务，在符合预约所设条件下，要接受对方合乎要求的主合同要约，那么预约的必要内容也就具备了。当然如果合同一方有义务与第三人缔结本约，也可以考虑这是预约合同。有偿的约定则并非必要。[②] 应就（期待中的）本约之确定性遵循何等要求，却尚无定论。根据德民起草动议书，以下结论是毋庸置疑的："当未来基此将要缔结的合同的内容充分确定时"，预约才有其效力。[③] 德国联邦最高法院（BGH）则屡屡表明，预约不必显示出预期本约所要求的那种完整性。但是又有学说认为就合同约定的完整性预约应适用比本约较低要求的这一观点，并没有足够说服力，而且已被该法院同时所做的如下限定自我否定了：预约"必须包含这样的确定性或者可确定性以及完整性的标准"，"以求在诉讼场合可就合同内容作司法认定"[④]。易言之，德国联邦最高法院所认为的是，在本约的内容还不足以就一切细节予以确定时，仍能借助预约使合同性约束得以发生，但是这样的合同性约束一般而言只有能事后得以执行才有意义；而在反对的学说看来，既然预约必须使本约足够具体化，以至于缔结本约的履行之诉可被提起，并在必要时根据《德国民事诉讼法》第894条强制执行，[⑤] 那么这种内容完整性标准其实并没有降低。弗卢梅在考察了德民起草者的意见、判决以及学说以后总结说：关于合同约定的完整性，那种认为预约可以适用比本约较低的要求的观点，不应被赞同。在这个问题上区别对待预约和本约，从私法自治原则的立场来看，根本不能认为这是合理的。而更应根据同样适用于本约的原则，迳认合同约定不完善的预约无

---

① 参见 Dieter Henrich, Vorvertrag, Optionsvertrag, Vorrechtsvertrag, 1965, s. 76.

② StaudingerKommentar/R. Bork, 2003, Vor § §145 – 156, Rn56.

③ Mot. IS. 178，转引自 Münchener Kommentar/ Kramer, 2001, Vor §145, Rn46.

④ Münchener Kommentar/ Kramer, 2001, Vor §145, Rn46.

⑤ 根据该条规定，可以判决生效拟制当事人依该判决本应作出的意思表示，从而避免意思表示方面的"直接强制"。

效（Unwirksamkeit）。当事人也不能经由预约而将本应私法自治的约定移交给法官，就合同解释尤其是扩张解释来说，预约和本约应适用同样的原则。一个不完整的预约也应与一个不完整的本约那样无效。①

总之，本约内容至少要确定到这样的程度——其内容可由法官依预约之扩张解释及适用任意法而得以确定。② 故而如果本约内容不可获取足够确定性，则预约无效。例如一则设立公司的预约，如果未就所设立者是股份公司、有限责任公司或人合公司作出约定，或者未表明原始资本和投资数额，就是预约无效的情况。以下预约也是不够确定的适例：意在包揽某人未来的生活需要，但是需要的额度和约束的时间跨度却不能确定。③ 当然，预约确定性的缺失不会排除从缔约过失生发出来的信赖损失的主张。④ 如果并不存在预约违约关系，只要缔结这种有漏洞的预约可以归责，至少还可借缔约过失为请求权基础主张信赖利益赔偿。⑤

确定性要求所重视的是客观上的主要之点（要素，essentialia negotii），但是在合同当事人对附属之点（Nebenpunkte）赋予主观上的必要性时，确定性要求也扩及于此。⑥ 具体到买卖合同，只要买卖标的和价款不能根据全部情况确定，买卖合同之预约就不够确定，这是首要的和广为人知的原则。⑦ 相反只要买卖标的和价款可根据情况确定，则即使当事人对期待合同的附属之点仍未达成合意，预约一般也已足够确定。当事人不必在预约中约定付款和交付条件、给付时间地点以及费用分担，有关缔结本约时点的约定也不是必需的。但是，若当事人意欲继续就期待中合同的附属之点达成一致的话，则预约就只能在此附属之点根据具体情况可以确定时方称足够确定。⑧

关于标的确定的问题应区分种类物和特定物。就种类物不必作精确的特征描述，有疑问时交付中等种类及质量（德民第 243 条第 1 款）。常常

---

① Werner Flume, Das Rechtsgeschäft, 1979, s. 615.

② StaudingerKommentar/R. Bork, 2003, Vor § §145 – 156, Rn57.

③ StaudingerKommentar/R. Bork, 2003, Vor § §145 – 156, Rn59.

④ Münchener Kommentar/ Kramer, 2001, Vor §145, Rn49.

⑤ Nicolas R. Herzog, Der Vorvertrag im schweizerischen und deutschen Schuldrecht, Rn354.

⑥ Münchener Kommentar/ Kramer, 2001, Vor §145, Rn46; StaudingerKommentar/R. Bork, 2003, Vor § §145 – 156, Rn58.

⑦ Dieter Henrich, Vorvertrag, Optionsvertrag, Vorrechtsvertrag, 1965, s. 122, 126.

⑧ Dieter Henrich, Vorvertrag, Optionsvertrag, Vorrechtsvertrag, 1965, s. 126.

未明确约定的是数量，它可纯依一方的“需要”来描述，此时必须是可以计量的。比如，甲方出售一块土地给乙方作果园，并且约定甲方应种植某种果树，但没有进一步约定数量。此时预约是足够确定的，因为土地的幅面以及果树之间通常的间距都是可以确定的。特定物则不能仅约定数量，而尤应确定精确的特征，光有用途目的是不够的。例如在房屋买卖中以“安乐窝”（Komfortwohnung）来描述交易标的一般而言是不够的，但若是当事人已经约定了具体附件的数量、位置，并且在特定地区“安乐窝”就意味着特定的设施（例如地下车库、中央空调等等），那么情况就完全不同了。对于活物来说，特征描述可能不够，此时或许还必须有准确的名字。①

当事人如果对价款没有约定，有疑问时由有权请求给付方确定（德民第 316 条）。如果已就价款达成了一项协议，则只有在价款可依协议及整体情况确定时预约才是足够确定的。例如当事人约定将以市价、交易所价格、当日牌价出售标的，或者约定以当时市价为基础或以竞价出售，均属适例。如果价格已经明确，但又保留有“调整”可能，则只要当事人已就价格计算的类型、方式有约定，且价格计算的相关因素是可以确定的，价格即已足够确定。②

区分不合意及确定性之欠缺是困难的。预约是否存在的问题应该居于确定性问题之前。不合意与否系于，当事人是否已就所认为的重要之点达成合意，如果仍未达成合意，则有疑问时应不存在预约。若根据案件情况，尽管就附属之点尚未达成合意，但当事人愿意受合同性约束以缔结本约，则也有预约。这也适用同样的规则：若当事人有意缔结最终合同，不完整的合意也是有约束力的。此时由法官来决定当事人究竟确定了什么样的界限。如果当事人没有确定界限或特别的线索，且依当时情势也不欲适用任意法规范，则一般应视此预约未足够确定。

如果当事人尽管明知某些附属之点尚未达成合意而仍接受协议的约束力，可事后又不能就那些附属之点达成一致的话，就此究竟应如何决断即成问题。一种观点认为应适用任意法，另一种观点则始终支持扩张解释行

① Dieter Henrich, Vorvertrag, Optionsvertrag, Vorrechtsvertrag, 1965, s. 128f.

② Dieter Henrich, Vorvertrag, Optionsvertrag, Vorrechtsvertrag, 1965, s. 129.

为（Ergänzung），或在某些情况下也支持法官的衡量。[1] 施陶丁格评注举例说，买卖双方就买卖已达成合意，但关于价款利息还打算在未来某个时点确定，结果卖方按照3.5%主张利息，买方则仅愿按照3%支付。有人就认为此时应按4%的法定利率行事（德民第246条），可这又是双方都不同意的。法官应该考虑当事人的真意。施陶丁格评注如下建议似属合理且也广为接受：此时不应适用任意法，而应采取当事人在先期协议（Vorverhandlungen）中提及的与任意法规定最接近的数额（在本案中亦即3.5%）。这里不存在"意思统治的夸大"。债法本就应该遵循私法自治原则。假如不能获得一个符合双方意思的方案，则应寻找至少考虑了一方意思的方案。在当事人不能就附属之点达成合意时，不能总是当然地适用任意法，也不能任由法官自由衡量来填补。在法官填补法律行为漏洞时，任意法、自然法则固然重要，还须考虑当事人的观点及其在先期协议中所作的宣示。[2]

四、形式要求及批准要求

原则上预约无须特别的形式。但在以下情形有所不同：本约属形式强制（formbedürftig），且该法定形式并非仅为纯粹的证明功能，而包括有警示功能以防仓促发生约束。在这种情况下，有关形式的规定就必须依其意旨适用于预约，须知该预约所追求者也正是这种约束。鉴此根据德民第313 S条第1款，土地买卖之预约也必须是形式强制的，同样地，根据住房所有权法第4条第3款，特别所有权合同之预约亦为形式强制。在保证行为之预约下，关于未来保证之表示根据德民第766条第1款为形式强制。[3] 因为以上规定都承担了保护当事人以防仓促行事的规范任务。反之德民第566条的形式规定根据一系列判决，原则上不适用于租赁预约（有争议），因为其目的仅在于：使得依德民第571条承接租赁关系的该出租土地之第三获得人，可以更容易地了解租赁合同的内容。另外缔结工资率合同的预约也不必具备有关劳动法所规定的书面形式，因为该形式规定的目的不在

---

① Palandt/Heinrichs, 2006, §154, Rn2; StaudingerKommentar/R. Bork, 2003, Vor §§145 - 156, Rn17.

② Dieter Henrich, Vorvertrag, Optionsvertrag, Vorrechtsvertrag, 1965, s. 106f.

③ StaudingerKommentar/R. Bork, 2003, Vor §§145 - 156, Rn60.

于保护工资率合同当事人自己以防仓促。

在形式方面需要留意的是，一个形式无效的本约若无当事人意思可征引，则不能重新解释为无须形式要求的预约。① 若形式要求不是法定的，而是当事人意定的，那么是否延及于预约就是一个解释问题——根据当事人意思，该约定的形式要求是扩展作用于预约呢，还是仅适用于本约。② 故而基于德民第 154 条第 2 款不能得出预约也被包含于形式强制（formzwang）之下的结论。同样，在意定形式仅着眼于证据目的时，德民第 154 条第 2 款也不适用于预约。③

若预约形式无效，则可以考虑通过按形式要求缔结的本约加以治愈。预约之治愈就此等情事有其意义：本约的存在效力以及基于预约所定报酬、回扣、违约金等所生之请求权。此外就预约还有此可能，即尽管预约不符合形式要求，但是根据诚实信用原则，一方当事人不得对另一方主张不符形式要求。④

假如本约须机关批准（behördlichen Genehmigung），则预约仅在该批准要件着眼于保护某方当事人时始须批准。这里也准用有关形式的观点。反之，若是该批准仅是使针对最后生效的合同的公法控制变得可能，则预约无须批准。不管怎样，就预约而言，唯有债务法上的债权行为之批准才须考虑，处分行为之批准则不属其中。预约之批准不得另外延伸至本约，而须就本约再为新的批准。⑤

五、预约上的请求权

作为一种法律行为性的缔约强制，预约使一方或双方缔约人负有缔结本约的义务，这在实体法方面的效果就是，当事人在预约所定条件下有义务接受合于预约的本约报价，或者就此等报价之合意不可能达成时，自己提出一项合于预约的报价。本约报价（或曰意欲缔结的本约）是否满足预

---

① StaudingerKommentar/R. Bork, 2003, Vor § § 145 - 156, Rn61; Münchener Kommentar/Kramer, 2001, Vor § 145, Rn47.

② Münchener Kommentar/ Kramer, 2001, Vor § 145, Rn47.

③ StaudingerKommentar/R. Bork, 2003, Vor § § 145 - 156, Rn61. 该款规定，“当事人约定就合同应做成证书的，有疑问时，到证书做成时为止，合同未被订立”。

④ StaudingerKommentar/R. Bork, 2003, Vor § § 145 - 156, Rn62.

⑤ StaudingerKommentar/R. Bork, 2003, Vor § § 145 - 156, Rn63.

约的要求，应考虑当事人可推测的意思及任意法以解释查明之。[①] 在程序方面，只要预期本约的内容已经在预约中被完整勾勒出来了，就要求被告主动提出缔约报价的（而非被动接受原告依诉讼提出的报价）诉讼无论如何无须特别的法律保护——如果可提起一项给付之诉，则基于程序上的原因一项纯粹的确认之诉即不应允许。[②] 一项给付判决的执行可依《德国民事诉讼法》第 894 条进行，亦即借助于判决的法律效力视为获得了被告应当做出的意思表示。[③] 原则上不得轻易基于预约诉请履行本约上承担的给付。当然，因为诉讼经济的考虑，诉讼合并是可能的：基于借贷合同针对支付一定贷款的诉讼，也可以针对被告的意思表示、作为应支付贷款的特定数额以及给付该数额来提出；缔结本约的诉讼可以跟实际履行的诉讼合并。[④]

基于合同负有损害赔偿义务的人应使债权人处于像通常给付时那样的状况，因为此时的给付就是缔结本约，所以应予赔偿的是债权人就缔结本约所享有的利益。现在问题就变成了：可否将缔结本约与履行本约的利益等同。其回答应落脚于如下平衡：因不履行而产生的损害赔偿请求权是第二位的，主请求权还是履行请求权。假如债权人诉请履行且依判决替代了对方的意思表示，则债权人就可以对债务人行使像最终合同不履行或者加害履行时所能行使的一切权利。缔结本约的利益被认为次于履行预约的利益，于是迫使债权人在任何情况下都要首先诉请履行预约，然后才能行使损害赔偿请求权。毫无疑问，债权人在任何情况下都可以主张本约履行的利益，即使没有要求提起本约缔结之诉，他的这一请求权也是可以满足的。一个这样的诉讼在此只是无谓地绕弯子。[⑤] 与此可与选择权之下的法律情形相类比：尽管选择本约（optierten Hauptvertrag）因为可归责于对方的合同违反已经不可履行了，还坚持要选择权人在主张损害赔偿之前必须继续行权以使选择本约完成，这是矫揉造作的。若债务人已注定不能履行，仍强求缔结一个合同，也就是“不必要的概念法学型构造”（unnätige

① StaudingerKommentar/R. Bork, 2003, Vor § §145 – 156, Rn64.

② 关于给付之诉与确认之诉的一般关系见［德］罗森贝克、施瓦布、戈特瓦尔德著，李大雪译:《德国民事诉讼法》，北京：中国法制出版社 2008 年版，第 661 页。

③ StaudingerKommentar/R. Bork, 2003, Vor § §145 – 156, Rn67.

④ Münchener Kommentar/ Kramer, 2001, Vor §145, Rn49.

⑤ Dieter Henrich, Vorvertrag, Optionsvertrag, Vorrechtsvertrag, 1965, s. 215f.

begriffsjuristische Formalität)。结果还是以直接判令赔偿为佳。[①] 德国联邦最高法院在案件处理结果上屡屡确认，基于预约可直接诉请本约的履行利益。[②]

情事变更时的考量也适用于预约。使当事人基于重要原因终止继续性债务关系的情事（例如信赖基础动摇、合同的约束不可期待等），一般确保就预约有一个终止权，因为该预约即以设置这种继续性债务关系为标的，假如不受上述情事的影响，则情事变更规则的效果将会受阻。若是基于预约诉请缔结本约，只要必要和可能，在判决中就也要将自缔结预约以来发生的实际关系的变更纳入考量，要像当事人假如知道该情事变更将会决定的那样来确定本约的内容。于是也就自然地接受了情事变更规则。[③]

当履行请求被被告的终止权或解除权排除时，履行利益诉求应同其命运，也不能获得支持。假如订立的是本约而不是预约，被告原本是可以未经清偿履行利益即可解脱合同约束的，也就没有任何理由使之仅因为缔结的是预约而立于较为不利的地位。债权人只能享有这样一个请求权，即当既存本约被解除时他所能享有的那样。[④]

预约当事人行为所适用的归责标准原则上应准于一般规范（德民第276～278条），但是在就本约有特别的标准时即应例外地依本约而定。其思想基础是，缔结预约不得提供机会，以规避本约上特别的规则，而使某方当事人受取不当利益。[⑤]

六、结　论

德国法虽然没有在法典之中明文规定预约，但以学说、判例广泛承认了它的法律容许性。坚持预约和本约的区分，强调在预约和本约定性有疑问时，应以本约为原则，预约为例外。就意向书等品类繁多的实务文书与预约之关系定位，一准于当事人约束意思，并有一定客观性倾向，故而临时协议大多被排除约束意思，而君子协定则总是止步于“道德义务”。就内容确定性标准，自立法动议书至晚近判例学说，多有反复，目前学说倾

---

① Nicolas R. Herzog, Der Vorvertrag im schweizerischen und deutschen Schuldrecht, Rn357.

② Nicolas R. Herzog, Der Vorvertrag im schweizerischen und deutschen Schuldrecht, Rn356.

③ Münchener Kommentar/Kramer, 2001, Vor §145, Rn48.

④ Nicolas R. Herzog, Der Vorvertrag im schweizerischen und deutschen Schuldrecht, Rn358.

⑤ Nicolas R. Herzog, Der Vorvertrag im schweizerischen und deutschen Schuldrecht, Rn359.

向于认为预约也应像本约一样具有足够确定性，当然本约自身的确定性标准也已在实践中日趋平易。就形式要求和批准要求，适用相近规则，即取决于具体规范目的是否关注个人法益，而排除专注于公法利益的规定。支持实际缔约请求，且为节约诉讼成本允许诉讼合并。

第六章　瑞士预约制度研究

我国自民国以来，几乎所有的债法总论、合同法总论体系书都绕不过预约概念，但是相关研究长期停滞，至今仍只有预约概念而没有体系完整的预约制度。在实务压力面前，最高人民法院率先于2003年《关于审理商品房买卖合同纠纷案件适用法律若干问题的解释》第5条就商品房买卖预约打开了缺口，但因理论准备不足，该司法解释只是竭力将预约朝一般性的本约靠拢而已。时隔五年，2008年第4期《最高人民法院公报》刊载的《仲崇清诉上海金轩大邸房地产项目开发有限公司案判决书》［（2007）沪二中民二（民）终字第1125号判决］，明确承认了预约，但又全盘否定了此前我国学说有关预约应实际缔结本约和实际履行本约的一贯主张。这些司法实务中出现的问题凸显出重建预约制度的重要性和紧迫性。作为一项移植而来的制度，其重建显然离不开对先进法域相关制度的悉心考察，而瑞士预约制度因其法条、学说和判例体系完备，[①] 为此重建提供了重要参考。本章即专注于考察瑞士法上的预约制度。

一、总　说

瑞士法上的“预约”（Vorvertrag）是指依合同设置

① 在比较法上，德国法以及我国海峡两岸的民事制度都没有对预约作出明文规定，法国法虽有明文，但《法国民法典》第1385条也只是规定了片面的“双务买卖允诺”而已，相对而言，《瑞士债法典》第22条那样的一般宣示性条款是很有特色的。

缔结未来合同之义务的合同。[①] 这个术语在19世纪中叶面世，随即广泛地替代了更精确的名词——pactum de contrahendo（缔约承诺）。[②] 预约不是分则意义上的合同类型，更多的还是就某种事实所贴的标识性名称，基于这一事实一方或双方负有缔约义务。[③]《瑞士债法典》（下文简称“瑞债”）有三处规定了预约。其中第22条规定：“①双方当事人可以通过合同形式约定在将来订立合同。②法律为保护当事人而规定将来订立的合同采用特定形式始得生效的，预约合同也应当采用该种形式订立。”第216条第2款规定：“购买或者买回不动产的预备协议和合同，经公证后始为有效。”还要提及的是第493条第6款第1句，该句规定：“有关设立保证的特别授权，以及承诺向合同对方或者第三人提供保证的允诺（Versprechen），都需要采用与保证相同的形式。”其中后两项仅涉及具体预约的形式问题，在该第22条第2款已经做出一般性要求之后，意义并不突出。[④] 而该第22条则是基础性规定，本章的许多论述将要以它为起点。

该第22条是1911年债法修订时进入法律的，旧债法与《德国民法典》一样没有相应的规定。不过在19世纪末之前，预约的容许性（Zulässigkeit）已被瑞士联邦最高法院大量的判决所确认。[⑤] 该法第22条恰当地描述了当时的法律状况，主要有宣示性特点（deklaratorischen Charakter）。可以将一项缔结未来合同的义务作为某合同标的，这种可能性是契约自由的当然结果。该条不能被作为固定合同类型的记录来理解，预约在各种适用类型中体现出不同的结构，相应地也就要在法律上作不同的对待（例如在有效要件、不履行后果上），所以该条也就应该被解读为一般许可性规范（allgemeine Zulässigkeitsnorm）。[⑥] 但是它的意义也不能过于低估。首先至少可以确定，在英语法域，预约容许性就并非当然之理，在那里一般不允许预约。而且该条第2款还明确规定，也不能从一般原则中严格导出。[⑦] 再加上对预约必要性和容许性问题的讨论时有反复，虽然在

---

① Dieter Henrich, Vorvertrag, Optionsvertrag, Vorrechtsvertrag, 1965, S. 59.

② 关于“pactum de contrahendo”术语及其与践成合同的关系见 Werner Flume, Das Rechtsgeschäft, 1979, s. 613.

③ BaslerKommentar zum OR/Eugen Bucher, 2007, Art. 22, N4.

④ 参见 BaslerKommentar zum OR/Urs Hess, 2007, Art. 216, N4.

⑤ Vgl. BGE 31 II 644 E. 2; 25 II 453 E. 2; 21, 633 E. 4; 18, 899 E. 2; 15, 767 E. 3f.

⑥ BaslerKommentar zum OR/Eugen Bucher, 2007, Art. 22, N2.

⑦ BaslerKommentar zum OR/Eugen Bucher, 2007, Art. 22, N5.

20世纪初瑞士法学已经营造出对预约比较“友好”的氛围,[①] 但直到1903年学者Schlossmanns还在对此制度提出了根本性质疑，这种条文也在应对这类攻击、支持预约实践方面起到了作用。[②]

预约可以划分为单务预约和双务预约。双务预约是指双方当事人互负义务缔约未来合同的约定（Abmachung）。而根据单务预约则仅可使预约对方或者第三人取得缔约请求权。[③] 例如根据预约，一方有义务与另一方订立内容已确定的土地买卖合同；或者出租人根据租赁协议的约定，在租赁结束时，使承租人买得租赁土地及土地上的营业资产。这类预约的效果是，一方面维持权利人的缔约自由，另一方面又对其追求的缔约目标提供保障。[④] 关于瑞债第22条意义上的预约是否仅限于双务预约曾引发过一些争议。但是瑞士联邦最高法院早就以两项判决宣布单务预约也归入预约之列。[⑤] 甚至有一种被部分接受的学说认为，作为利他合同的某种单务预约是唯一有意义的预约形式。这是指如下案型：A与B达成合意与X缔约。在这里也可以毫无困难地区分预约和最终合同。[⑥]

在比较法上，各国也大多承认单务预约，例如德国法上的预约即可约束单方或双方，其区分标准在于，是否任一当事人都负有缔结本约的义务，或者只是一方取得督促缔结本约的权利。[⑦] 法国法的情况比较特殊，《法国民法典》第1589条规定的买卖预约（promesse de vente）虽然本来专指双务预约,[⑧] 但是在实践中单务预约大量地以选择权的面目出现，甚至还更为常见。目前在法国学说上，对单务预约效力的排除仅为少数理论所主张。不过值得注意的是，单务预约的地位在此还与要约的可撤销性联系了起来。法国法这种有关缔约的单方约束性表示，不是德国法意义上的预约，而是作为有约束力的要约存在，合同预约被作为不可撤销的要约对待，这在德国法本就不允许撤销要约的语境里自然失去了特别意义。法国

---

① BaslerKommentar zum OR/Eugen Bucher, 2007, Art. 22, N32.

② BaslerKommentar zum OR/Eugen Bucher, 2007, Art. 22, N1.

③ BaslerKommentar zum OR/Eugen Bucher, 2007, Art. 22, N8f.

④ Nicolas R. Herzog, Der Vorvertrag im schweizerischen und deutschen Schuldrecht, Rn119.

⑤ vgl. BGE 57 II 505; 58 II 365. 转引自 BaslerKommentar zum OR/Eugen Bucher, 2007, Art. 22, N9.

⑥ Dieter Henrich, Vorvertrag, Optionsvertrag, Vorrechtsvertrag, 1965, S. 59.

⑦ Münchener Kommentar zum BGB/ Kramer, 2001, Vor §145, Rn. 43.

⑧ 参见罗结珍译：《法国民法典》，北京：北京大学出版社2010年版，第386页，注3。

法前述这种“要约”（或报价，Angebot）不像瑞债第3条以下的要约（Offerte），前者需要持续很长时间，以保障受益人可以获得未来的缔约，而普通的未定期限的要约则只能存续于较短的“合理期间”。[①] 至于英国法上，一般不承认预约的存在，而只在“利他预约”（即上述单方负有义务未来与第三人缔约的“单务预约”）的情况下接受特例。[②]

对预约的另一种划分是根据其内容的积极性或消极性作出的。如果双方当事人就未来缔约负有义务，则此时订立了一个预约，并且设立的是积极义务。相反，未来缔约的强制也可以通过禁止与他人缔约的规定来实现。这种模式在被禁止方（Verbotsbelasteten）有缔约需求时将会产生实践意义，因为此时根据禁令实际上只能与禁令受益人（Verbotsbegünstigten）缔约，从而实现了缔约强制。在此意义上，禁止竞争条款（Konkurrenzverbotsklauseln）被认为取得了预约效力。瑞士学说称之为“遮断性预约”（verdeckten Vorverträgen）。[③] 具有预约功能而与禁止竞争条款相对的是排他条款（Exklusivklauseln），亦即一方声明负有义务仅与对方缔约，借此而从反面规定一个与第三人缔约的禁令。当义务人事实上必须缔约时，预约特点尤为突出。[④]

那种认为预约在事实上不能存在的观点已经脱离了实际。许多常见的合同都有预约特征：女主人只从特定啤酒商订购，歌唱家不去其他剧院演出，运动员仅为其赞助商出场，如此这般，尽管只是负有义务不与第三人缔约，但也都形成了仅与确定的对方缔约的强制。更为常见和突出的是这种情形，某块土地的买主承担义务，仅由特定建筑设计人、建筑商或者手工业者承建，这种情况就具备了预约的所有特征。[⑤] 在此还要提及买卖预约（promesse de vente），这在有些州具有悠久传统，且被违约金和解约金所增强。[⑥] 这种制度起源于上引《法国民法典》第1385条，原本限于买卖，但后来又广泛扩及于其他合同类型，而成为一般性的预约。[⑦] 并且对于这种预约，法院在传统上倾向于促使最终交易的完成，当事人如果想就

---

① BaslerKommentar zum OR/Eugen Bucher, 2007, Art. 22, N57.

② Dieter Henrich, Vorvertrag, Optionsvertrag, Vorrechtsvertrag, 1965, S. 70, 80.

③ BaslerKommentar zum OR/Eugen Bucher, 2007, Art. 22, N10.

④ BaslerKommentar zum OR/Eugen Bucher, 2007, Art. 22, N12.

⑤ BaslerKommentar zum OR/Eugen Bucher, 2007, Art. 22, N14.

⑥ BaslerKommentar zum OR/Eugen Bucher, 2007, Art. 22, N15.

⑦ Dieter Henrich, Vorvertrag, Optionsvertrag, Vorrechtsvertrg, 1965, S. 27ff.

推迟缔约获得法院支持，甚至被要求已经在预约中清晰表达了这种意思。[①]

二、从预约与本约的关系看预约的容许性

本约就是预约意图缔结的合同。它必须是债务合同（schuldrechtlichen Vertrag），而不能是处分行为（Verfügungsgeschaft）。当事人之间互相缔结某合同的债务，经常（特别是在德系瑞士地区）被当做最终合同处理。于是，若A与B达成协议，将就某项给付达成一项协议，一般而言B也就已就该项给付负有了义务。人们声称，既然如此，在大部分情况下再达成一项协议就是毫无意义地绕弯路。在一些州（如苏黎世），这类预约几乎没有被确认过。当然，在另一些州，这种预约又可能被利用得异乎寻常地频繁。[②]

不管怎样，常常是本约与预约合一成为拒绝预约的理由，所以考察预约的容许性和必要性有必要从预约和本约的关系入手。学说对预约的拒绝态度源远流长。前述Schlossmanns的批评认为，如果一个预约所追求的本约已如此确定，“就像孵化鸡蛋里的小鸡一样”，那么该预约就没有独立的意义，而应该当即依照本约适用的规则行事，这样也就原本没什么预约发生。[③] 另外有些学说只是在践成合同之预约问题上立论，即认为合意合同（Konsensualverträge）就是本约。这实际上还是一种先进的理念。根据传统观点，意在缔结践成合同的允诺可涉及预约，这种规定通行于法国和意大利法，在德国也有重要的支持者。上述这种观点则反映了一种现代法律观念，并在瑞士债法中体现出，借贷允诺不是预约，而就是最终合同。当事人所负义务不是缔结新的合同，而是支付或接受以及返还借贷款额。人们接受了第二种观念，合同性质也与此相符了，借贷预约在大量案件中也因此失去了根据。在当事人认真地允诺借贷时，他们所欲缔结的不是预约，而是最终合同。[④] 不过，以上都还只是在局部上质疑预约，有关否定预约的更多的后来者则是完全否定其意义，而在双方互负义务以缔结未来（本）约的合同上直

---

① Paula Giliker, Pre – contractual Liability in English and French Law, 2002, p8.

② Dieter Henrich, Vorvertrag, Optionsvertrag, Vorrechtsvertrag, 1965, S. 59.

③ BaslerKommentar zum OR/Eugen Bucher, 2007, Art. 22, N29.

④ Dieter Henrich, Vorvertrag, Optionsvertrag, Vorrechtsvertrag, 1965, S. 78f. 当然在有关条件还需进一步谈判时，就合意借贷的预约也是可以考虑的。

接认定（本）约自身。[①]

另一种观点认为，预约的订立与它所追求的本约的合意原无二致，亦即事后再缔结本约是无谓的。这种观点认为，缔约人在第一次缔约就已经愿意无保留地受到完全的法律约束，而他们所使用的“预约”一词实为无用，这种观点与上述彻底否定的观点只有微小差别。[②] 尽管如上所说，许多人都对预约的意义感到怀疑，但并不是所有人都走向当然地否定预约，有部分人持论说，当事人至少已接受，其负有义务为进一步的意思表示，如此才能促成本约订立。[③] 最终是 Degenkolb 较早地原则上承认预约，其著述在 20 世纪初营造了对预约比较“友好”的氛围。[④]

上述瑞士法对预约的必要性和容许性从否定到承认，不是孤立的现象，而是比较法上一种趋势的反映。例如德国法有关预约制度的经典论述，就预约的存在合理性（Existenzberechtigung）以及法律容许性（rechtlichen Zulässigkeit）问题也长期没有统一回答。但目前几乎都承认了，预约在特定案型上有其实践价值，所以它的法律容许性不容否定。在这一潮流中最值得关注的是意大利法，它一开始受拿破仑民法典的影响将买卖合同之预约与最终的买卖合同等量齐观，所以根据 Coviellos 的开创性著作，尽管认可有买卖预约存在，但是违反买卖预约时只能带来损害赔偿。不过到了 1942 年《意大利民法典》第 2932 条，以判决替代债务人（负担而未做成的）意思表示即成为可能。在法国，上述承认始自 Boyers 的奠基性论述：买卖合同之预约并不是在所有情形都等价于最终的买卖合同。[⑤]

时不时地还会有人指出，在数量众多的情形下，缔结预约并无必要。这往往是预约和本约形式一致的情形，而且也总是正确的。但是如果因为预约在某些案型里不必要就推论出它的不容许性（Unzulässigkeit），却是错误的。契约自由原则允许当事人缔结哪怕是“不必要的”合同。[⑥] 但是在有疑问时，法官可能将不必要的预约辨认为最终合同（definitive Verträge）。众所周知，法官在解释意思表示时并不局限于表达的字面意义，而应探询

---

① BaslerKommentar zum OR/Eugen Bucher, 2007, Art. 22, N29.

② BGE 118 II 33 案所涉事实即属此类，转引自 BaslerKommentar zum OR/Eugen Bucher, 2007, Art. 22, N30.

③ BaslerKommentar zum OR/Eugen Bucher, 2007, Art. 22, N31.

④ BaslerKommentar zum OR/Eugen Bucher, 2007, Art. 22, N32.

⑤ 综合论述详参 Henrich, Vorvertrag, Optionsvertrag, Vorrechtsvertrg, 1965, S. 76.

⑥ Dieter Henrich, Vorvertrag, Optionsvertrag, Vorrechtsvertrg, 1965, S. 77.

当事人的真意（wirklichen Willen）（如德民第133条的规定）。如果当事人并没有特殊原因要在最终合同之外预先订立一个预约，则一方当事人所声称的此处没有最终合同而只有预约，就很难寻得共鸣。而当事人决定缔结预约的原因可能并没有什么事实上的或者法律上的重要性，经常只是因为心理上的因素而使当事人选择预约。即便如此也足使预约具有了合理性。但是法官却不必增加负担以查明这种原因。当事人意思的查明归属于事实调查的范围。于是法官只须询问：该原因会是一个理性人（vernünftigen Menschen）借以缔结预约的原因吗？①

结论是：在当事人尚未打算受到约束时不存在预约；但是在当事人已意图受到最终确定的约束时，也不存在预约，就此约束力所追求的经济效果将与期待中本约所追求的并无二致。决定性的划分标准还是约束意思（Bindungswille）。② 如果意思的查明存在疑问，所存在者乃本约。预约应属例外，其存在需要特别的理由。③

三、内容确定性和形式要求

预约的目的，亦即所要订立的本约，反过来又决定了预约一系列规定性，影响所及包括必要的内容要素以及必要时对预约提出形式要求。④ 所以有关预约成立的一般要件（allgemeinen Voraussetzungen）固然适用瑞债第1条以下的一般性规定，有关形式要求（Formbedürftigkeit）和内容确定性要求（inhaltlicher Bestimmtheit）的特殊问题，则系于本约。

1. 内容确定性

在旧判决中，常常因如下情形而确认预约：当合同根本性内容尚未确定时，例如当事人未就买卖标的和价款达成合意。但是根据目前的法律，一方面，有关于给付的完全固定化的协议不再是本约有效的前提；另一方面，内容可确定性又成了预约有效的必需。⑤ 瑞士学说通常也主张，本约要素（essentialia）之内容确定是预约的有效条件（Gültigkeitsvoraussetzung）。该观点建立在这种理念上：实际履行请求权（即本约缔约的可强制执行性）是预

---

① Dieter Henrich, Vorvertrag, Optionsvertrag, Vorrechtsvertrg, 1965, S. 78.

② Dieter Henrich, Vorvertrag, Optionsvertrag, Vorrechtsvertrg, 1965, S. 118.

③ StaudingerKommentar/R. Bork, 2003, Vor § § 145 – 156, Rn. 53.

④ BaslerKommentar zum OR/Eugen Bucher, 2007, Art. 22, N6.

⑤ Dieter Henrich, Vorvertrag, Optionsvertrag, Vorrechtsvertrag, 1965, S. 60f.

约之概念所必需的，又因为一项债权要求只有在内容完整确定时才算充分合理，于是就只能认为，预约必须包括预期缔结的本约的根本性内容（wesentlichen Elemente，即所谓要素）。但这个结论限于如下情况才是正确的，即讨论（缔结本约之诉胜诉意义上的）实际履行的可行性时。[①] 至于实际履行的可行性及其遭受的质疑，详述于第四章。

2. 形式要求

按照瑞债第 22 条第 2 款的形式规定，预约必须采取与本约一样的形式，否则就可能规避了形式要求。这种硬性的规定表面上看来似与德国法相去甚远。依德国法，原则上预约无须要式。若当事人就本约约定了形式要求（如意定的书面形式），那么这就是解释问题——根据当事人意思该约定的形式要求是扩展作用于预约呢，还是仅适用于本约。就法定形式而言则依该形式规定的保护目的而调整。若形式规定（至少也）着眼于保护缔约人，首先是为免仓促，那么该形式规定也就适用于预约。[②] 鉴此根据德民第 313 条第 1 句土地买卖之预约必须是形式强制的；保证行为之预约根据德民第 766 条第 1 句为形式强制；同样地，根据《德国住房所有权法》第 4 条第 3 款，特别所有权合同之预约亦为形式强制。[③] 如果只是为了保留证据或实现其他公权目标，答案则完全不同。所以长期租赁合同之预约则无须德民第 566 条规定的形式，因为该规定不是为了保护租赁方，而是为了给潜在的土地受让人提供一个信息基础，根据德民第 571 条该信息基础必须载入合同；依德民第 780、781 条之抽象债务合同的预约中，未来义务人的表示也不必书面，因为其书面要求所考虑的不是仓促保护，而只是保全证据；此外劳资费率协议之预约也因相同的道理可不要式缔结。[④]

考虑到预约往往就是因为满足形式要求或者批准要求的时机尚未成熟应运而生的，[⑤] 如果在这些要求上过于苛求，也就近乎取缔了预约的存在。德国法上述做法关注到预约与本约的不同，有其可取之处。瑞士法也看到了这一点，所以虽然瑞债有如上条文规定，但在解释上加以限缩，即认为

---

① BaslerKommentar zum OR/Eugen Bucher, 2007, Art. 22, N33, 39.

② Münchener Kommentar zum BGB/ Kramer, 2001, Vor § 145, Rn. 47.

③ StaudingerKommentar zum BGB/R. Bork, 2003, Vor § § 145 – 156, Rn. 60.

④ StaudingerKommentar zum BGB/R. Bork, 2003, Vor § § 145 – 156, Rn. 61.

⑤ Robert Freitag, "Specific performance" und "causa – Lehre" über alles im Recht des Vorvertrags?, AcP 207 (2007), 292.

"只有当该本约形式为保护拒绝履行方而设时，才属于此处所说的形式要求"[①]。从而达到了与德国法相近的效果。此外形式要求又不得转用于着眼消极内容的预约，于是禁止向当事人转让土地的禁令，不必公证。[②] 最后要明确的是，瑞士学说有观点认为，尽管立法者在瑞债第22条上要求预约在形式上保持一致，却并没有认定本约可基于预约而强制执行，预约的实际履行并非当然之理。由此可见，即使是对那些仅能导致损害赔偿义务的预约，在立法者看来也应适用形式强制。[③] 这与内容确定性仅关乎实际履行是有区别的。

关于欠缺形式的后果，似乎还不能当然地认为预约无效。当形式要求仅考虑保护当事人时，有学说认为，可以得出这样的结论：这类形式上的监督规定，不必作为预约的有效要件，形式欠缺所导向的，仅是将撤销约束力的权利全系于一方当事人，即享有权利以主张有法定形式要求的给付的那方；但前提是他已就形式要求做了自己一方应做的，或者并没有被形式要求所牵涉，并且维持着自己的义务。于是自愿履行方也就仍可主张对待给付，尽管此时形式仍阙。这特别适用于单务预约。可能是这种情况：某人无规定形式地承担义务，将与第三人为有偿的土地交易或者创设抵押，那么在他履行其义务时也就应该可以主张约定的对待给付。[④]

四、不履行的后果

1. 实际履行

根据瑞士通说，预约的本质决定了，在没有任意履行时可以实际强制执行，亦即以强行的方式缔结本约。[⑤] 预约上确定的给付是缔结本约，亦即一项意思表示。因为任何人都不能被强制为意思表示，这种表示被以判决替代。[⑥] 在瑞士联邦民诉法和某些州程序法中明确地提供了这样的规则：

---

① BaslerKommentar zum OR/Eugen Bucher, 2007, Art. 22, N47.

② BaslerKommentar zum OR/Eugen Bucher, 2007, Art. 22, N47.

③ BaslerKommentar zum OR/Eugen Bucher, 2007, Art. 22, N48.

④ BaslerKommentar zum OR/Eugen Bucher, 2007, Art. 22, N49.

⑤ BGE 97 II 51 = Pra 1972, 76. 该案涉及有关土地的买卖允诺（promesse de vente）。转引自BaslerKommentar zum OR/Eugen Bucher, 2007, Art. 22, N41.

⑥ 法国法上对这种替代似仍有疑虑，而倾向于损害赔偿救济。参见 Paula Giliker, Pre - contractual Liability in English and French Law, 2002, p44.

若是当事人根据一项判决有义务作出意思表示（Willenserklärung），那么只要判决生效，该意思表示就视为作出。即使别的州程序法对此予以沉默，结论也是一样的。[①] 如果根据预约，该意思表示的作出系于某个条件成就或者对价，则不能因判决生效而视为作出，而应由法官确认到条件成就或对价提出时才发生。[②]

在有关意思表示作出的协议上，朝向其可强制执行性的第一步，是瑞士联邦诉讼法于1947年实施第78条时踏出的，该条与德国民事诉讼法第894条一致，认可要求作出意思表示的判决，并且以该判决替代意思表示之作出。这被认为"多少让学说感到惊诧"。[③]

有学者认为，支持意思表示之实际履行，使得预约的应用出现了立法者始料未及的效果：预约向实际履行的扩张使此制度具有了广泛的意义和适用性；某种以前可供选用的合同独立类型（即不可实际履行的合同约束）消失了，尤其还可能因此发生一种危险，即误读预约当事人的真意。[④] 但又有一种反批评的声音质疑道，为何仅因为当事人进入的是预约就被视为默认地排除实际履行呢？若无这种当事人意思，就没有理由认为预约当事人的请求权应限于损害赔偿。[⑤]

在理论上有两种理念对此批评作出了应战。第一种理念基于历史解释的立场认为，如果遵循历史上立法者的意旨，人们就必须在任何情况下拒绝支持实际履行，而将不履行的后果限制于损害赔偿：1911年瑞债第22条实际上只是对此前有关这项制度的理解用条文固定下来而已。不过这种解读并没有排斥当事人作相反约定，即意定的实际履行之可执行性。[⑥] 第二种理念认为，如果人们不打算在原则上像第一种观点那样断然拒绝实际履行，总还是可以就个案查明当事人真意，看当事人自己是否明确了这是预约而不是本约，从而默示地排除了实际履行之可执行性。这尤其适用于那些原已可以签订本约，而以本约取而代之的预约情形。在此情形下，鉴

---

① Dieter Henrich, Vorvertrag, Optionsvertrag, Vorrechtsvertrag, 1965, S. 61f.

② 但是关于能否强制要求拒绝方接受某公司或某合作社里的成员资格，则有争议。Dieter Henrich, Vorvertrag, Optionsvertrag, Vorrechtsvertrag, 1965, S. 62.

③ BGE 97 II 50f. E. 4a = Pra 1972, 76. 转引自 BaslerKommentar zum OR/Eugen Bucher, 2007, Art. 22, N35.

④ BaslerKommentar zum OR/Eugen Bucher, 2007, Art. 22, N36.

⑤ Nicolas R. Herzog, Der Vorvertrag im schweizerischen und deutschen Schuldrecht, Rn354.

⑥ BaslerKommentar zum OR/Eugen Bucher, 2007, Art. 22, N37.

于当事人缺乏为特别行动的正常动机，其中存在一个推定，即当事人仅愿将约束力限缩于损害赔偿而合意排除了实际履行。[①] 其中第二种理念也关注当事人的意思，只是所作的与默示排除“相当的推定”，正是上述同样以当事人意思立论的批评意见所反对的。[②]

在瑞士实务中，针对“预约”的可执行性可以从两个方向来加以限制。第一个方向的限制，也就是前段描述的第二种理念：虽未从根本上否弃可执行性，但仍可以依个案查明，当事人是否经由仅订立预约而非本约合意默示地排除实际履行。反之在另一方向，缔结本约的实际执行请求还可能在以下情形被判决排除：当事人尽管使用了预约术语或类似术语（此时实属误用），所表达的却是所称仍须缔结的本约上的约束意思，且已相应地受其终极性的约束。此时可直接请求执行该合同本身。[③]

2. 损害赔偿

损害赔偿是比实际履行更通行的救济方式。因预约不履行也可以替代实际履行（缔结本约）提起损害赔偿诉讼。在那些行为义务不可强制或者债务人的给付因其过错而不能的场合，损害赔偿诉讼是仅有的救济。[④] 有时候是当事人尽管确定了本约的细节，但是推迟缔约的情形。在此情形可以推知当事人仅有缩减的（geminderten）义务意思（Verpflichtungswillen），这是要尊重的，而缔结本约的请求则不被支持。鉴于这种当事人意思，对缔约义务的违反就只能导致损害赔偿的后果。[⑤]

关于一般性的赔偿范围，众所周知的是，基于合同负有损害赔偿义务的人应使债权人处于像通常给付时那样的状况。因为此时的给付也就是缔结本约，所以应予赔偿的是债权人就缔结本约所享有的利益。现在问题就变成了：可否将缔结本约与履行本约的利益等同。其回答应落脚于如下平衡：因不履行而生的损害赔偿请求权是第二位的，主请求权还是履行请求权。假如债权人诉请履行且依判决替代了对方的意思表示，则债权人就可以对债务人行使像最终合同不履行或者不适当履行时所能行使的一切权利。缔结本约的利益被认为次于履行预约的利益，于是迫使债权人在任何

① BaslerKommentar zum OR/Eugen Bucher, 2007, Art. 22, N38.

② Nicolas R. Herzog, Der Vorvertrag im schweizerischen und deutschen Schuldrecht, Rn354.

③ BGE 103 II 107f. = Pra 1978, 429. 转引自 BaslerKommentar zum OR/Eugen Bucher, 2007, Art. 22, N42.

④ Dieter Henrich, Vorvertrag, Optionsvertrag, Vorrechtsvertrag, 1965, S. 62.

⑤ BaslerKommentar zum OR/Eugen Bucher, 2007, Art. 22, N43.

情况下都要首先诉请履行预约，然后才能行使损害赔偿请求权。但在实践中，毫无疑问，债权人在任何情况下都可以主张本约履行的利益，即使没有要求提起本约缔结之诉，他的这一请求权也是可以满足的。一个这样的诉讼在此只是无谓地绕弯子。① 瑞士联邦最高法院支持了直接赔偿本约履行利益的请求。德国联邦最高法院也在案件处理结果上屡屡确认，基于预约可直接诉请本约的履行利益。②

假如当事人认真地表明了义务意思，将缔结一份合同，但是尚未确定其要素，则此义务所指向的就不是缔结本约。基于这项预约性的协议将会发生这样的义务：当事人应该做出尝试以缔结有关合同，亦即诚恳地推进磋商。于是当事人义务的标的并非缔结合同，而是推进公平的缔约对话。③有问题的是，在磋商义务之上何时出现可导致损害后果的违反行为。在当事人诚实地发出报价而拒绝对方报价时，没有这种违反行为。但是当当事人未经与对方缔约接触或者拒绝开启缔约磋商而径自与第三人缔结合同时，就会发生这种损害赔偿义务。④

上述这些情形，损害赔偿义务的种类及范围为：如果违反预约方与第三人依普通的条件缔结了合同，所应考虑是积极利益，即应赔偿预约对方处于该当事人位置而缔结本约时所可获取的利益。反之，如果总的看来，当事人缺乏缔结合同的责任意思，则最多只能赔偿消极利益。⑤ 也有一种观点认为，既然对方违反的预约内容不完整，且不能经司法补完，那么此时很难说构成了预约违约，当然毕竟还可以将之作为缔约过失责任的请求权基础，只要对方就此有漏洞的预约缔结有过错。⑥

3. 程序法上

根据以前部分文献的观点，创建本约的诉讼是不必要的，基于预约可直接提起履行该本约的诉讼。新的观点以及晚近瑞士联邦最高法院却赞同诉求创建本约的必要性，而不允许直接诉请履行仍须创建的本约。⑦ 但是

---

① Dieter Henrich, Vorvertrag, Optionsvertrag, Vorrechtsvertrag, 1965, s. 215f.

② Nicolas R. Herzog, Der Vorvertrag im schweizerischen und deutschen Schuldrecht, Rn356.

③ BaslerKommentar zum OR/Eugen Bucher, 2007, Art. 22, N44.

④ BaslerKommentar zum OR/Eugen Bucher, 2007, Art. 22, N45.

⑤ BaslerKommentar zum OR/Eugen Bucher, 2007, Art. 22, N46.

⑥ Nicolas R. Herzog, Der Vorvertrag im schweizerischen und deutschen Schuldrecht, Rn355.

⑦ BGE 97 II 52 E. 4b = Pra 1972, 78; BGE 103 III 108 = Pra 1978, 429. 转引自 BaslerKommentar zum OR/Eugen Bucher, 2007, Art. 22, N53.

后一观点的主张者没有回答这个问题：创建本约的诉讼与本约的给付之诉可否在同一程序中合并。[①]

在1993年的一份判决（BGE 118Ⅱ33）中，瑞士联邦最高法院完成了向直接诉讼的复归，判决说："假如预约已包含了本约的所有根本性要素，且可以直接诉请履行，则预约和本约并无二致。"在这个案件中，关于实际执行（而不是不履行导致的损害赔偿）之诉的可行性，当然不只是应该支持的，抑且还是必行的，因为该案当事人意思已经契合于可执行性。[②]另外在拒绝诉讼叠加的结果上，以上判决也是值得支持的。即使人们确切地认定了预约应被认为可实际执行（而不只是作为损害赔偿请求权的基础），"先缔约再履行"式的程序叠加（Verfahrensverdoppelung）也绝非不言自明，而应赞同直接诉讼。

另外一种直接诉讼是在本约已注定履行不能时，绕过缔结本约，当然也绕过履行本约而直接提起损害赔偿之诉。这还可以通过与选择权下的法律情形相类比而得到印证：尽管该本约因为对方负责的合同违反已经不可履行了，还要求选择权人在主张损害赔偿之前必须继续行权以使选择本约（optierten Hauptvertrag）完成，这是矫揉造作的。同样，若债务人已注定不能履行，仍强求缔结一个合同，这就是"不必要的概念法学型构造"（unnötige begriffsjuristische Formalität）。结果也是以直接判令赔偿为佳。[③]

五、结　论

瑞士预约制度从法条、学说到判例，体系完备，在比较法上有重要的参考价值。瑞债第22条就预约制度提供了一般宣示性条款，有效回应了对预约容许性和必要性的质疑。但是有关预约制度的体系构建主要还是仰赖学说和判例。依其通说，在本约要素上，预约应符合较严格的确定性要求；在特殊形式要求上，瑞债第22条第2款虽明文要求预约与本约保持一致，但学说解释通过限缩解释的方法，排除了许多非保障私法权益的形式要求；在实体法效果上，以实际履行和履行利益赔偿为原则；在程序法效果上，反对诉讼

---

① BaslerKommentar zum OR/Eugen Bucher, 2007, Art. 22, N53.

② 没有解决的问题是，假如以上提及的有关合同内容完整确定性的要件没有满足，将会发生什么后果。BaslerKommentar zum OR/Eugen Bucher, 2007, Art. 22, N54.

③ Nicolas R. Herzog, Der Vorvertrag im schweizerischen und deutschen Schuldrecht, Rn357.

叠加，支持直接诉讼。晚近学说以尊重当事人“真意”的名义，主张放松预约标的、内容确定性的评价尺度，质疑当然的实际履行，更倾向于损害赔偿救济方式，在实际效果上扩张了适用范围，也淡化了与其他先合同协议的界限。

第七章　预约在法教义学体系中的地位

——以类型序列之建构为基础

随着缔约过程日趋复杂，预约地位也愈益重要。① 预约（Vorvertrag）是指约定将来订立一定合同的合同，② 我国现行法也和多数经典法域的通行做法一样，并没有直接规定预约，这一制度是在法条之外，由实务推动法学整合的结果。③

司法解释曾两次触及预约制度，但是其中《最高人民法院关于审理商品房买卖合同纠纷案件适用法律若干问题的解释》（法释〔2003〕7 号文，下文简称《商品房买卖解释》）第 5 条只是确立了在预约和本约之间以本约为原则的立场，而《最高人民法院关于买卖合同纠纷案件适用法律问题的解释》（法释〔2012〕8 号文，下文简称《解释》）第 2 条也只是有关预约的一般性宣示而已。另有指导性判决却就预约效果问题对通说主张提出了严峻挑战。所谓通说主张可以概括为“强制缔结

---

① 据笔者 2014 年 4 月 11 日搜索，“北大法宝”案例库共有 2 785 篇裁判文书出现“预约”一词，其中 293 篇在标题中出现该词。虽未及全面排查，但预约涉诉频率之高于此也可见一斑。

② 王利明等著：《民法学》（第二版），北京：法律出版社 2008 年版，第 502 页；崔建远：《合同法总论》（上卷），北京：中国人民大学出版社 2011 年版，第 98 页。

③ 例如在德国法上，《德国民法典》起草时，预约制度即因“必要性不充分”而未被规定于法典之中，其后因实践价值凸显而依学说和判例促其成型，Münchener Kommentar/ Kramer, 2001, Vor §145, Rn45. 而明确规定了“预约”字样的经典法典，要么像《法国民法典》，实际取消了预约的独立地位（下文还有涉及）；要么像《瑞士债法典》，仅只是“宣示性”条文，都不足以构建完整的预约制度，仍要靠学说判例去构造实质性的预约制度，参见 BaslerKommentar zum OR/Eugen Bucher, 2007, Art. 22, N2.

本约—强制履行本约—履行利益赔偿”之“连环扣”。[①] 2008年刊载于最高人民法院公报的一则判决瓦解了“连环扣”,[②] 仅判令预约违约人赔偿信赖利益，该案（下文称“仲崇清案”）二审审判长甚至直接宣称，预约之履行利益相当于本约之信赖利益。[③] 这种观点在《解释》出台之后从有关学理研究中获得较多认同,[④] 更助长了通说所受挑战的严峻性。

深值关注的是，这种挑战在母法法域同样存在。例如，在我国预约制

① 有关预约通说，请参见王泽鉴：《债法原理》（第一册），北京：中国政法大学出版社2001年版，第150页；王利明：《合同法》，北京：中国人民大学出版社2002年版，第41页。最近旗帜鲜明高唱通说的重要文献可参吴从周：《论预约：探寻德国法之发展并综合分析台湾最高法院相关判决》，《国立台湾大学法学论丛》2013年第42卷特刊，第767页。通说遵循的逻辑是：预约既为拘束性合同，自应支持实际履行，如此则经诉请实际履行预约而强制缔结本约，再诉请实际履行本约或赔偿履行利益损失，两阶段诉讼反而显出“概念法学”的拘谨，莫如依“连环扣”一步到位干净利索。参见汤文平：《德国预约制度研究》，《北方法学》2012年第1期，第152页；汤文平：《瑞士预约制度研究》，《西部法学评论》2011年第4期，第111页（这两篇论文是本项研究有关预约国别考察的先导，限于篇幅，大量信息未能熔裁于本文，为求更完整地了解比较法背景，建议参阅）。上述逻辑自身其实在起点上对预约效果的认识就不脱概念法学的拘谨，故无可避免地堕入悖论：刚承认预约旋又实际否定了预约。如何走出悖论，是本书思考的一个基调性问题。

② 《仲崇清诉上海市金轩大邸房地产项目开发有限公司合同纠纷案》，《最高人民法院公报》2008年第4期。该案基本案情为：仲崇清与金轩公司于2002年7月签订《意向书》，约定仲崇清向金轩公司支付购房意向金2 000元，随后取得金轩公司开发小区商铺优先认购权；金轩公司负责在小区正式认购时优先通知仲崇清前来选购中意商铺，预购面积为150平方米，均价为每平方米7 000元（可能有1 500元的浮动）。如仲崇清未在约定期限内认购，则视同放弃优先认购权，已支付的购房意向金将无息退还。如其按约认购，则购房意向金自行转为认购金的一部分。意向书对楼号、房型未作具体明确约定。意向书签订以后，仲崇清如约支付了意向金。其后金轩公司于2002年11月取得拆迁许可证，于2003年6月取得预售许可证，但在销售商铺时未通知原告前来认购。2006年初仲崇清至售楼处交涉未果后诉请实际履行售楼义务或赔偿经济损失100万元（商铺价格飞涨后的差价）。

③ 参见沈志先、韩峰：《房产商违反预约合同的民事责任》，《人民司法》2008年第6期。

④ 参见梁慧星：《预约合同解释规则——买卖合同解释（法释〔2012〕8号）第二条解读》，中国法学创新网（http：//www.lawinnovation.com/html/zgfx50rlt/7884.shtml），2012年11月29日上传，2014年4月1日访问；王利明：《预约合同若干问题研究：我国司法解释相关规定评述》，《法商研究》2014年第1期；陆青：《〈买卖合同司法解释〉第2条评析》，《法学家》2013年第3期，三篇论文分别在不同程度支持了上述挑战性观点。

度之母法——德国法和瑞士法上,[①] 前述“连环扣”式的通说也在松动。《瑞士债法典》Basler 评注之评注人 Bucher 及德国汉堡大学教授 Freitag 等人，就从实务出发，汲取英美法的养分，对预约通说提出了强有力的批判(下文称“批判说”)。批判说认为预约一般只能导向损害赔偿，而且只是信赖利益,[②] 恰好与仲崇清案之判决“所见略同”。

当然，以上批判说的挑战还不是问题的全部。综合起来，预约制度面临的其实是一个复杂的问题束：预约之违约救济所引向的能否包括实际履行缔结本约的义务？带来的损害赔偿范围是履行利益还是信赖利益？如果可采实际履行及履行利益赔偿，预约和本约的实际效果还有何实质区别？预约是否由此而丧失了独立存在意义？如果违约救济所引向的是损害赔偿且只是信赖利益赔偿，则预约与缔约过失又有何分别？仲崇清案涉及的“意向书”原是先合同协议之一种，那么预约与先合同协议是何关系？另如预售许可及合同形式要求，这些要求在本约和预约上作用有何不同？

问题束的核心就是：有无预约以及若有预约，则当引向何种救济？这原本是法和法教义学所应对的常规问题，面对具体情事，通过涵摄入“要件—效果”模式配备的规范，导出效果即可大功告成。可是像预约这种法律不配备规范、“要件—效果”难以捉摸的情形，已超出“常规问题”的范畴，前述“核心”问题不能被直接回应，而“束”里的单个问题点也无法各个击破。法之发现的任务完成有待于法学方法论的支持。

就笔者视野所及，此前研究成果无论是支持通说抑或挑战通说，基本上都没有跳出“要件—效果”模式。这在方法论上是值得反思的。前述“连环扣”其实就借助了这种模式，依赖简单的涵摄思维，由认定预约而直接引向本约的效果，其失在于武断。而在批判说或我国当前的修正性观

---

① 我国民法自民国以来先移植于德国、法国、瑞士、日本，后来更有意超越大陆法系、英美法系的界限而博采众长（参见梁慧星：《中国民事立法评说——民法典、物权法、侵权责任法》，北京：法律出版社2010年版，第9页），但是关于预约，从上述“连环扣”效果来看，显然与德国、瑞士通说保持了一致（Robert Freitag, " Specific performance" und " causa - Lehre" über alles im Recht des Vorvertrags?, AcP 207 (2007), S. 290.），而与其他法域有异。例如同为大陆法系经典法域，法国法上的预约被《法国民法典》（下文简称“法民”）第1589条作为本约一体对待，其效果倾向于损害赔偿，即与上述“连环扣”相去甚远，参见罗结珍译：《法国民法典》，北京：北京大学出版社2010年版，第386页注1；关于法国法上预约从买卖预约扩张开去的过程参见Henrich, Vorvertrag, Optionsvertrag, Vorrechtsvertrag, 1965, S. 22ff.

② Robert Freitag, " Specific performance" und " causa - Lehre" über alles im Recht des Vorvertrags?, AcP 207 (2007), S. 310.

点提出之后，仍局限于“要件—效果”模式，一方面发挥不出矫正武断之失的效果，另一方面，还可能在涵摄的外观之下，暗中堕入论题学的陷阱。例如仲崇清案判决书、该案主审法官的论文阐述、《解释》起草法官的评注，都泛泛征引各种原则原理，这在实务发展方面固然难能可贵，但若法教义学研究也就此止步不前，必将失却个案正义和法安定性价值相兼顾的基本目标，预约自身的制度价值也会沦落。

在法学方法论上，与“要件—效果”模式相对应的是概念，是规则，是涵摄。批判说已打破了概念壁垒，走向融贯的目的导向，指引的是原则，是权衡；也是典型个案（案型），以及类比。在法学方法上，自不宜以概念论画地为牢，而应转向类型论，①转向民法双重体系的联动机理上来。②

有关预约的类型研究一般被理解为，就是从意向书、框架合同、临时协议等品类繁多的先合同文本中作类型化，寻找可归入预约的典型类型。这个维度的类型研究功用有限。因为先合同文本的名目对于确定其拘束力之有无及强弱意义殊小，最终还得依靠其他分析框架的支援。本书关注的其他两个维度的类型序列研究，更能有效地提供这种“分析框架”。

第一个维度的类型序列研究是依托外在体系，从预约和缔约过失、最终合同等邻近的制度类型出发探询其背后的“理想类型”，呈现递进式序列。这个序列处在概念和类型之间，在法律论证时，不仅可以为涵摄模式提供基本的定位，而且也可以为原则权衡模式找到“重力公式”所需要的轻、重“刻度”。③第二个维度的类型序列研究是在构造内部子体系的基础上，明了预约主题之下的利益冲突、价值裁断以及各类“指导性观点”，④

① 关于类型论的一般性阐述除了法学方法论教科书相应章节之外，尤其参见顾祝轩：《合同本体解释论：认知科学视野下的私法类型思维》，北京：法律出版社2008年版，第119页；吴从周：《类型思维与法学方法》，台湾大学硕士学位论文，1993年，第111页。

② 关于民法双重体系的一般性阐述参见朱岩：《社会基础变迁与民法双重体系建构》，《中国社会科学》2010年第6期；关于双重体系的联动机理参见汤文平：《批准生效合同报批之义务违反、请求权方法与评价法学》，《法学研究》2014年第1期。

③ 关于重力公式参见［德］阿列克西著，雷磊译：《法：作为理性的制度化》，北京：中国法制出版社2012年版，第148页。

④ 有关法教义学与价值判断关系的争鸣见许德风：《论法教义学与价值判断——以民法方法为重点》，《中外法学》2008年第2期；卜元石：《法教义学：建立司法、学术与法学教育良性互动的途径》，田士永、王洪亮、张双根主编：《中德私法研究》（第6卷），北京：北京大学出版社2010年版。本书以承认法教义学兼容价值判断、目的导向为起点。

然后与实践案型相汇合，提炼规范性类型序列。这两个维度的工作是相通的，因为前者虽立足于外在体系，但是在递进式序列中已经隐含了内在体系的关联，而后者虽立足于内在体系，但其类型序列的递进和任一案型的归列仍不脱离外在体系里的概念位置。在二者之间，直接深描预约的要件和效果仍然不可或缺。但已并不重蹈概念论“要件—效果”模式僵化的老路，而是借鉴批判说的弹性化建议，在要件和效果上加以松绑、解构，为外在体系和内在体系的融贯提供便利。

概念论的建构方法曾是法教义学的看家本领，但已证明孤掌难鸣，与之互竞互济的类型论以及内在体系的建构，却又远未成熟。[①] 本书坚持了法教义学的体系立场，并相信法学方法只有在制度实践中去体认，才能成熟、才能真正转化为法律发展的“生产力”。基此理念，本书既是对预约的制度分析，也是有关法学方法的一次研习。[②]

一、外在体系上的递进式序列

立法或法教义学在创制法律概念时，先应就概念所指在脑海中形成类型。这些概念将构造外在体系，而类型则属于内在体系。但是概念与类型之间的分辨，也并非泾渭分明，所以当代法学方法论也接受了这一“分辨”的辩证性。具体而言，合同法与预约相关的外在体系可以呈现为一个“递进式制度序列”——从一般性的“缔约自由”经“缔约过失”、“预

---

① 正因如此，半个多世纪以来，反教义学的法律论题学盛极一时。关于论题学的弊病以及它与法教义学之间的相反相成，可参［德］维亚克尔著，王洪亮译：《法教义学的实践功效》，田士永、王洪亮、张双根主编：《中德私法评论》（第6卷），北京：北京大学出版社2010年版，第54、56页。本书亦一面警觉论题学陷阱，一面借重论题学思维，下文第三部分有关内在体系的阐发尤为如此。关于论题学的一般性阐述请参［德］菲韦格著，舒国滢译：《论题学与法学》，北京：法律出版社2012年版。

② 有关缔约制度领域的法学方法综合演练另请参见汤文平：《批准生效合同报批之义务违反、请求权方法与评价法学》，《法学研究》2014年第1期，本文为其“姊妹篇”。我国法理学界虽在法学方法论学说引介、整理方面卓有成效，但“绝知此事要躬行”，要靠部门法学人勉力打破知识界限，到制度研究中去成规模地验证、发展方法论学说。此种探索对于作者和读者都将是艰辛的。关于在具体问题中“完整地”演练方法之难之重要，请参［德］普珀著，蔡圣伟译：《法学思维小学堂》，北京：北京大学出版社2011年版，第2页（原著前言）。

约”（“约束性先合同协议”）迄于“最终合同”（“本约”）。[①] 其间缔约过失或违约责任、预约或本约，诸般名目均可兼跨于概念和类型之间。本部分即以外在体系为立场，沿着这个递进式制度序列进窥内在体系。自其概念一面而观之，重在界定分际；自其类型一面而观之，重在梳理其关联。

（一）在预约与本约之间

1. 预约容许性问题

本约（Hauptvertrag）是预约意图缔结的合同。[②] 从预约的定义就可以看出，预约和本约的关系是预约地位的支点。所以本书整体都与这组关系相关，本部分仅考察预约相对于本约，如何被容许，如何一步步扩张适用范围，这是厘定其体系地位的起点。

是否在本约之外承认有预约在，这一预约的容许性（Zulässigkeit）问题长期没有统一回答，[③] 在有关争议中，拒绝预约的常见理由是本约与预约合一。1903 年学者 Schloβmann 提出的质疑被认为是根本性的，[④] 他说，如果一个预约所追求的本约已如此确定，“就像孵化鸡蛋里的小鸡一样”，那么该预约就没有独立的意义，而应该当即依照本约适用的规则行事，这样也就原本没什么预约发生。[⑤] 举例来说，若甲与乙达成协议，将就某项给付达成一项协议，一般而言乙即已就该项给付负有了义务，既然如此，再达成一项协议，在大部分情况下就是毫无意义地绕弯路。[⑥] 这一质疑与英美法“缔约之约非（契）约”的命题实有相通。

传统英美法则一般性地否认预约，其设想的缔约过程是即时的，信奉“缔约之约非（契）约”（agreement to agreement is no contract）原则，对待正式合同前的协议文本多采“全有或全无”（all or not）的态度——要么是

---

① 以上制度术语若纯从概念角度，相互之间或不可比较，例如缔约过失与预约，或缔约自由与预约，但若透视到它们背后的缔约文本类型序列，则自可作为次序概念（Ordnungsbegriffe）而被比对、排列。

② 除本约之外，还有最终合同（definitiv Vertrag）、预期合同（abzuschliessenden Vertrag）的说法，在德语文献中三者的细微差别是：本约强调与预约的对应性，一般二者相对而出；最终合同强调具体合同的终极特征，此时多无预约；预期合同则强调本约的未来特征，此时多有预约。

③ 综合论述详参 Henrich，Vorvertrag，Optionsvertrag，Vorrechtsvertrag，1965，S. 76.

④ 以至于瑞债第 22 条作为一般宣示性条款，其意义的一个大的方面就被认为是应对这类攻击、支持预约容许性，见 BaslerKommentar zum OR/Eugen Bucher，2007，Art. 22，N1.

⑤ BaslerKommentar zum OR/Eugen Bucher，2007，Art. 22，N29.

⑥ Dieter Henrich，Vorvertrag，Optionsvertrag，Vorrechtsvertrag，1965，S. 59.

一个有效的最终合同（final contract，definitive Vertrage），要么不存在任何合同关系。[①] 而仅在“利他预约”（Vorvertrag zugungsten Dritter）上存在特例。[②]

但随着交易磋商过程日趋复杂，英美法上先合同协议文本使用也已十分广泛。[③] 我国晚近预约学说也关注到英美法有关先合同协议方面的成果。在学理上，这些先合同文本一般统称为“初步协议”（prelimilary agreement），[④] 包括了设债或非设债文本。其中非设债文本被称为“先合同文本”（precontractual instrument 或者 precontractual document），而设立合同性债务的文本则被称作“先合同协议”（precontractual agreement）或者“先期合同”（precontract）。[⑤]从范思沃斯等人的阐述可知，英美法实务已认可借先期合同设立诚信磋商义务的做法，并且可将先期合同划分为开放条款合同与进一步磋商义务合同。[⑥] 这些制度显然已对此前英美法“缔约之约非约”的通说有所突破，但究竟突破到何等程度，以及对大陆法系的预约、缔约过失等制度有何冲击，都存在疑问。[⑦]

支持预约容许性的观点也不能不承认，缔结预约在很多情况下确实并无必要。所以在具体案件中就本约和预约的定性有疑问时，总是以本约为原则，预约为例外。[⑧] 但是支持说总结称，如果因为预约在某些案型里不必要就推论出它的不容许性，却是错误的，契约自由原则允许当事人缔结哪怕是“不必要的”合同。[⑨] 诉诸契约自由显然有其功效，目前各国几乎

---

① Paula Giliker，Pre - contractual Liability in English and French Law，2002，p31；Dieter Henrich，Vorvertrag，Optionsvertrag，Vorrechtsvertrag，1965，S. 69ff.

② 它是指甲与乙达成合意与丙缔约这种案型，这里可以毫无困难地区分预约和最终合同。Dieter Henrich，Vorvertrag，Optionsvertrag，Vorrechtsvertrag，1965，S. 70，80.

③ Schwartz and Scott，Precontractual Liability and Preliminary Agreement，120 Harv. L. Rev，661（2007）.

④ 关于初步协议定性的复杂性请参崔建远主编：《合同法》，北京：法律出版社 2010 年版，第 39 页。

⑤ Lake，Letters of Other Precontractual Documents，Comparative Analysis and Forms，1994，p58，59.

⑥ Farnsworth，Precontractual Liability and Preliminary Agreements：Fair Dealing and Failed Negotiations，87 Colum. L. Rev. 217（1987）.

⑦ 上述英文术语都曾被我国学者翻译作“预约”，但是没有将它们和我国采自德瑞的既有通说相接轨，或有淆乱概念体系之失。参见吴颂明：《预约合同研究》，梁慧星主编：《民商法论丛》（第 17 卷），香港：金桥文化出版有限公司 2000 年版，第 504 ~ 507 页。

⑧ Münchener Kommentar/ Kramer，2001，Vor §145，Rn43.

⑨ Dieter Henrich，Vorvertrag，Optionsvertrag，Vorrechtsvertrag，1965，S. 77.

都承认了，预约在特定案型上具有实践价值，法律容许性不容否定。[①]

2. 预约适用性问题

以上容许性支持说所持的论据其实是双层的，[②] 第一层是一般性的"契约自由"，第二层是"特定案型"。这在预约适用性问题上导致了矛盾的叙述，比如有些文献称，预约当然适用于一切合同，[③] 这是"契约自由"的效果；而另一些文献则称，"一般来说，预约的实践意义比较小"，而着眼于少之又少的"特定案型"寻找预约的归宿。[④] 甚至有学说认为，单务利他预约是唯一有意义的预约形式，是预约最后的"避难所"。[⑤] 总之，预约似有还无，一忽儿无所不在，一忽儿似又成为本约身上"皇帝的新衣"，令人无所适从。

这种矛盾局面的深层原因在于：理想状态的契约自由与实务相脱节。首先，当事人固然有缔结预约的自由，但是在有疑问时，法官可能将不必要的预约辨认为最终合同。当事人决定缔结预约的原因经常只是心理上的因素，固然这也足使预约具有了合理性（或容许性），但是法官却不必增加负担以查明这种原因，[⑥] 于是"预约的实践意义比较小"，也就势所必然了。其次，即便是在那些已经承认预约的场合，依德瑞通说却又导向缔结和履行本约，如下文将要详述的，这被批判说认为是在效果上完全剥夺了预约的存在价值。

在此回顾弗卢梅一段话是有必要的，他说："从一个本约中区分出预约来，只有在如下情形才有意义：就缔结合同的前提条件或者合同约定的内容以及由此建立的合同关系，在预约和本约之间存在不同。"[⑦] 这段话一

---

① Münchener Kommentar/ Kramer, 2001, Vor §145, Rn45; StaudingerKommentar/R. Bork, 2003, Vor §§145 - 156, Rn51；综合论述详参 Henrich, Vorvertrag, Optionsvertrag, Vorrechtsvertrag, 1965, S. 76.

② 这一论据双层性虽然未被以往文献（至少是笔者阅读所及者）所重视，但其中恰恰隐藏了解读预约本约关系的深刻契机，并为预约适用性问题提供了重要启示。

③ 参见崔建远主编：《合同法》，北京：法律出版社 2010 年版，第 37 ~ 38 页，尤请参阅该书第 38 页注 24 处征引的文献。

④ Robert Freitag, " Specific performance" und " causa - Lehre" über alles im Recht des Vorvertrags?, AcP 207 (2007), S. 290; Werner Flume, Das Rechtsgeschäft, 1979, S. 615f；研究英美法意向书制度的英语著作也关注到了德国法上的这个问题，参见 Lake, Letters of Other Precontractual Documents, Comparative Analysis and Forms, 1994, p94.

⑤ Dieter Henrich, Vorvertrag, Optionsvertrag, Vorrechtsvertrag, 1965, S. 59, 70, 78.

⑥ Dieter Henrich, Vorvertrag, Optionsvertrag, Vorrechtsvertrag, 1965, S. 78.

⑦ Werner Flume, Das Rechtsgeschäft, 1979, S. 614.

直没有受到足够重视,[①] 甚至弗卢梅自己似乎也只是兴之所至脱口而出,[②] 但却道破了“天机”——唯有在某个方面“存在不同”时，预约才有“意义”，也才能在具体情境中找到“适用性（Anwendbarkeit)”。以下就典型情境略作考察：

第一，最典型的“存在不同”显然发生上述单务利他预约，此时的预约和本约连当事人都已不同，其区分一目了然，唯其如此，方能成为（包括英美法在内的）几乎所有法域不得不接受的预约类型。

第二，预约一开始常与践成合同联系在一起——人们将缔结践成合同的合意作为预约从本约中分离出来。[③] 本约以实践为有效要件，与预约当然“存在不同”。允许预约在实践行为前即产生约束力，为当事人意思自治拓展了空间，不过该“提前的”约束力要以清晰的约束意思为前提。[④] 在我国法上，保管合同（《合同法》第367条）、自然人借贷合同（《合同法》第210条）等仍留有遗迹，也为预约保留了适用情境。但是从比较法总体趋势来看，践成合同这块预约的“自留地”正在消失。[⑤]

第三，从德国法实践来看，预约“多发”领域是有批准（同意）要求或形式要求的情形。此时，本约虽适用要式规定（或必须批准方可生效），以不要式缔结（或未经批准）的预约却仍可能具有意义。[⑥] 有经典论断说，“预约总是在这种情况下发生：由于某个法律上或者事实上的原因，按照

---

① Robert Freitag, " Specific performance" und " causa - Lehre" über alles im Recht des Vorvertrags?, AcP 207 (2007), S. 304.

② 因为紧接着他说道：“至于当事人是就某个标的缔结了一项买卖合同，还是‘确定合同内容（特别是标的及价款等项）并达成合意将缔结一个买卖合同’，这相互之间显然没有区别。” Werner Flume, Das Rechtsgeschäft, 1979, S. 614. 但是至少在第一个重视他这段话的 Freitag 看来，弗卢梅认为“显然没有区别”的其实大有区别。参见 Robert Freitag, " Specific performance" und " causa - Lehre" über alles im Recht des Vorvertrags?, AcP 207 (2007), S. 304.

③ Werner Flume, Das Rechtsgeschäft, 1979, S. 613f. 就此所作反思请参崔建远：《合同法总论》(上卷)，北京：中国人民大学出版社 2011 年版，第 100 页。

④ 参见崔建远主编：《合同法》，北京：法律出版社 2010 年版，第 39 页。

⑤ Robert Freitag, " Specific performance" und " causa - Lehre" über alles im Recht des Vorvertrags?, AcP 207 (2007), S. 291.

⑥ Münchener Kommentar/ Kramer, 2001, Vor §145, Rn44; Robert Freitag, " Specific performance" und " causa - Lehre" über alles im Recht des Vorvertrags?, AcP 207 (2007), S. 292.

当事人的想法缔结独立合同的相关情况显得尚未成熟。”[①] 此处的“尚未成熟”就常常表现为有待机关批准、第三人同意或者仍需完善形式要求。[②] 但是，本约的有关批准或形式要求是否适用于预约，以及此时所追求的提前约束是否必须采取预约的“法学建构”模式，尚有不同的回答，此处仅可交代：有关批准或形式要求在预约上往往有大幅弱化。[③] 仲崇清案就涉及这种适用情境，也是批准要求（预售许可）弱化的显例。

第四，“单务”预约涉及的本约可能是“双务”的，但是就缔约义务来说只是单务的，这也足使预约和本约“存在不同”，而为预约带来了适用情境。[④] 单务预约在比较法上有时被“法学整合”为不可撤销的要约，[⑤] 可是要约毕竟有效期较短，反而衬出了预约的便利。[⑥] 单务预约又常常和选择权、优先权交织在一处。[⑦] 仲崇清案就涉及了单务预约，兼具选择权和优先权功能，却又不是典型的选择权或优先权，[⑧] 但也已具备了预约适用性所必需的“不同”。

最后，Bucher 等人的批判说认为，预约带来的不是强制缔约意义上的实际履行，而只是临时性约束，导向损害赔偿。这其实已在根本上以意思自治的名义开辟了一类不可实际履行的合同，而在效果上与本约有了一般

---

① Dieter Henrich, Vorvertrag, Optionsvertrag, Vorrechtsvertrag, 1965, S. 115; Robert Freitag, " Specific performance" und " causa – Lehre" über alles im Recht des Vorvertrags?, AcP 207 (2007), S. 305.

② 关于批准生效合同制度参见汤文平：《批准（登记）生效合同、“申请义务”与“缔约过失”——〈合同法解释（二）〉第 8 条评注》，《中外法学》2011 年第 2 期。

③ StaudingerKommentar/R. Bork, 2003, Vor § §145 – 156, Rn60, 63; BaslerKommentar zum OR/Eugen Bucher, 2007, Art. 22, N47.

④ 法国法上最重要的预约被认为是“订立合同的单方面允诺”，足见单务预约的重要性。参见尹田：《法国现代合同法》，北京：法律出版社 2009 年版，第 68 页。

⑤ 参见尹田：《法国现代合同法》，北京：法律出版社 2009 年版，第 59 页。

⑥ BaslerKommentar zum OR/Eugen Bucher, 2007, Art. 22, N57.

⑦ 选择权（Optionsrecht）的意义在于，尚未下定决心的缔约人需要一段较长的考虑期间，但又想确保缔约的可能性，不希望在深思熟虑的过程中遭遇对方（即已决定方）脱离缔约的危险。设置选择权使权利人取得这样的权能：通过单方意思表示直接促成内容已确定的合同关系，这是一种形成权，与单务预约设立的单方请求权有异。优先权是指，根据一个“优先权合同（Vorrechtsvertrag）”使一方承担合同性义务，一旦他希望（以其意志为转移）处分某一标的，应首先提供给优先权人。优先权可以通过预约构造。Münchener Kommentar/ Kramer, 2001, Vor §145, Rn. 50ff. 关于美国法上的选择权参见［美］科宾著，王卫国等译：《科宾论合同》（上卷），北京：中国大百科全书出版社 1997 年版，第 456 页。

⑧ 仲崇清案意向书及判决中一再称“优先购买权”，但仍非典型优先权，因为优先权多有与第三人竞价的意思，本案意向书里限定价格浮动空间似有回避竞价的意思在。另因本案意向书内容欠缺过甚，不可能依买方单方“选择”而缔约，所以也不是典型选择权。

性的“不同”。关于其修正是否合理及其在内在体系上的意义，下文另有详论，此处应可确定，该修正大幅度地扩展了预约适用范围。这种以意思自治的名义修正法律构造的“预约观”还有其他体现，例如上述“第二”（对践成合同的修正）、“第三”（对特殊要求的弱化）即是，但是唯有此处的批判说方可称为全面而根本性的修正。

（二）在先合同协议的谱系中划界

1. 边界不明的现状

沿着上述“递进式序列”前推，即从本约来到了先合同协议。预约属于先合同协议，但与非预约先合同协议之间边界不明，则是长期困扰的问题。Bucher 认为，通说眼里的预约作为一种独立的合同类型，就是使当事人负有义务为一定行为以缔结另外的合同，且后者的主要支点都已在预约中得以确定，[①] 如此，其他类型的先合同协议也就悉受排除。可是，当预约中的本约内容不够确定时，这种“预约”不仅难以实际履行，而且损害赔偿范围的确定都成问题，通说却并没有将之断然排除而一了百了。[②] 可见通说其实远没有 Bucher 所认为的那么果断。不过通说预约观的确又在概念上把有关成本分担、信息义务和独占约束的先合同协议推卸到“预备协议”的名目之下。[③] 在此犹豫之间，情况已显复杂。

假如再把目光移向批判说，问题就更加复杂了，例如批判说代言人 Bucher 举例说，那种认为预约在事实上不能存在的观点已经脱离了实际，许多常见的合同都有“预约特征”：女店主只向特定啤酒商订购啤酒，歌唱家不去其他剧院演出，运动员仅为其赞助商出场等等。假如某块土地的买主承担义务，仅由特定建筑设计人、建筑商或者手工业者承建，这种情况更具备了预约的“所有特征”。[④] 但是 Bucher 没有阐明什么是预约的“所有（或部分）特征”，而只是一般性地呼吁打破通说预约观的传统限制，将一切约定未来缔约的合同形式纳入预约范畴。[⑤] 这种在先合同谱系中取消划界的思路，对扩张预约适用性是有益的，但也不适当地冲淡了对预约的清晰体认。

---

① BaslerKommentar zum OR/Eugen Bucher, 2007, Art. 22, N3.

② Henrich, Vorvertrag, Optionsvertrag, Vorrechtsvertrag, 1965, S. 127.

③ Münchener Kommentar/ Kramer, 2001, Vor §145, Rn. 41.

④ BaslerKommentar zum OR/Eugen Bucher, 2007, Art. 22, N14.

⑤ BaslerKommentar zum OR/Eugen Bucher, 2007, Art. 22, N3.

可见，无论是坚持还是修正通说，在先合同协议的谱系中重定预约边界都势在必行。这项工作可分两个步骤：其一是呈现谱系；其二是探明预约的意旨，再循其意旨在上述谱系中划定边界。

2. 呈现谱系

如前所述，先合同协议是大陆法系和英美法系共有的现象。在英美法系，它可能是设债而具约束性的，也可能是非约束性的。其中约束性先期合同可能因所有重要条款均已合意而实为最终合同；① 可能因"实施指令"（instructions to proceed）而在最终合同订立前就开启部分实施行为；② 可能就费用分担、保密义务、诚信磋商义务、最大努力义务等个别条款率先达成合意而在单个条款上成立合同性债务。③这种平面的排列不能彰显前述"递进式序列"，自然也反映不出预约在其中的特殊功用，不是预约观所要的"谱系"，而只是英美法个案思维的体现。

为了呈现一个"递进式"动态作用的谱系，有必要借用早期批评者Schloβmann提出的具象——"鸡蛋里的小鸡"，并根据需要予以发挥。在此具象中，约束性就像那层"蛋壳"将约束性先合同协议与非约束性协议阻隔开来，前者的整体构成了"鸡蛋"，在鸡蛋内部又有"蛋清"和"蛋黄"之分。"蛋清"合同虽然也是"为缔结未来合同而缔结的合同"，但是都不能直接指向缔结本约本身，对于本约的"胚胎"来说只是辅助性的。至于"蛋黄"合同，则是本约的"胚胎"。

甚至在同一个"合同"文本中也可能区分出"蛋黄"和"蛋清"。例如弗卢梅在论及批准生效合同时认为，实际上在此情形存在基于合同的请求权——尽管合同主体约定的生效须有批准，但合同当事人有关促成批准的义务却并不系于须批准始生效的约定，此类义务可独立地约定，它也理所当然地因须批准合同之缔结而生成，该合同就此等义务来说早在那些须批准的约定受到批准之前就已生效了。④ 这里的"已经生效部分"就是

---

① Lake, Letters of Other Precontractual Documents, Comparative Analysis and Forms, 1994, p92.

② Lake, Letters of Other Precontractual Documents, Comparative Analysis and Forms, 1994, p108. 例如下文注释中引用的洞溪峡公司诉宗维公司案。

③ Lake, Letters of Other Precontractual Documents, Comparative Analysis and Forms, 1994, p124－133.

④ Werner Flume, Das Rechtsgeschäft, 1979, § 401 g. 其详细内容及剖析参见汤文平：《批准（登记）生效合同、"申请义务"与"缔约过失"——〈合同法解释（二）〉第8条评注》，《中外法学》2011年第2期。

“蛋清”合同，它所指向的标的不是最终合同的给付义务，而是申请义务、协助义务。弗卢梅没有进一步说明，其违反所将导致的责任范围，但是德国法院的判决从缔约过失进路支持了信赖利益，① 与前文所引批判说可谓殊途同归。这种“法学整合”模式，在“蛋清”合同受到违约金、定金约定加强时尤具意义。②

3. *循意旨以划界*

在直观的层面上，人们可能认为，通说里的预约仅指上述“蛋黄”合同，甚至只是“蛋黄”合同中本约内容已足够确定，将导向强制缔约的“蛋黄”合同；至于批判说在扩展了预约的类型以后，预约边界即网罗了所有“蛋黄”合同（而无论导向实际履行抑或损害赔偿），还覆盖了大批（具体多少暂且勿论）“蛋清”合同。这种直观的理解，没有准确理解预约的制度意旨，是错误的。

预约确实是一种“合同类型”，虽然不是合同法分则意义上的类型，但也不失为一种被法学整合过的比较典型的“非典型合同”。但是“预约”又不仅仅只是某种合同类型，在它的背后，隐藏着一个多面向的法律构造：当我们指向某个具体合同说“这是预约”时，我们所指向的意义却已滑向了“第二面向”——若隐若现的“本约”，以及“第三面向”——预约与本约间更为隐晦的“作用”。③ 理解了预约制度这种多面向的性格，才能理解，为什么预约虽是“非典型合同”，却不能像英美法系那样将之作为一般“非典型合同”轻松打发；同时也就理解了，预约在先合同谱系中的划界，仍离不开与本约“作用”的参照。

于是在抽象层面上，首先可以为预约划定一条“外缘”的界线——只

---

① Münchener Kommentar/ Emmerich, 2001, Vor § 275, Rn. 83.

② 例如在重庆市第一中院审结的一宗二审案中，洞溪峡公司（原告）与宗维公司（被告）合作开发“度假村”项目，虽然最终合同须经规划、地权出让等“批准”，但是此前一大段时间，须依约履行各种施工和投资义务，并且适当履行该等义务，也是促成项目成立、最终合同获取批准的前提。后被告拒绝履行，从而发生纠纷。一审法院判决被告依约支付违约金，二审法院却认为，因原被告之间的合同未经批准，尚未生效，故而约定的违约金不受支持，有关损害也一概忽略。这是错误的，其根源就在于没有把握住“蛋清”与“蛋黄”合同的区分。其中最终合同固然有待于批准才有效，但是有关前期施工、投资及协作申报义务的“蛋清”合同，则无待批准而有效，配套的违约金约款理应被尊重。详细案情见“（2008）渝一中法民终字第1518号”判决。

③ 为了理解“预约”多面向的法律构造，可以“代理”为参照，当我们指向某个具体直观的“代理行为”时，所指向意义却是多面向的。参见尹田：《民法典总则之理论与立法研究》，北京：法律出版社2010年版，第329页。

有与缔结本约有直接“相互作用”的“蛋清”合同才是预约。从反面言之，亦即与缔结本约无直接“相互作用”的先合同协议即使是约束性的，也不必硬安上“预约”的名目，而只需作一般“非典型”甚或“典型合同”处理。其次，在预约“内缘”界线上，则应当将整个“蛋黄”排除在外——即使是最初步、未成型的本约仍是本约（的胚胎）。具体来说，在上文所引 Bucher 举例中，土地买主承担的义务实为典型的利他预约上的义务；而“女店主”等人涉入的竞争法合同如果尚无初步成型的“本约”互为作用，就不必硬烙上“预约”的印记。[①] 至于在仲崇清与金轩公司签订的意向书里，有关商铺买卖尽管楼层、价格、预售审批、投资施工等都未有定数，但仍是本约的雏形，是“蛋黄”协议，记录了本约谈判的阶段性成果。而预售时金轩公司负责通知的义务、仲崇清“优先购买”的权利等等，则是与缔结本约有直接相互作用的“蛋清”合同，是预约。假如双方在意向书里只约定预售时“通知看楼”，或者还约定了看楼时接待成本的分担，都谈不上与缔结本约有什么直接相互作用，作为一般非典型合同即可，不是预约。又假如双方若是在意向书里明确约定了房号，价款及其他必要事项，并表明只待预售审批即可签订标准化预售契约备案，此时的“蛋黄”性先合同协议似乎就是本约，至于批准要求和标准形式另当别论，但要将之硬作为预约对待，似无实益。

（三）在预约与缔约过失之间

沿着“递进式序列”再前推，袭用“鸡蛋”的具象，就意味着先合同协议被“蛋壳”排除在外，此时没有预约，没有合同性义务，责任发生与否，应决于缔约过失。在概念上，德瑞通说认为预约与缔约过失是容易区分的：预约的典型特征在于缔约义务，而缔约过失只能导向损害赔偿。[②] 德国联邦最高法院不允许将失败的谈判解释为预约，因为其中没有服从约束性合意的当事人意思。[③] 但是这种概念上的区分便利，因批判说的介入而消失了。

---

① 德国法对于纯粹有关诚信磋商义务和锁定谈判义务，甚至有忽略预约选项直取缔约过失上一般诚信义务的倾向，而仅在当事人约定了违约金或定金罚则时情况有所不同，John Cartwright and Martijn Hesselink（edit），Precontractual Liability in European Private Law，2008，p172.

② Nicolas R. Herzog，Der Vorvertrag im schweizerischen und deutschen Schuldrecht，Rn137. 我国法上缔约过失仅在批准生效合同报批义务违反领域有司法解释赋予实际履行的可能，在法教义学体系上仍待评估，参见韩世远：《合同法总论》，北京：法律出版社 2011 年版，第 145 页。

③ Nicolas R. Herzog，Der Vorvertrag im schweizerischen und deutschen Schuldrecht，Rn138.

批判说否定预约上有可执行的缔约义务，主张其也应导向损害赔偿。不过批判说也关注到了预约与缔约过失的区分问题，指出，预约绝不会因此而衰减为纯粹的草约（Punktation），[①] 也不会与缔约过失等同。虽然与“实施性义务”（obligation de faire）不同，预约已不能导向实际执行，但也毕竟为磋商义务违反提供了一个损害赔偿的合同性请求权基础（在德国法上即指向《德国民法典》第280条第1款第1句、第281条），这在两个方面具有独特意义：首先，预约使“先合同性磋商义务”被毋庸置疑地确认了下来，因为预约就是约定这个的，而这在“模糊制度”——缔约过失那里却总是模棱两可的；其次，还有赔偿范围值得考虑，缔约过失下原则上只赔消极利益，而合同性磋商义务不履行，将使受损方依德民第280条有权主张替代给付的损害赔偿。[②] 批判说以上见解基本上是可取的。当然就缔约过失来说，如果期待中协议的内容在磋商义务违反时已经足够确定，且受损方能够证明，正因为缔约失败他必须为另一个经济上不利的法律行为，那么德国联邦最高法院也会例外地在缔约过失框架下支持上述请求权。[③] 不过，这也恰恰证明了预约至少在消除缔约过失内部的紧张关系上具有独特的实益，因为毕竟以预约违反为由支持替代性损害赔偿请求，在理论上要熨帖得多。以上还只是借批判说的立场立论，若依下文内在体系建构之后的见解，预约之下损害赔偿将在信赖利益和履行利益之间呈现弹性化态势，则将与缔约过失相去甚远。

最后还要注意，从基础性的缔约自由，经缔约过失、预约，而至于最终合同，这是一个责任强度递进的“序列”，[④] 在应用这一序列考察缔约阶段时，始终不应忘记，缔约自由是根本（这已导入了内在体系）。申言之，

---

① Punktation或被译作临时协议、预约、草约（分别参见梁华生编：《德汉经济和经济法词典》，北京：中国对外翻译出版公司1993年版，第561页；杜景林、卢谌：《德汉法律经济词典》，北京：对外经济贸易大学出版社2011年版，第649页；［德］梅迪库斯著，邵建东译：《德国民法总论》，北京：法律出版社2001年版，第329页。）今从韩世远教授（民法沙龙，2014年4月19日）建议改取“草约”，以求更加精准。并致谢意！

② Robert Freitag, " Specific performance " und " causa – Lehre " über alles im Recht des Vorvertrags?, AcP 207 (2007), S. 309.

③ Henrich, Vorvertrag, Optionsvertrag, Vorrechtsvertrag, 1965, S. 215. 另可参见周江洪：《缔约过程中的磋商义务及其责任》，《绍兴文理学院学报》（哲学社会科学版）2010年第6期，第13页。

④ 在法律概念或类型之间形成递进的序列，可精确地把握差别，提示检索工作防止疏漏，更典型的范例见［德］卡纳里斯著，杨继译：《德国商法》，北京：法律出版社2006年版，第409页，在该书第七章卡纳里斯就此方法做了完美展示。

在认定最终合同之前，有必要检索缔约过失、预约，而在此检索过程中即使认定了缔约过失或预约，也应慎于支持强制执行或履行利益赔偿。其精义始终是为了避免司法程序施与过度的缔约强制。① 这在我国司法实践中尤具意义，因为基于一种似是而非的“鼓励交易”理念，各级法院倾向于不分青红皂白地从先合同文本中认定预约，由预约而实际履行“缔约义务”，由缔结本约而实际履行本约，甚至一步到位，直接在先合同文本中认定最终的“有效合同”。这一倾向深值警惕。②

二、要件和效果上的“概念论”解构

概念论的工作线路图是先厘定类型，再在递进式序列中界定制度分

---

① 例如在英美法上，因为遵循“全有或全无”原则，缺乏缔约过失、预约制度的缓冲，偶尔会出现经先合同协议而过度缔约强制的情形，美国 Pennzoil, Inc. V. Texaco, Inc. (1987) 案即因此广受抨击，被称作“臭名昭著”，有关案情及评论见 Lake, Letters of Other Precontractual Documents, Comparative Analysis and Forms, 1994, p135 - 149; Paula Giliker, Pre - contractual Liability in English and French Law, 2002, p50, 61. 中文文献可参陈进：《意向书的法律效力探析》，《法学论坛》2013 年第 1 期，第 146 页。

② 例如在一个很有价值的典型案例中，买方李某经历一轮谈判后，于 5 月 29 日给卖方张某发去函电称：“带鱼每千克 15 元，要 2 万千克，可在一周内答复。如无异议，一周后正式订合同，6 月份分批交货”。三天后，李某因价格因素决定向新接触的公司甲购买上述海产品，并与甲订立了正式的合同。同年 6 月 4 日，张某给李某打来电话，准备交货，被告知不必发货了，张某遂诉请实际履行。具体案情见王利明：《预约合同的成立与效力》，中国民商法律网，2002 年 3 月 15 日上传，2014 年 4 月 1 日访问。有观点认为此时无本约，但是有预约成立，可请求缔结本约。拙见以为，无本约的观点深值赞同，除了意定形式要件的进路之外，从确认书规则也可以找到根据（《合同法》第 33 条），但是认为预约成立，似违于“失败的谈判不得解释出预约”的原则（参见 StaudingerKommentar/R. Bork, 2003, Vor § § 145 - 156, Rn52.），对要约人过苛。因李某要约中明确了形式要求，张某的电话承诺不足以使合同成立，也不能解释出“无须形式要求的预约”。甚至因自由竞价的合理性存在，此案中也不发生缔约过失责任。但需提及的是，就此“带鱼买卖案”交民法九人行沙龙（2014 年 4 月 19 日）讨论时，除有同仁赞同预约说之外，另有两位同仁主张已成立本约，而笔者无任何责任的观点则为“少数说”。一案三说，足见其可供继续挖掘的空间之大。就本约说及笔者的无任何责任说之分歧，焦点在于“签订正式合同”的要求究竟涉及的是“决定性效果”，还是仅为保障证据的“宣告性效果”，这在两大法系均为难题。有关德国法的情况参见［德］布洛克斯、瓦尔克著，张艳译：《德国民法总论》，北京：中国人民大学出版社 2012 年版，第 317 页；有关美国法的情况参见［美］范斯沃思著，葛云松、丁春艳译：《美国合同法》，北京：中国政法大学出版社 2004 年版，第 123 页。另国家司法考试 2005 年第 3 卷第 11 题提供的案例与此相类似，该例中，甲公司与 6 月 5 日给乙公司发去传真求购机床，6 月 10 日电话催问时乙公司同意按甲公司所说价格出售，要求甲派员于 6 月 15 日前去订立正式合同，甲方人员 6 月 15 日抵达后却被告知需加价，磋商失败。该题标准答案认为仅有缔约过失责任，值得赞同。

际，最后按“要件—效果”模式确立封闭的概念。待到适用时则直取涵摄，填满所有要件，即当然得出效果。前一部分循递进式制度序列探问外在体系层面预约的位置时，已经充分展现了，在严格的“要件—效果”模式中，预约并没有真正的独立地位。其貌似严谨的要件和效果，其实都似是而非。在本文类型论思路之下，应解构前述僵化的模式，前一部分即通过呈现完整的递进式序列，揭示出原本遮蔽的环节，通过解构为预约在序列和外在体系中勾勒出大致的位置。本部分则专注于预约要件和效果上的解构，尝试沟通内在体系的因子，柔化原本刚性的要件和效果。

（一）要件方面

预约在要件方面有自己特殊的问题，归纳起来，大致包括四项：约束意思、内容确定性、形式要求和批准要求。[①] 其中前两项为一般预约所涉及，可称作“一般要件”；后两项仅关乎特定预约类型，可称作“特殊要件”。

1. 一般要件

（1）约束意思。

约束意思（intention to be bound，Bindungswille）在区分预约与非约束性协议、预约与其他约束性先合同协议、预约与本约，决定实际履行容许性、损害赔偿范围等各个方面，都至关重要。考虑到有些主题可落实于本文其他相应部分，此处专注于揭示约束意思在约束力有无和预约本约之界分两方面的意义。在这两方面基本的结论可概括为：当事人尚未打算受到约束时不存在预约；但在当事人已意图受到最终确定的约束时，也不存在预约，决定性的划分标准就是约束意思。[②] 以下依次展开。

①约束意思与约束力之有无。约束意思是严肃性（seriousness）的彰显，[③] 是决定具体允诺可否执行的重要标准。英美法直接以约束意思作为合同的要件，这一要件在判断先合同文本的效力时影响尤为突出。例如在

---

① 参见 Münchener Kommentar/ Kramer，2001，Vor §145，Rn40，46，47；StaudingerKommentar/ R. Bork，2003，Vor §§145 - 156，Rn52，56ff；BaslerKommentar zum OR/Eugen Bucher，2007，Art. 22，N39，47ff；Paula Giliker，Pre - contractual Liability in English and French Law，2002，p10.

② Dieter Henrich，Vorvertrag，Optionsvertrag，Vorrechtsvertrag，1965，S. 113.

③ 关于比较合同法上的严肃性问题，参见［德］海因·克茨著，周忠海等译：《欧洲合同法》（上卷），北京：法律出版社 2001 年版，第 74 页。

美国法上，初步协议的债务性质或非债性质即取决于当事人的意思。[①] 值得注意的是，在英美法上，约束意思和约因均为严肃性的彰显，二者具有紧密的关联。[②] 阿蒂亚揭示出，随着普通法变迁，约束意思在缔约上扮演的角色也在变化。在经典的普通法上，法院的任务就是实现当事人意思。[③] 而现在，当事人意思更多地表现为，以当事人没有借助允诺建立法律关系的“意思”为由而拒绝执行允诺，[④] 在这方面，约束意思成为（正在被削弱的）约因的补充。[⑤] 这一点在下文讨论内在体系时别具意义。

包括我国在内的大陆法系合同法一般较少专述约束意思，而着眼于要约的“缔约意思”和最终达成的“合意”，[⑥] 但在效果上与前者相去不远。[⑦] 所以有学者在考察英国法和法国法之后总结说，确定一个初步协议是否具备足够确定性和约束意思，是英国法院和法国法院共同的任务。[⑧] 至于德国法上，预约与非约束协议（unverbindliche Abrede）的一大区分标准就在当事人意思。[⑨] “如果缔约人之间没有受约束意思，也就不必继续考察有否预约了，因为这种意思对于预约来说是必要的前提。”[⑩] 以上这些结论在我国法上并无不同。

对约束意思的查明应依一般规则进行。例如在德国法上，德民第 133 条的规定仍是关键——需要查明的是“真意”（wirkliche Wille），而不可拘泥于字面。约束意思的判断标准有主观与客观之分。从两大法系的比较来看，

---

① Lake, Letters of Other Precontractual Documents, Comparative Analysis and Forms, 1994, p94.

② Lake, Letters of Other Precontractual Documents, Comparative Analysis and Forms, 1994, p40.

③ P. Atiyah, An Introduction To the Law of Contract, 1989, pp. 8 – 17.

④ P. Atiyah, Consideration: A Restatement, in Essays on Contract, 1986, p184.

⑤ Lake, Letters of Other Precontractual Documents, Comparative Analysis and Forms, 1994, p38.

⑥ 参见尹田：《法国现代合同法》，北京：法律出版社 2009 年版，第 41 页；崔建远主编：《合同法》，北京：法律出版社 2010 年版，第 77 页；韩世远：《合同法总论》，北京：法律出版社 2008 年版，第 61、65 页。一个例外是李永军教授综合两大法系约因和原因思想，重视合意之外对价因素的影响，参见李永军：《合同法》，北京：法律出版社 2010 年版，第 180、214 页。

⑦ 参见许德风：《意向书的法律效力问题》，《法学》2007 年 10 期，第 80 页。

⑧ Paula Giliker, Pre – contractual Liability in English and French Law, 2002, p10.

⑨ 参见 Dieter Henrich, Vorvertrag, Optionsvertrag, Vorrechtsvertrag, 1965, S. 107.

⑩ Nicolas R. Herzog, Der Vorvertrag im schweizerischen und deutschen Schuldrecht, Rn148.

一般认为英美法系倾向于关注当事人“客观的”意思,[①] 而大陆法系许多国家更关注“主观的”意思。[②] 但这应该只是程度上的不同，其实各国法院都既关注当事人所表达的主观意思，也关注综合文本以及当事人的整体行为解释出来的客观意思。所以，在德国法上，“临时协议（Punktion）”一般就意味着没有约束意思，而“君子协定（gentlemen's agreement）”更总是如此;[③] 在英国法上，“有待订约（subject to contract）”术语的应用则只能导向否定约束意思,[④] 这都是经由客观用语探询主观意思的适例。

我国法也兼采客观主义和主观主义（《合同法》第125条）。[⑤] 在仲崇清案中，双方当事人签订的是“意向书”,[⑥] 但是法院认定的是“预约”，反映出在阶段性协议上存在名实脱节的问题。当事人在商务实践中为了记录阶段性谈判成果所使用的术语名目繁多，其约束力何如，不能“顾名思义”，不能执着于当事人使用的名称、术语，但完全无视这些形式也不妥当，毕竟它们承载了一定暗示和线索。总之需要“循名责实”，查清具体

---

① 在美国法上有学者总结说，若是可以推断出当事人意欲将先期协议系于后续书面合同且此前各方仍可撤回时，这种意思应被尊重，即无约束意思。基于如下情形可得出以上结论：①根据反欺诈法该协议属于须书面始可执行者；②该协议涉及的金钱数额巨大；③该协议细节繁多；④该协议异乎寻常，就此标准协议文本还不足应付；⑤当事人不愿在嗣后书面合同前推进执行。假如后续合同只是形式性的，并且先合同文本已经具备所有主要内容，即已是约束性协议，以下情形可提升做出上述结论的可行性：①没有书面形式的专门要求，如果有，当事人也已通过交换传真等方式满足了；②协议相对简单，未包括长期债务；③嗣后书面文本只是标准化协议；④当事人已经开始履行。Knapp, Enforsing the Contract to Bargain, 44N. Y. U. L. REV. 673, 682, 683（1969）. 这主要是考察客观案情，揭示“客观”意思，但是“当事人不愿提前推进执行”又是“主观的”。

② Lake, Letters of Other Precontractual Documents, Comparative Analysis and Forms, 1994, p94. 此处作者明确声称美国法上的当事人意思是客观的而非主观的；Paula Giliker, Pre－contractual Liability in English and French Law, 2002, p17, p60，在此作者写到，法国法专注于当事人的意思，要求最少的确定性，相反英国法则特别强调客观上的清晰性。他如德国学者 Henrich 在全面考察预约和非约束性协议之后总结说，在如下情形，恒无预约：①期待中的合同的条件还在谈判；②当事人虽就必要之点达成合意，但仍欲就附属之点协商的；③尽管已就合同达成完整合意，但在合意达成前就已约定以公证证明为生效要件的。确乎都是当事人“主观”约束意思缺位对先合同文本效力的阻却。Dieter Henrich, Vorvertrag, Optionsvertrag, Vorrechtsvertrag, 1965, S. 113.

③ Dieter Henrich, Vorvertrag, Optionsvertrag, Vorrechtsvertrag, 1965, S. 107.

④ Paula Giliker, Pre－contractual Liability in English and French Law, 2002, p7.

⑤ 参见崔建远主编：《合同法》，北京：法律出版社2010年版，第356页；尹田：《民法典总则之理论与立法研究》，北京：法律出版社2010年版，第243页。

⑥ 关于意向书的详细介绍参见许德风：《意向书的法律效力问题》，《法学》2007年第10期，第86页。

情形下当事人的真实意思。[1] 在仲崇清案中，两审法院论证该意向书具有约束意思时，就既关注了双方都无异议的主观意思，也考察了内容确定性程度等客观案情，然后才得出结论说，该意向书不是通常意义的意向书，而是预约。这种谨慎态度反映了法院对主观意思和客观意思的全面重视；还反映了，在法院判决背后隐藏着一个正确的假设——作为先合同文本，意向书一般无约束力。

②约束意思与预约、本约之界分。相对于确定约束意思的有无，界分预约和本约还要更加复杂，[2] 当事人往往已经接受了最终的约束，但由于各种原因却采用了预约或类似的名称，此时法官在确定时就必须查明背后的真意。如上文述及的，在当事人意思解释方面存在疑问时，以认定最终约束意思为原则，预约则是例外，这在一定程度上减小了界分工作的难度。根据最高人民法院《商品房买卖解释》第5条规定，当先合同文本客观上具备了主要内容且出卖人收受购房款时，应认定为最终合同。即为适例。

但只要当事人意思明确地选择了预约，那么即使违背了一般做法，也不需要有什么实践意义上的理由，完全可以是基于一些心理因素而已。[3] 这可以体现于原本能够采取附条件或附期限本约的情形，[4] 即使后两者在法律构造上更简单，其给付交换的目的更容易实现，仍可以当事人意思为依据接受预约。此时当事人也就排除了期限到来或条件成就时当然发生的效力，代之以有意识的本约缔结。[5]

Schloβmann 曾经质疑说，法律规定不应沦落为当事人情绪和异常愿望的侍女，也不能接受没来由地为法官带去双重负担（即预约和本约）。但

---

① 瑞士债法第18条第1款，该款要求考虑当事人的真意以及不正确的表达，是一个典型法例，就此参见尹田：《民法典总则之理论与立法研究》，北京：法律出版社2010年版，第246页。我司法实践也一向重视合同名实脱节的现象，强调合同实际内容，例如《最高人民法院关于审理涉及国有土地使用权合同纠纷案件适用法律问题的解释》（法释〔2005〕5号）第24～27条。

② Henrich, Vorvertrag, Optionsvertrag, Vorrechtsvertrag, 1965, S. 113.

③ Henrich, Vorvertrag, Optionsvertrag, Vorrechtsvertrag, 1965, S. 114.

④ 比如我国教科书常举的例子：甲拟向乙借款，乙表示1个月后才有资金。这完全可以借助期限附款予以构造，但并不排除选择预约。参见王泽鉴：《债法原理》（第1册），北京：中国政法大学出版社2001年版，第147页；崔建远主编：《合同法》，北京：法律出版社2010年版，第38页。

⑤ Nicolas R. Herzog, Der Vorvertrag im schweizerischen und deutschen Schuldrecht, Rn314; StaudingerKommentar/R. Bork, 2003, Vor § § 145 - 156, Rn135f.

是 Henrich 认为这种质疑违背了私法自治的基本原则，如果听从该说法，就等于赋予法官一项权力——拒绝处理那些被认为异常的合同。[①] 从上文对预约容许性和适用性的阐述来看，Henrich 的观点应被支持。

（2）内容确定性。

一项协议必须足够确定才能构成合同，这是各国合同法相同的立场。[②] 预约的内容确定性却可以从两个方面来说，一是它“自身”的，二是“本约”的。预约的合同类型决定了，它必须就缔结本约设有相关义务，这是第一方面的确定性。此外，预期本约的内容在预约之中应确定到何等地步，即第二方面的内容确定性，才是预约“确定性”问题的重点。

①通说及其疑虑。上述第二方面内容确定性应遵循何等标准，目前德国法尚无定论。[③] 根据德民起草动议书，“当未来基此将要缔结的合同之内容充分确定时”，预约才有效。[④] 德国联邦最高法院却屡屡表明，预约不必显示出预期本约所要求的那种完整性。但学说又纷纷提出质疑，认为法院上述观点没有足够说服力，而且还已被该法院同时所做的如下限定给自我否定了：预约必须符合这样的确定性（或者可确定性）以及完整性标准，以确保在诉讼场合可就合同内容作司法认定。[⑤] 弗卢梅在考察了德民起草者的意见、判决以及学说以后，总结道：关于合同约定的完整性，那种认为预约可以适用比本约较低的要求的观点，不应被赞同，在这个问题上区别对待预约和本约，从私法自治原则的立场来看，根本不合理，而更应根据同样适用于本约的原则，不完整的预约也应与不完整的本约那样无效。[⑥]

德国法上述争议也是比较法上一种趋势的缩影，例如在瑞士法的旧判决中，常常因合同根本性内容尚未确定（例如未就买卖标的和价款达成合意）而确认预约，但是根据目前的法律，一方面，给付完全确定不再是本约有效的前提；另一方面，内容可确定又成了预约有效的必需。[⑦] 总之，

---

① 参见 Henrich, Vorvertrag, Optionsvertrag, Vorrechtsvertrag, 1965, S. 115.

② 参见［德］海因·克茨著，周忠海等译：《欧洲合同法》（上卷），北京：法律出版社 2001 年版，第 60 页；［美］科宾著，王卫国等译：《科宾论合同》（上册），北京：中国大百科全书出版社 1997 年版，第 185 页；尹田：《民法典总则之理论与立法研究》，北京：法律出版社 2010 版，第 229 页。

③ Münchener Kommentar/ Kramer, 2001, Vor §145, Rn46.

④ Mot. IS. 178，转引自 Münchener Kommentar/ Kramer, 2001, Vor §145, Rn46.

⑤ Münchener Kommentar/ Kramer, 2001, Vor §145, Rn46.

⑥ Werner Flume, Das Rechtsgeschäft, 1979, S. 615.

⑦ Dieter Henrich, Vorvertrag, Optionsvertrag, Vorrechtsvertrag, 1965, S. 60f.

本约内容至少要确定到这样的程度——其内容可由法官依预约之扩张解释及适用任意法而得以确定。[①]

确定性要求所重视的是客观上的主要之点（要素，essentialia negotii），但是在合同当事人对附属之点（Nebenpunkte）赋予主观上的必要性时，确定性要求也扩及于此。[②] 假如当事人尽管明知某些附属之点尚未达成合意而仍接受协议的约束力，可事后又不能就那些附属之点达成一致的话，就此究应如何决断即成问题。一种观点认为应适用任意法，另一种观点则始终支持扩张解释行为（Ergänzung），或在某些情况下也支持法官的衡量。如果双方当事人就未定之点分别提出方案而互有出入，其选择仍应贯彻私法自治原则：假如不能获得一个符合双方意思的方案，则应寻找至少考虑了一方意思的方案。此时不能总是当然地适用任意法，也不能任由法官自由衡量来填补。在法官填补法律行为漏洞时，任意法、自然法则固然重要，还须考虑当事人的观点及其在谈判中所作的宣示。[③]

②批判说加入后的争议。理论通常主张，如果本约内容不可获取足够确定性，则预约无效。[④] 这一点遭到了批判说的质疑。Bucher 认为，上述命题只有在讨论缔约强制式的实际履行时才是正确的。由于他否定了实际履行预约的合理性，所以在预约内容确定性上也就主张应予放宽标准。[⑤] Freitag 也认同上述批判观点，并进一步指出，在决定是否有预约时，该内容确定性意义不大，仅在决定赔偿范围时，才有其意义。[⑥] 当然批判说指向的实际上都只是预约中"本约"的确定性，至于前述第一层面的内容确定性，即预约"自身"的确定性则是不可或缺的。[⑦]

---

① StaudingerKommentar/R. Bork, 2003, Vor § §145 - 156, Rn57.

② Münchener Kommentar/ Kramer, 2001, Vor §145, Rn46；StaudingerKommentar/R. Bork, 2003, Vor § §145 - 156, Rn58.

③ Dieter Henrich, Vorvertrag, Optionsvertrag, Vorrechtsvertrag, 1965, S. 106f. 例如买卖双方就买卖已达成合意，但关于价款利息还打算在未来某个时点确定。结果卖方按照3.5%主张利息，买方则仅愿按照3%支付。有人就认为此时应按4%的法定利率行事（德民第246条）。可这又是双方都不同意的，法官应该考虑当事人的真意。Henrich 该书称，施陶丁格评注就此案提出的如下建议似属合理且也广为接受：此时不应适用任意法，而应采取当事人在先期谈判中提及的与任意法规定最接近的数额（亦即3.5%）。

④ StaudingerKommentar/R. Bork, 2003, Vor § §145 - 156, Rn59.

⑤ BaslerKommentar zum OR/Eugen Bucher, 2007, Art. 22, N33, 39f.

⑥ Robert Freitag, " Specific performance" und " causa - Lehre" über alles im Recht des Vorvertrags?, AcP 207 (2007), S. 309. 参见下文有关赔偿范围的讨论。

⑦ BaslerKommentar zum OR/Eugen Bucher, 2007, Art. 22, N40.

关于法官何时可以补足预约的内容欠缺，也存在根本性异见。Freitag在抨击法官补足行为时，引用了德国联邦最高法院2006年一则判决。[①] 在该案中尽管双方已于预约确定了标的物（房屋）、价款、选择权行使时间，但是Freitag仍认为法院对其他内容的补足行为是不当的。其理由有二。首先，该判决将程序最大能动范围与实体法上的合同缔结机制混淆了。在民法上沉默原则上不可被视为同意，而该判决恰恰就在被告沉默处推断出来一个同意，这是“基于被告程序上的不作为创造出了新的‘沉默视为意思表示’的范例”，是对实体法的侵害。其次，按照德民第315条以下的规定，一方当事人或第三人行使的“单独的给付确定权”有特殊的机制，而该案中双方达成预约时没有同时确定本约内容，法官补足行为根本不是什么对预约的解释，而就是根据公平裁量（甚或自由裁量）决定了本约而已，这种决定权对前述机制构成了挑战，也不合理。[②]

③评价和借鉴。上述通说的疑虑，也根源于对预约、本约之间的“相互作用”欠缺清晰认识。就此应借鉴批判说，在“作用”上区分缔约强制式实际履行和其他类型的预约，并将“本约内容确定性”要求限定于前者。

就法官补足内容的问题来说，鉴于上述批判说即便是在本约内容已确定的预约场合，也一律推定该预约只记载当事人临时的而非最终的合意。[③] 所以上列两大理由并没有真正的重要性，重要的只是那项基本的推定——凡属预约即推定为减弱的（不可强制缔约的）约束意思。本书认为，这种推定失之武断，但由于这一问题与预约之违约救济息息相关，所以将详述于下文。此处可以得出的初步结论是：不能一概否定司法补足预约内容的功能，但是决不能逆当事人真意而动。申言之，其谦抑程度至少应高于一般最终合同内容之司法补足。

这在我国司法实践中尤具意义。也是基于似是而非的“鼓励交易”理念，司法补足合同内容的做法，在我国几有滥用之嫌。例如根据《合同法解释（二）》（法释〔2009〕5号）第1条第1款，确定性所要求的内容仅

---

① 关于该判决的较详细案情参见许德风：《意向书的法律效力问题》，《法学》2007年第10期，第87～88页。

② Robert Freitag, "Specific performance" und "causa – Lehre" über alles im Recht des Vorvertrags?, AcP 207 (2007), S. 307.

③ Robert Freitag, "Specific performance" und "causa – Lehre" über alles im Recht des Vorvertrags?, AcP 207 (2007), S. 307.

涉及标的、数量，其他内容（包括价款）都可以由法院依《合同法》第61、62、125条确定，甚至连当事人的约束意思都似置之不顾了。这在最终合同上已属不妥，若再转用于预约，则更是危险，尤宜慎用![1]

最后，关于主要之点与附属之点的划分，以上司法解释的规定和比较法例都只是针对一般性交易。仲崇清案所系的商品房交易中，又有自己的特点。例如在付款方式上，因楼宇按揭已成常态，所以相关手续的详尽安排可能列入必要之点。再如在标的上，一般而言商品房买卖合同涉及的标的是特定物，即使是楼花交易也以确定房屋位置为常态，仲崇清案标的仅确定小区范围和商铺用途，楼层座向一概不明，还只是种类物。种类的确定对于一般替代性商品买卖来说，当然是足够确定了，但是对房屋来说，难谓足够。所以两级法院在仲崇清案处理中多次强调，内容不够确定，不能支持实际履行和履行利益，而没有贸然“补足”，是值得赞赏的谦抑态度。另外，这种论证方式又将客观方面的内容确定性与主观方面的当事人意思串联在一起，从标的房屋的极端不确定，窥知当事人“弱化的约束意思”，这又导入了下一主题。

④内容确定性与约束意思的相互作用。在内容确定性和约束意思之间，约束意思是主导性的。申言之，即使内容还不够确定，只要当事人有确切的约束意思，那么往往还可以通过任意性规范的补充或者意思表示之扩张解释而使之确定。但是确定性要求又并非绝对被动。一方面，当约束意思就某项内容须待确定时，可能也就没有了“约束意思”；当约束意思认为某项内容必须确定且已经确定，实际却未确定时，即无“合意”。在这些情况下不能交由法院越俎代庖“补充”意思。另一方面，实践中约束意思往往并不那么确切，于是内容确定到何等程度，恰恰成了认定约束意思的一项重要指标。

如上所述，在仲崇清诉金轩公司案中，两审法院的论证就有借助内容

---

① 在美国合同法上，对于一般合同待定条款有法官应否承担“父爱主义性质的任务（paternalistic task）”之争，否定者为起点、为传统立场，肯定者为晚近趋势，但都不脱离以慎重为主的基调。参见［美］范斯沃思著，葛云松、丁春艳译：《美国合同法》，北京：中国政法大学出版社2004年版，第213、216页，尤请参阅第213页末尾所引波斯纳法官的否定性评论。但是，若当事人以“留待将来达成协议的协议（agreement to agree）”稍稍透露出排除默示条款的意思，则否定性传统立场更为坚决，肯定性新说则更为纠结，参见同书第121页。关于国际贸易方面的新近趋势参见吴兴光：《论国际货物买卖合同的留待后定条款》，《暨南学报》（哲学社会科学版）2010年第5期。

确定性探求约束意思范围的思路在。这条思路显然也是批判说所持的。例如 Freitag 彻底否定缔约强制说之后，特意强调，预约不可导向缔约强制，“这首先是指以下情形：预约的内容还如此不特定，以至于本约的内容也就不能借助扩张性合同解释方法阐明”①。也从某个侧面印证了上述思路。

另外值得一提的是《商品房买卖解释》第 5 条，该条规定，当先合同文本客观具备主要内容且出卖人收受购房款时，即认定合同约束力。首先，这显示出了，我国司法实践秉承了大陆法系尊重“客观”意思的传统，正确地架通了内在意思和外在内容确定性、履约行为之间的桥梁。其次，该条征引的《商品房销售管理办法》第 16 条所规定的合同“主要内容”过于繁琐，在当事人实际履行主要义务时，还有无必要在内容确定性方面作如此苛细的要求，甚值反思。在比较法上，提前履行主给付义务往往是认定约束意思的有力指标，即使合同内容尚未完全确定，只要一方当事人依约迅即支付首期款（Anzahlung）或者提供其他给付，而对方当事人无异议地接受给付，那么这种客观事实就可能被辨认为约束意思。② 由此可见，《商品房买卖解释》第 5 条涉及的内容确定性应根据个案调低标准。

2. 特殊要件

（1）形式要求。

①形式要求何时延及预约。有关这个问题德民没有明确规定，瑞债第 22 条第 2 款则规定，预约必须采取与本约一样的形式，否则可能规避了形式要求。但是两国的实践和理论通说都一致认为，原则上预约无须要式，唯在以下情形有所不同：本约属要式，且该法定形式并非仅为纯粹的证明功能，而包括有警示功能以防仓促发生约束。③ 在这种情况下，有关形式的规定就必须依其意旨延及适用于预约，该预约所追求者也正是这种约

① Robert Freitag, " Specific performance " und " causa – Lehre " über alles im Recht des Vorvertrags?, AcP 207 (2007), S. 307.

② Henrich, Vorvertrag, Optionsvertrag, Vorrechtsvertrag, 1965, S. 118；另参上文注释所引美国学者 Knapp 的总结。

③ StaudingerKommentar/R. Bork, 2003, Vor § §145 – 156, Rn60; BaslerKommentar zum OR/Eugen Bucher, 2007, Art. 22, N47. 深值注意的是，通说之批判说也认同上述观点，Bucher 和 Freitag 都认为，即使是那些仅导致损害赔偿义务的预约，也应在以前一样的范围内具有期待本约的形式。这种形式强制的转用乃基于如下原因：尽管预约以损害赔偿请求权取代了给付，在经济意义上却表现了与本约相同的潜在风险。BaslerKommentar zum OR/Eugen Bucher, 2007, Art. 22, N48; Robert Freitag, “ Specific performance” und “causa – Lehre” über alles im Recht des Vorvertrags?, AcP 207 (2007), S. 310.

束。鉴此根据德民第311b条，土地买卖之预约也必须是要式的，保证预约根据德民第766条第1款亦为要式。[①] 因为以上规定都承担了保护当事人以防仓促行事的规范任务。[②] 反之德民第566条的形式规定根据（有争议）一系列判决原则上不适用于租赁预约，因为其目的仅在于：使得依德民第571条承接租赁关系的该出租土地之第三获得人，可以更容易地了解租赁合同的内容。

如前所述，预约往往就是因为满足形式要求或者批准要求的时机尚未成熟应运而生的，如果在这些要求上过于苛求，也就近乎取缔了预约的存在。德、瑞两国上述做法关注到预约与本约的不同，有其可取之处。在我国现行法中也不能当然将一切有关本约的形式规定准用于预约，而要区别对待。例如各担保合同（《担保法》第13、38、64、78条）、房地产转让合同（《城市房地产管理法》第41条）、农村土地承包合同（《农村土地承包法》第21条第1款）、农村土地承包经营权流转合同（《农村土地承包法》第37条第1款前句）等合同之预约也应作要式处理，因为涉及当事人私法利益的保护，而技术开发（转让）合同（《合同法》第330条第3款、342条第2款）、长期租赁合同（《合同法》第215条）、融资租赁合同等合同（《合同法》第238条2款）之预约似不必要式，因为该等合同的要式规定更多的是为了实现公共管理或者便于向第三人公示，只要本约要式即可达到目的。

至于意定形式是否延及于预约，则是一个解释问题——根据当事人意思，该约定的形式要求是扩展作用于预约呢，还是仅适用于本约。[③] 另外，还要注意将预约要式问题与以下问题区分开来：一个形式无效的本约若无当事人意思可征引，则不能重新解释为无须形式要求的预约。[④] 这是在意定形式和法定形式情形下都可能存在的，此时所做的“法学整合”，尤应放入上文揭示的“递进式序列”中进行检索，以实现缔约强制与自由的平衡。[⑤]

---

① StaudingerKommentar/R. Bork, 2003, Vor § §145 – 156, Rn60.

② 关于合同形式的意义参见李永军：《合同法》，北京：法律出版社2010年版，第204页。

③ 参见王利明：《合同法研究》（第1卷），北京：中国人民大学出版社2002年版，第41页；Münchener Kommentar/ Kramer, 2001, Vor §145, Rn47.

④ StaudingerKommentar/R. Bork, 2003, Vor § §145 – 156, Rn61; Münchener Kommentar/ Kramer, 2001, Vor §145, Rn47.

⑤ 参见上文注释引用的洞溪峡公司诉宗维公司案简析。

②无法定形式的后果。德国法认为，没有按照必要的形式要求缔结预约，预约“形式无效（Formunwirksam）”。[①] 我国《合同法》上的合同特别形式要求一般是成立要件（第32条），既未成立自然也不能有效，德国法以上结论似乎可以照搬。但是瑞债Basler评注采取的另一种“法学整合”可能更有说服力。它认为，欠缺形式似乎还不能当然地导致预约无效。当形式要求仅考虑保护当事人时，这类形式不必作为预约的有效要件，形式欠缺所导向的，仅是将撤销权归于一方当事人，即享有权利主张（有法定形式要求的）给付的那方；但前提是他已就形式要求做了自己一方应做的，或者并没有被形式要求所牵涉，并且愿意履行自己的义务。于是自愿履行方也就仍可主张对待给付，尽管此时形式仍阙。这特别适用于单务预约。[②] 因为上文已经接受了德国法区分对待形式要求的做法，可延及作用于预约的，仅是关注当事人私法权益者。既然如此，在被保护的当事人表态放弃形式方面的特别保护之后还坚持“形式无效”，实无必要，而且对于被保护方的自治生活范围构成了侵害。可见上述瑞债评注的立场是可取的。

（2）批准要求。

仲崇清诉金轩公司案涉及商品房预售许可制度。这一制度首先规定于《城市房地产管理法》第45条第1款和《商品房销售管理办法》第6条。《商品房买卖合同解释》第2条进一步明确，未取得预售许可证明订立的商品房预售合同无效，但在起诉前取得预售许可的可以认定有效。此处预售合同相对于仲崇清案中的“意向书”而言，属于本约，而预售许可即为一种特殊的批准生效制度。[③] 那么这一批准要求是否也适用于预约呢？本约之批准要求何时延及于预约，对预约来说，是与上述形式要求相类似的另一个特殊要件问题。

---

① StaudingerKommentar/R. Bork, 2003, Vor § § 145 – 156, Rn. 61, 68. 此外就预约还有此可能，即尽管预约不符合形式要求，但是根据诚实信用原则，一方当事人不得对另一方主张形式违反（Formwidrigkeit），见StaudingerKommentar/R. Bork, 2003, Vor § § 145 – 156, Rn62.

② BaslerKommentar zum OR/Eugen Bucher, 2007, Art. 22, N49.

③ 这是一种比较特殊的“前置的”批准要求，关于批准生效合同的具体规则参见汤文平：《批准（登记）生效合同、“申请义务”与“缔约过失”——〈合同法解释（二）〉第8条评注》，《中外法学》2011年第2期。

依德国通说，在此适用形式要求的规则。[①] 相应地，在批准要求上，假如本约须机关批准，则预约仅在该批准要件着眼于保护某方当事人私法利益时始须批准。反之，若该批准仅是使针对最终合同的公法控制变得可能，则预约无须批准。[②] 因为既然只是为了保障公法利益，则只要将本约提交批准当局即可。[③] 若批准要求所追求的是保护当事人利益，则一般来说只要已经批准预约即可实现该目标，对本约的附加批准只有在预约存在漏洞以致本约内容尚不能完整评估时才有必要。最后，形式瑕疵治愈的思想也是适用的，[④] 故随着本约被批准，预约上本来必要却又未获取的批准也可以不了了之。[⑤]

仲崇清案处理中，法院认定预售许可欠缺对预约效力无影响的理由有二：其一是该许可要求仅指向正式的预售合同，而不必延及于预约；其二是目标小区在诉讼当时已经取得预售许可。综合上文借鉴的比较法经验可知，上述理由中的第二层面近于典型的"批准瑕疵治愈"，是很有说服力的，至于第一层面是否可靠则还有探讨余地。商品房预售许可固然涵盖了大量的公法利益，但是保护购房人免受非法集资之害显然也在法律意旨之内，笼而统之地说该许可不必延及于预约，是很难站住脚的。[⑥] 不过从仲崇清案预约中买方的地位来看，其所付"意向金"殊少，且可随时取回，至于签订本约又有须待预售许可的明知，所以绝无法律意旨所要防范的风险，批准要求自不必延及这一具体的预约。尤其是上文所引瑞债评注就"形式无效"提出的限制理念，对预约批准欠缺很有参考价值。申言之，征引"未获预售许可"以决定合同命运的权利，应归于受保护方——购房者一方。这或许也是解决我国当前房产市场相关难题的最佳方案。[⑦]

---

① Nicolas R. Herzog, Der Vorvertrag im schweizerischen und deutschen Schuldrecht, Rn314; StaudingerKommentar/R. Bork, 2003, Vor § §145 - 156, Rn63.

② StaudingerKommentar/R. Bork, 2003, Vor § §145 - 156, Rn63.

③ Nicolas R. Herzog, Der Vorvertrag im schweizerischen und deutschen Schuldrecht, Rn314.

④ 关于形式瑕疵治愈参见 StaudingerKommentar/R. Bork, 2003, Vor § §145 - 156, Rn. 62.

⑤ Nicolas R. Herzog, Der Vorvertrag im schweizerischen und deutschen Schuldrecht, Rn316.

⑥ 该案二审主审法官也承认前引司法解释第 2 条虽仅针对商品房预售合同，但应理解为包含预购人与出售人签订的任何以购房为意思表示的协议。参见沈志先、韩峰：《房产商违反预约合同的民事责任》，《人民司法》2008 年第 6 期，第 26 页。

⑦ 就此"难题"参见梁伟芳：《商品房预售中的预约问题研究》，中国政法大学硕士学位论文，2008 年，第 1 页。

（二）违约救济

预约不履行时所涉及的救济，在实体法上主要包括实际履行和损害赔偿，是其主要“效果”，以下分别述之。

1. 实际履行

（1）通说及批判说的基本论点。

依德瑞通说，预约上确定的给付是缔结本约，亦即一项意思表示。因为任何人都不能被强制为意思表示，这种表示在德瑞两国被以判决替代。《德国民事诉讼法》第894条与《瑞士联邦诉讼法》第78条一致认可要求作出意思表示的判决，并且以该判决之生效替代意思表示之作出。① 我国民诉法虽无类似规定，但是学说认同的做法仍与德瑞通说一致。

上述通说并非没有挑战。例如法国法上，据法民第1142条，债的不履行所导致结果总是损害赔偿，部分学说认为这也正是违反预约的后果，似乎只有在借贷双务预约上有不同意见。② 至于英美法上，甚至最终合同的强制履行也在原则上遭受摒弃，遑论预约。③

在德瑞两国国内，也有强大的反对意见。Bucher和Freitag批判称，按照私法自治原则，当事人可以在最终约束之外达成临时的（也是较弱的）约束，即不可实际履行的预约，这是判决和文献上广泛的共识。而且在德国法上，依德民第311条（该条第1款强调了合同的重要性），也不能将一个非当事人所愿的本约性合意强加给当事人。甚至直接将预约、本约一体把握的法国法上也是如此，当事人被允许背离法民第1589条的规定，例外地实际缔结一个临时的合同。而强制履行恰恰使得预约的意义过度扩张，上述那种当事人原本可以选择的独立合同类型就此消失了，预约当事

---

① StaudingerKommentar/R. Bork, 2003, Vor § §145 – 156, Rn67；BaslerKommentar zum OR/Eugen Bucher, 2007, Art. 22, N35. 当然如果根据预约，该意思表示的作出系于某个条件成就或者对价，则不能因判决生效而视为作出，而应由法官确认到条件成就或对价提出时才发生。Dieter Henrich, Vorvertrag, Optionsvertrag, Vorrechtsvertrag, 1965, S. 62.

② 法国法在预约实际履行的问题上不能做统一回答，则是可以肯定的。Dieter Henrich, Vorvertrag, Optionsvertrag, Vorrechtsvertrag, 1965, S. 29f；法国法对前述德瑞两国以判决替代意思作出似仍有疑虑，而倾向于损害赔偿救济，就此另参见 Paula Giliker, Pre – contractual Liability in English and French Law, 2002, p44.

③ 参见许德风：《意向书的法律效力问题》，《法学》2007年第10期，第79页。

人的真意由此而被误读，这是立法者始料未及的。[①] 批判说进一步肯认，既然当事人明确了这是预约而不是本约，就默示地排除了实际履行之可执行性。这尤其适用于那些原已可以签订本约的情形。在此情形下，存在一个推定，即当事人仅愿将约束力限缩于损害赔偿而合意排除了实际履行。[②] 这种观点所作的“推定”是默示排除，自谓尊重了当事人的意思。但这又受到支持通说的“反批判说”质疑，后者追问道：为何当事人仅因进入的是预约，就被视为默认地排除实际履行呢？若未表明这种意思，实在没有理由认为预约当事人的请求权应限于损害赔偿。[③]

（2）评价与借鉴。

以上辩论生动地反映了，正反双方都揪住当事人真意来评判实际履行的容许性，而此处的“真意”又多是解释的结果，正如前引阿蒂亚语指出的，当事人意思在现代法上已表现为司法拒绝执行允诺的理由。由法官决定当事人意思为何，或许难免有独断之嫌。

笔者认为，Freitag 提供的诠释方案相对来说，较为精细地体察了当事人真意。他认为，当内容确定性还不足够时，固然不应支持实际履行，[④] 而即使在预约中本约内容已经确定，实际履行也不能支持。因为预约此时仍只是记载了临时的而非最终的合意，预约仅服务于固定已经得出的合意之点，并使当事人负有推进缔结最终合意的义务，不多也不少。[⑤] 至此，他的观点还是与前述 Bucher 的观点大致相同，但是他进一步又瞄向了磋商过程中情势的变化，说道：在预约和本约结成之间总会或多或少地有一个时间跨度，最终的行为也就由此常常偏离了预约性的行为，因为相关情事到本约缔结的时刻可能发生变化，而且也往往确实有所变化，就像《奥地利民法典》（ABGB）第936条明文确认的法律行为基础规则（Geschäftsgrundlagenregelung）一样——正是基此原因，当事人一开始缔结的不是最终协议而是“预约”（必

---

① Robert Freitag, " Specific performance" und " causa - Lehre" über alles im Recht des Vorvertrags?, AcP 207 (2007), S. 303; BaslerKommentar zum OR/Eugen Bucher, 2007, Art. 22, N36.

② BaslerKommentar zum OR/Eugen Bucher, 2007, Art. 22, N38.

③ Nicolas R. Herzog, Der Vorvertrag im schweizerischen und deutschen Schuldrecht, Rn354.

④ Robert Freitag, " Specific performance" und " causa - Lehre" über alles im Recht des Vorvertrags?, AcP 207 (2007), S. 306. 关于他对司法补足内容的批判见上文。

⑤ Robert Freitag, " Specific performance" und " causa - Lehre" über alles im Recht des Vorvertrags?, AcP 207 (2007), S. 308.

要时可以借助继续磋商条款或者单方给付决定权)。[①] 这的确很符合当事人绕开原本已经可以进入的本约而签订预约的真实意思，并且也与通说支持者 Henrich 所持的基本假设“预约仅在‘本约的时机尚未成熟时’进入考量”兼容了起来。[②] 但 Freitag 的观点还没有止步，接着他从预约和本约区分实益上找到了雄辩的论据。他说，既然最终约束的时机尚未成熟，当事人也借助纯预约性的协议将这一情况和可预见的情事变动纳入考虑，那么他们也应该接受，本约与当前合同相比可能有不同的内容。[③] 可如果人们从预约中推断出借助司法认定的内容要求缔结本约这样一个请求权，也就是支持实际履行，那么也就完全剥夺了预约的意义，因为它与附继续磋商条款的本约也就没什么差别了，如果一定要说有什么差别的话，那不过是，此类“预约”在实现本约请求权之前带来了诉讼堆叠，而这些诉讼堆叠自身，都已经被认为没有什么意义了。[④]

Freitag 以上观点最大的说服力在于，他以预约和本约有区别为前提，以磋商阶段合意临时性特征为枢机，实际上是在预约阶段匡救了大陆法系实际履行原则的弊端，其意义不止于预约，而具有合同法上的整体价值。前引“反批判说”直谓“为何仅因为当事人进入的是预约就被视为默认地排除实际履行”，其出发点仍是实际履行原则，其论证思路无非是：是合同即可实际履行，预约是合同，故亦可作强制缔约式实际履行。这往往违背了当事人真意，使过分刚性的实际履行原则（尤其是强制缔约式实际履行）危害更烈。如下文有关内在体系部分将阐发的，在意思自治与法律构造之“角力”中支持前者，于此主题之下有积极意义。

但是 Freitag 与 Bucher 的观点一样，在出发点上都有一个弱点，即认为凡当事人选择了预约，就应当推定只存在弱化的约束意思，不得实际履行。这是不妥当的，因为“本约的时机尚未成熟”情形多样，有时是客观的形势不成熟，有时是当事人主观的考虑还不成熟，有时候则两者都有，应区别对待，只有在当事人做了明示的或者可推知的保留时，才能承认约

---

① Robert Freitag, " Specific performance " und " causa – Lehre " über alles im Recht des Vorvertrags?, AcP 207 (2007), S. 305.

② Henrich, Vorvertrag, Optionsvertrag, Vorrechtsvertrag, 1965, S. 115.

③ Robert Freitag, " Specific performance " und " causa – Lehre " über alles im Recht des Vorvertrags?, AcP 207 (2007), S. 305.

④ Robert Freitag, " Specific performance " und " causa – Lehre " über alles im Recht des Vorvertrags?, AcP 207 (2007), S. 308.

束意思的弱化。如此也已足够与通说的弊端保持距离。

就前引 Freitag 文征引的德国联邦最高法院 2006 年审理的案件而言，当事人虽然于 1998 年约定了房屋买卖选择权行使的标的物（房屋）、价款，但是时间跨度大，其他内容不明，强制实际履行似有不妥。而在本文切入的仲崇清诉金轩公司案中，法院通过证据“选择性”采信，实际拒绝了为当事人决定未决内容，当然也就拒绝了强制缔约，（至少在实体法效果上）更是一种值得赞赏的司法谦抑态度。尤其值得重视的是，二审判决特意强调金轩公司其他类似预售合同履行时“价格存在因时而异、因人而异的情形”，从而妥当地回应了仲崇清有关执行预约约定最高浮动价的“让步性”请求，反映出法官对预约意思临时性的精确把握，在法律评价上与情事变更、法律行为基础理论相呼应，具有法学方法论的意义。这也是 Freitag 所持的重要论据之一。

2. 损害赔偿

（1）通说及批判说。

损害赔偿之救济在预约领域一向应用广泛，即使依通说支持缔约强制，在那些行为义务不可强制或者债务人的给付因其过错而不能的场合，损害赔偿诉讼也是仅有的救济。[①] 在赔偿范围上，损害赔偿义务人应使债权人处于像通常给付时所应处的那种状况。因为预约给付也就是缔结本约，所以应予赔偿的是债权人就缔结本约所享有的利益。于是问题也就转变为，可否将缔结本约与履行本约的利益等同。在实践中，德国联邦最高法院和瑞士联邦最高法院都支持赔偿本约履行利益的请求。[②] 如前所述，我国通说也持同一观点。

按照 Bucher 和 Freitag 的批判说，预约所导向的不是缔约强制式的实际履行，而只是损害赔偿，这样将像英美法及法国法那样，大幅扩张损害赔偿的适用范围。并且赔偿的范围也与上述通说里当然的“履行利益”有了不同。预约当事人可能在本约内容还不确定时就有意受到推进缔约义务的

① Dieter Henrich, Vorvertrag, Optionsvertrag, Vorrechtsvertrag, 1965, S. 62, 81.

② Nicolas R. Herzog, Der Vorvertrag im schweizerischen und deutschen Schuldrecht, Rn356.

约束，如果进一步磋商破裂，预约就只能成为信赖损害赔偿请求权的基础。[①] 另一方面，即便本约内容已经极端确定，也仍然允许保留，而可根据客观情况或者当事人意思在其间发生的变更缔结不同内容的本约。只有当本约原本将在预约之后很短的时间内直接缔结，并且其如约缔结本来已成定局时，才能主张本约之履行利益。[②]

（2）我国实务观点的总结及案例运用。

以上批判观点对信赖利益的“偏爱”，反映了在预约上，违约责任和缔约过失责任难免纠缠，[③] 这在我国司法实践中也有体现。例如仲崇清诉金轩公司案二审主审法官撰文剖析损害赔偿决定过程时认为，预约违约所要赔偿的固然是履行利益，但是预约履行利益不是本约的履行利益，而应该相对于本约的信赖利益。[④] 这种观点在其他判决中也有存在。例如山西省高级人民法院在2001年作出的一则二审判决中，[⑤] 将原审法院认定的缔约过失责任改为预约违约责任，可值得玩味的是，两审判决确定的损害赔偿数额却均为30万元，而不是本约履行利益。以上两宗案件共同的特点是，虽然当事人表达了缔结本约的意思，但是本约内容尚有欠缺，在缔约程序上，还因投资建设或审批等事由须经漫长等待，存在不需要太多想象力就可以预见的变数。在此情形下径认本约履行利益赔偿，确实有违一般人的法感情，也难谓契合双方缔约时的真意。所以前引 Freitag 文限定于“缔结本约在短期内本来已成定局”的情形，才能支持本约之履行利益赔偿请求。这的确是有说服力的。而同样是预约，在北京市第二中级人民法院2007年的一则判决中，因委托设计合同里包含的施工合同预约条款，可

---

① Robert Freitag, " Specific performance" und " causa－Lehre" über alles im Recht des Vorvertrags?, AcP 207 (2007), S. 310；BaslerKommentar zum OR/Eugen Bucher, 2007, Art. 22, N46. 但是Bucher同时又指出，如果违反预约方与第三人依普通的条件缔结了合同，所应考虑的是积极利益，即应赔偿预约对方处于该第三人位置而缔结本约时所可获取的利益。这种观点提示，赔偿范围还须依个案具体判断。

② Robert Freitag, " Specific performance" und " causa－Lehre" über alles im Recht des Vorvertrags?, AcP 207 (2007), S. 310.

③ Nicolas R. Herzog, Der Vorvertrag im schweizerischen und deutschen Schuldrecht, Rn355.

④ 沈志先、韩峰：《房产商违反预约合同的民事责任》，《人民司法》2008年第6期，第28页。但自本案的赔偿数额（有“1万元”、“15万元”或其他数额之歧）来看，似又并非典型的“信赖利益”，这里潜藏了对批判说作进一步反思的机缘，下文另有阐发。

⑤ “山西金盟实业有限公司、太原市锅炉修理安装公司与山西华嘉盛房地产开发有限公司案判决”［（2000）晋经二终字第10号］。

以在短期内现实履行，所以法院就支持了施工合同本约履行利益赔偿请求。[①]

不过，在上述山西省高院审结的案件中，当事人原已约定了违约金40余万元，但是被两级法院视而不见，这是让人费解的。在比较法上，就此等磋商义务究竟能否赔偿以及赔偿到何等范围，是一个普遍的难题，但如果当事人就此磋商义务已经约定了违约金或解约定金，那么也就等于通过意思自治解决了这个难题，其解决方案理应优先。[②]

三、内在体系与“类型论”重构

以上解构工作无论着眼于递进式序列，还是着眼于要件和效果，都是凭借外在体系展开的，并在解构之下，获取了更多目的论运作的空间，沟通了内在体系。拉伦茨在最后一次修订《法学方法论》时仍说，内在体系的认识还刚刚起步。这种局面至今依然。我们虽在种种疑难面前俯身向内在体系求援，然而究竟什么是内在体系，其实不甚了解。对它的描述当然可以指向原则、原理、类型，抑或价值、利益等等，但是在从此等名目获取启发的同时，又难免堕入论题学的陷阱之中：虽然已登堂入室身处“内在”，“体系”何存，却是茫然，完全淹没在繁多的“观点”之中。此前批判说及我国修正性观点之下的成果似乎都止步于解构，而未及融贯双重体系的重构工作，这是令人遗憾的。本部分将借相关原理从内在体系出发评价前述解构成果，然后从价值和原则维度尝试构造局部的内在“子体系”，循子体系的脉络演示类型序列。此处类型序列已接近于规范具体化的“末梢”，与上文第二部分重叠于“概念”序列的类型序列处于不同层面，这一点不可不察。

---

① 见“北京优高雅装饰工程有限公司诉北京亨利戴艺术家具有限公司案判决”（（2007）二中民终字01756号），值得玩味的是，该案一审法院拒绝了原告按15%利润率计算赔偿的请求，而按《北京市建设工程预算定额》规定的抽象性标准——7%计算“履行利益”，二审法院则将标准进一步缩减为5%，这一思路或也体现出法官在潜意识中有区别对待预约、本约的倾向。

② John Cartwright and Martijn Hesselink（edit）, Precontractual Liability in European Private Law, 2008, p. 172. 与上述山西高院判决立场相近的还有重庆市第一中级人民法院（2008）渝一中法民终字第1518号判决（洞溪峡公司诉宗维公司案），该案一审法院采信了当事人约定的违约金，二审法院予以推翻；与比较法上通说观点一致的实践个例见尹衍春：《预约合同研究》，山东大学硕士学位论文，2008年，第1页。

（一）内在体系上法律构造与意思自治的角力

上文从外在体系出发所作的考察，勾勒出一部简约的预约“发生史”，其主线就是：法律构造与意思自治的角力。意思自治奠定了民法的理念根基，其意义自不待言，而法律构造则指引着法之安定性价值[①]，皆为内在体系中的重要原则。当事人自由缔结的合同却意味着“法锁”，意味着约束和不自由。这当然就要求在法律构造上，于“法锁”结成（合同有效成立）前后，必须有尽可能清晰的分水岭，如此才能满足法律安定的要求。所以“先合同的合同”是个自然而然的禁忌，英美法系的“全有或全无”、“缔约之约非（契）约”，大陆法系的预约容许性否定说，均为其表现。这个禁忌最终还是被德瑞等国通说打破了，预约容许性以私法自治的名义受到广泛认同。然而这只是法律构造在缔约过程日益复杂的形势面前所作的妥协，并且只是半途而废的。因为实际履行及履行利益完全赔偿的效果构造未动，所以，如批判说揭示的，当事人临时约束的真意被忽略了，意思自治在先合同协议领域远没有取得完整的胜利，甚至在实效上，出现了一个反讽局面：声称支持预约的通说与彻底否定预约的 Schloβmann 等人居然走向了合流。[②]

走出尴尬局面的出路可以归结为一个问题——在通说就预约容许性妥协以后，是否再进一步在效果上任由当事人“意思”做主？从整个民法看来，这种法律构造对意思自治“一让再让”的例子，其实并不少见。例如物权因交付而“公示”，但又因当事人之“意思”而可以拟制“交付”

---

① 法律构造一词借用自“法律的构造和计划功能”（Organisation und Planungsfunktion），参见 Pawlowski, Methodenlehre für Juristen, 1999, S. 276ff. 它是指规范提供者就某些领域表达确定立场之后，法律解释和续造即不可予以柔化，其典型领域包括罪刑法定、公权力的限制、组织机构的设置、立法保留、期间期日、遗嘱形式、法定赔偿等等。其实也包括了规范要件和效果之间的关联。尤其在最后一方面，法律构造功能影响极为广泛，它凸显出要件和效果之间的关联的决断性。参见［德］恩吉施著，郑永流译：《法律思维导论》，北京：法律出版社 2004 年版，第 35 页。就本文所及，则与实际履行和履行利益的完全填补效果相关联。当下各法域针对“全无或全有”的反思，在很大程度上即是以“事物的本质”为旗帜，就这种过分决断的法律构造所作的矫正。在术语应用上，王轶教授于民法沙龙（2014 年 4 月 19 日）曾建议考虑法定主义与意定主义，启发了本文思路，谨致谢意！但因法律构造不仅覆盖法定部分，而且广泛涉及意定部分的解释、续造规则，故仍沿用原表述。另 Organisation 一词亦可译作“组织”，因不如“构造”（构造当下立场以规划未来的裁断）传神，故不采。

② Robert Freitag, " Specific performance " und " causa - Lehre " über alles im Recht des Vorvertrags?, AcP 207 (2007), S. 308.

(《物权法》第27条等)；所有权“绝对”，但又因当事人之“意思”可以担保为目的而“信托化”;[①] 就在预约领域，上述践成合同的修正、批准和形式要求的弱化也都是适例。

而批判说更以当事人真意的名义，要求承认预约之下临时的（及弱化的）约束意思，承认不可实际强制缔约的预约，实际上是对合同法律构造更深刻的触动,[②]“天平”在角力双方之间进一步向意思自治倾斜。上文所引仲崇清诉金轩公司案的处理结果，也提示着相同的方向。此处必须直面的问题是——为什么以当事人真意为名就可以修正实际履行及履行利益赔偿的既有构造。这个关键性疑问，是预约理论革新的一处瓶颈，实已超出预约之外，而在整个合同拘束力理论上获得一般性意义。如果再放入合同拘束力理论当下动荡的背景之中，一切将更为清晰。

（二）合同拘束力理论及当事人意思的核心地位

经学者引介，日本学者在其民法修正研讨中形成的新合同拘束力理论，也在我国民法研究中成为一个有力的声音。[③] 该理论自谓接受部分国际统一私法、英美法启发，将大陆法系（尤其是德国法族）传统的合同拘束力理论界定为“债权—债务构成”，而自我标榜为“合同构成”，并在债权的涵义、履行请求权的定位、履行障碍法的体例、违约责任的归责事由、损害赔偿的范围、瑕疵担保责任的定性以及对修补请求权的态度、解除与（对价）风险负担的关系、情势变更和不可抗力制度的定性等诸多方面认定二者之间有实质性分歧，且所有分歧在理论体系上均属势所必至，“不存在折中的余地”。[④]

对于该理论新说对传统说的概括以及自我的称许，个人仍有较多保留，本书也无意作全面评述。但是笔者认为，正是在本书关注的预约、其他先合同文本乃至批准前未生效合同上，该理论显示出独特的优势。这些

---

① 参见谢在全：《民法物权论》，台北：新学林出版股份有限公司2007年版，第411页。

② 当然，由于批判说片面“盯住”信赖利益，此处“深刻的触动”仍是有限的，还须再进。下文另有详述。

③ 参见解亘：《我国合同拘束力理论的重构》，《法学研究》2011年第2期；解亘：《日本契约拘束力理论的嬗变：从债权、债务走向契约构成》，《南京大学学报》（哲学・人文科学・社会科学版）2010年第2期；［日］中田裕康、张家瑜：《〈日本民法〉之合同不履行》，《清华法学》2011年第3期。

④ 参见解亘：《我国合同拘束力理论的重构》，《法学研究》2011年第2期，第74页。

协议文本共同的特征是都与最终合同效力相关联，但是又应保持明显的距离。按照传统的见解，大致有两条出路：其一，不认为有效合同存在，将当事人利益风险均系于地位比较边缘而又模糊的缔约过失制度，结果是很大程度上忽略了当事人意思的作用；其二，认为有效合同存在，则无论预约或未生效合同，均顺流而下引向实际履行、履行利益赔偿，过犹不及，其结果同样是很大程度上忽略了当事人意思的作用，而且使预约或未生效合同之类在支持声音中被实际取消了独立地位。

新合同拘束力理论则不然，该理论对法律构造与意思自治之角力有一种独特的敏感性，而极度强调依当事人合意调整实际效果，尤其是借当事人意思的名义将情事变迁等各种客观因素一齐纳入考虑，保持了较大弹性，与上述协议类型所固有的不稳定特征相应和，的确提供了较好的解读方案。上文权衡通说、批判说时，许多观点都以此合同拘束力理论兴替变迁为背景。其中批判说之所以获得本文较多的同情，不仅是因为在实务上与仲崇清案这样的实例互证，也是因为在学理上与此新合同拘束力说（无意之间）同声唱和。

但是，放松法律构造是有代价的，那就是本部分一开始所说的法之安定性价值可能在角逐中遭到损折，法律变得很不确定。批判说以信赖利益取代履行利益，实际上就是用一个构造替代另一个构造，二者在完全赔偿的教条之下均取“全有或全无”立场，所以在放松法律构造方面代价较小。然而从角逐的另一方来看，对于当事人意思自治的贯彻效用，则已大打折扣。所以上文在递进式序列上有关预约与缔约过失界分的描述，其实并没有太大的说服力。前引仲崇清案、山西省高院 2001 年案、北京市二中院 2007 年案的处理结果里已找不到信赖利益的影子。鉴此可知，单纯地从一个构造的“锚点”转到另一个构造的“锚点”，是远远不够的。

出路仍在于借当事人真意柔化效果，但是又重视所谓当事人“真意”解释背后的规范性，做到放松法律构造之后，又能在更高的水平以更复杂（但也是更“务实”）的维度作新的法律构造。所以本部分纳入合同拘束力理论，其效不过是确立当事人“真意”在“论题目录”中的核心地位，而并非以真意之名杜绝内在体系中诸多论题（指导性观点）的探索。甚至真意解释的确定，就离不开其他论题的支持，这也正是所谓新合同拘束力理论的基本立场。

（三）内在（子）体系与类型序列

一般谈论法的内在体系时都会遴选若干价值、原则，试图排列组合成一个具有体系外观的“结构”。但是这种做法收效甚微。内在体系是外在体系失灵时的救兵，它很难达到外在体系那种“结构”性高度。换个角度也可以说，一旦它像外在体系那样结构固化，“救援功能”也就不复存在了。可也正是这种“机动部队”式的特点，决定了内在体系难以把握。论题学围绕问题铺展论题的思路，恰好符合内在体系随势赋形、变动不居的特点。所以此部分即从案型入手考察内在体系，先依单个论题展开序列，再依综合论题所获的“整体形象”展开序列，最后再集中于信赖利益和履行利益之间展开序列。应当再次指明的是，此处之所以不忧论题学陷阱，是因为自认已于上文奠定了当事人真意在论题目录中的核心地位。

以前引仲崇清案为例，双方虽约定未来订立购房合同，但是其一，在约束意思方面，买方预付仅 2 000 元且可随时取回，“对价”几近于无，提示了较弱程度的约束意思，难以支持实际履行及本约履行利益赔偿请求；当然在另一方面，卖方出此策略促销，仲崇清的积极参与客观上有利于开发商的营销，所以参考英美法上“胡椒籽对价”理论，也不能不承认有约束性合同，所以其救济力度即应超出缔约过失。① 其二，在本约内容确定性方面，购房合同内容过简，在一般情况下理应认定为不够确定，但在本案中因房价飞涨，故可以根据买方的彻底让步而确定，② 只是其中的“投机”色彩难免冲淡了约束意思上的“严肃性”。所以在这一方面，同样难以支持实际履行及本约履行利益赔偿请求，但仍应超出缔约过失的救济力度。其三，在交易时机等客观情事方面，双方缔结预约时尚未取得拆迁许可，近一年后才获预售许可，三年半以后双方才初次交涉，都提示了情事变化的高度可能性。可以想见，在该意向书勾勒的利益情境里，若是开发商因故怠于开发，仲崇清取回 2 000 元即一拍两散，无所谓违约，也无所谓缔约过失。那么在开发成功且房价飞涨时，依情理应也需要在缔结本约过程中继续博弈。

---

① 此处参考了上文所引 Atiyah 有关对价和约束意思关系的论断。仲崇清的随时取回 2 000 元和下文将述及的开发商亦可怠于开发，与英美法上的“虚幻允诺”极为相似，参见［美］范斯沃思著，葛云松、丁春艳译：《美国合同法》，北京：中国政法大学出版社 2004 年版，第 74 页。本文自然不是主张“拣起”对价理论，但是在评价上接受启示却大有裨益。

② 即卖方提供该楼盘相应面积的任何商铺均可，并可以双方预定的价格浮动最高点买卖。

以上多个方面的论题都可以成为类型序列的指导性观点。例如，约束意思可以借违约金约定巩固而得到增强，也可以因剔除开发商营销利益而弱化。在后一剔除情形下，预约将不复存在。其他论题也是如此。[①] 不过，在考虑单个论题之后，更要重视诸多论题的配合。例如在以上三项之间，以约束意思为核心，综合以观，就只能得出“初步结论”：本案中有预约，从上文交代的“递进式序列”来看，救济力度应大于缔约过失之下的信赖利益赔偿，小于本约之下的实际履行和履行利益赔偿。这个综合论题所得的“整体形象”对于类型论而言毋宁更为重要。[②]

基于这个整体形象也可建构类型序列。例如，商品房预售双方在订购书约定，由买方当即支付订金 2 万元，[③] 15 天之后签订正式合同，其后签约未成而生诉讼。此时仍应综合运用多项指导性观点来解决问题。我国房地产交易中，在正式商品房买卖合同签订之前，常有认购书、订购书、意向书等先合同文本，其中约定了某些基本条款，且以订金予以加强。目前的一般意见是，无论买方或卖方，都可以当然地被强制履行，即使是定金（而非一般“订金”或“意向金”），也不能解释为解约定金。笔者认为，这可能忽略了当事人真意。

在本约内容已相当确定的交易中，之所以暂缓签订最终合同，一般而言只是为买方提供一个“犹豫期”，积极促销且又收取订金的卖方却不应

---

① 例如预约之下的提前履行也是类型序列展开的根据。在一个真实案例中，房屋原本已交买方租赁使用，后双方订立预约约定未来签订买卖合同，价款 5 000 万元，先付 1 700 万元，待订立正式合同后付清余款。买方支付 1 700 万元后数年，均未订立正式合同，而房屋继续由买方占有使用（不再付租金），现因房价高涨卖方拒绝履行缔约义务。（这是姜强法官于 2014 年 4 月 19 日民法九人行沙龙活动中提供的案例，谨致谢意！）笔者以为，因所付份额甚大，已非一般订购金可比，加之房屋已实际由买方占有，所以本案应可支持实际履行。在德国联邦最高法院一则案例中，房屋买卖双方订立预约，并在预约中明确约定为使买方（60 余岁的退休老人）节约公证成本，承认其效力。买方依约给付部分房款并入住房屋，后发现房屋瑕疵而拒付余款，并诉请卖方办理所有权移转登记。法院作胜诉判决，理由大致是已实际入住相当长时间并已付相当份额的价金，且买方年老退休，不可期待再买其他房产，双方又已在预约附识处明示了规避公证的缘由，不应反悔。BGH NJW 1972, 1189ff.

② 参见［德］拉伦茨著，陈爱娥译：《法学方法论》，北京：商务印书馆 2003 年版，第 342 页。

③ 仲崇清案意向书里也约定了意向金（订金），颇具兴味的是，在两审诉讼中，该意向金是否属于定金，居然成了焦点之一。金轩公司主张依定金作双倍返还，两级法院均否认了定金性质。在实际案情中，该 2 000 元意向金于仲崇清不欲购房时可随时要求返还，显非定金性质。但值得深思的是，即便是定金，难道金轩公司就可以如其所愿，以双倍返还而免去其责吗？如下文所见，答案应为否定。

再保留犹豫的权利，否则将会破坏基本的预期。实际支付的订金则意味着，买方单方面在一个可接受范围内就其犹豫设置了担保。如果犹豫之后没有履行文书中设定的缔约义务，订金就是“违约罚”的根据，此时若还绕过订金范围要求买方实际履行，则是过度的缔约强制，与生活经验和法律感情显著不符。而在另一方面，卖方的“违约”后果依当事人的“真意”实不应限于双倍订金范围，否则整个预购程序只是为开发商提供投机机会而已。此时即便交付的是“定金”，也不应以卖方双倍返还而清结，所应追求的效果是实际履行或履行利益赔偿。其整体效果其实也就是以订金担保为对价替买方设置了一项选择权。

以上建构以本约内容相当确定为前提。所谓“相当确定”，是指其中未定事项已可按其后“网签”标准化合同自然解决。此际若非涉及小业主的犹豫保护，而是一般二手住宅小业主之间，或一般商人之间决策能力对等的交易，则甚至预约的认定也成多余，[①] 而应支持双方的实际履行请求。相反，若是本约内容不够确定，且当事人对不够确定部分无意交由一方或第三方（包括法官）来认定，则预约之上最多只产生诚信磋商义务。在上例中，若 15 天后双方磋商，未达成进一步合意，即使真实原因是房价已升，卖方实不欲以原价出售，但只要它如约进行了相当的磋商，买方即应接受退还订金 2 万元而结束交易。当然买方也可以选择接受卖方就原未定事项主张的立场，此时卖方即不可拒绝以原价出售，这也正是此种“预约”之下缔约义务的价值所在。反之，若卖方因房价攀升绕开买方直接与第三人交易出售房屋，此时原买方应可主张以该第三人合同条件为基础计算赔偿范围。[②]

以上类型序列的建构已经就无预约（或有缔约过失）、有预约但诚信磋商即免责（或虽未诚信磋商但有第三人合同条件参照）、有预约而同于本约的情形提供了解决方案，但是就预约之效果处在信赖利益赔偿和履行

---

① 上文第一部分考察预约容许性和适用性时反映出“预约之例外性格”，于此可得印证。

② 这也是上文注释所引 Bucher 的立场。在我国一则真实案例中，某矿务国企就某矿探矿数年未果，与一私企约定将该矿产权转让给后者，后者先付 500 万元，并合意上报申请将一矿拆分为两矿，待矿务部门审批后再签正式合同。其后该私企探得巨大矿藏量，国企反悔，以预约为由拒绝继续履行，并直接以 1 亿元卖给第三人。（这是崔建远教授于 2014 年 4 月 19 日民法沙龙活动中提供的案例，谨致谢意！）笔者就此案的意见是，该私企只能主张对方违反缔约义务的责任，若能证明以相当的成本在 1 亿元之外还可从该矿获利若干，则可以自己接受第三人合同条件为基础计算赔偿额。

利益间的情形，仍无定论，还要继续综合论题建构更微观的类型序列。所以上文述及仲崇清案时仅称“初步结论”而已，如今再次回到此案。

本案一审判决指向的1万元和二审判决指向的15万元，均非判决及主审法官事后撰文所称的信赖利益赔偿。但是信赖利益的确为精细权衡提供了一个参照的“锚点”，在本案中缔约费用自是低得可以忽略不计。至于因信赖缔约而丧失的同一地段其他缔约机会，虽然可以直接嫁接到本约履行利益上而获具体化，[①] 但是仲崇清投入2 000元且可随时取回，本约内容不清，拆迁许可都未取得，“能否”如此信赖已成问题；且意向书订立后近四年才有第一次交涉，此前卖方已售楼两年半，有关商铺出售殆尽，所以仲崇清“是否”真的如此信赖更成问题。鉴此，直接以其他缔约机会丧失为由主张近似于履行利益的“信赖利益”，在“信赖”的基础上就颇值怀疑。另一个参照的“锚点”是履行利益，若依上述“买方彻底让步的确认模式”，假设为仲崇清诉请的100万元差价。至此，即可在两个“锚点”之间，综合当事人之间弱化的约束意思、实际履行的额度、粗略的本约内容、较低的信赖程度、开发及缔约过程的时间跨度、卖方的获利及过错程度等论题，确定一个合理的赔偿数额。这种权衡自然是有波动的，但是就像原因力及与有过失制度下的权衡一样，仍不失为理性的论证。在本案中，上列论题中的前五个都不利于仲崇清，但一审认定的1万元相对于卖方的获利（100万元）及过错程度（甚至都未通知仲崇清给予磋商机会），的确太低，二审认定的15万元则要稳妥得多。值得强调的是，上文第一部分提供的递进式序列即便是对这项“微观”的权衡，也在发挥着参照价值。

四、余论：体系建构与法之发现“进行时”

上文阐发了预约在外在体系“递进式”序列中的地位，建议就其要件和效果一一解构，最后落实于内在体系，重构预约的认定标准和救济模式，包括批判说之“信赖利益说”等构造均受重构。这些体系建构工作固然有其自身价值（例如缔约制度完善以及合同拘束力方面的一般性启示），但是就预约实践而言，其最终目标仍在完成法之发现的任务上。当代法学

① 这种以信赖利益之名行履行利益之实的做法征诸法理及比较法，原就都有疑虑，在本案中更宜慎重对待。但经仲崇清提出后，法院未加回应，却又在论证上留下了疏漏。

方法论区分法之适用（Rechtsanwendung）和法之发现（Rechtsfindung），而赋予后者更大的主观能动性，当然前者也可以泛泛地涵盖于后者之中。法之发现的目的是要回答：于此时此事之间何为适法？法之发现的方法也像法律解释的方法一样，可能有多种品类，彼此之间的优位关系也是众说纷纭。比较稳妥的做法，应该是“简易之道”：能直截了当解决问题的，就不必绕圈子。所以有实证法条文时，往往直取文义，略一审视处理结果的合目的性，未生疑即告终结。预约之下的规范配备却远不能满足这种简易的需求，所以才有上述的冗长文字。在整体概观上，上文提供的法之发现的路径依次有外在体系的递进式序列、要件—效果、原则原理体系、案型序列，它们相互之间分分合合，有联系又有区别。此时的“简易之道”应该是，综合运用以上路径，广泛提炼预约案型序列，力争使当前实务中可能出现的预约类型都可以在这些序列中找到“规范性类型”，从而也就可以一举完成法之发现的任务。因为，在这种理想状态之下，千锤百炼的案型序列已经浓缩了其他路径之中法教义学精研所得，规范具体化的“末梢”获得了比清晰条文还要完满的体系妥当性。这也正是德国这种经典法域大型评注书所追求的。在我国法之下就预约之类的主题若欲达此境界，还有待法教义学之力博采比较法判例资源，这又将涉及法教义学和判例之“现行法壁垒”的破除问题，此处不赘述。无论如何，本书以及此前我国相关成果都远没有达到上述境界，而且即便达到了，在我国法教义学及判例地位均未巩固之时，那些成果对于法之发现的支撑作用也是有限的。所以，一击便中的“简易”只是理想。我国当下就预约法之发现进行时，还须综览上述所有路径，眼观六路。具体而言：应看有无固定的案型可用；应看依利益冲突和价值裁断宜支持何等强度的救济；应看在递进式序列中当做怎样的权衡；应看具体情事在“要件—效果”模式下可否归入预约。在法律论证上，也就综合了类比、权衡与涵摄。

第八章　建设工程价款优先权研究

一、序　说

《物权法》立法的一个重要任务是清理既有的物权制度，以形成完备的体系。但是由于种种原因，这项清理工作未竟全功，一些既有的物权制度仍然保留在《物权法》之外，并且其与物权法典的体系衔接也没有妥善安排。本书将集中探讨的建设工程价款优先受偿权即为显例。早在《物权法》立法之前，《合同法》以第286条一个条文所规定的这项法定担保物权，对房地产及金融市场已经产生极为广泛、深刻的影响，暴露的问题也层出不穷。① 这样重要的物权制度显然不可能借债法一个条文毕其功于一役，但是在《物权法》立法的整个过程中，它却根本没有进入立法者的视野。日本学者五十岚清曾说，民法解释学的任务就是为立法者揩屁股的。此语虽然不雅，但的确是当前有关《合同法》第286条之解释任务的真实写照。立法者所忽略的体系化努力，需要由解释者来勉力完成。笔者认为，对于建设工程价

① 最高人民法院虽有专门司法解释《最高人民法院关于建设工程价款优先受偿权问题的批复》（法释〔2002〕16号文）对一些紧急问题提供解决方案，但是这种在实务中水来土掩式的工作肯定不能取代严谨的体系化的立法，所以仍有许多问题为司法解释所不及，而该司法解释本身也在制造问题，对此下文将予详述。

款优先受偿权这种立法供给严重匮乏的制度，当务之急是以传统民法的体系化讨论模式为参照系，到体系中去发掘和解决问题。本书主要着眼于法解释论层面，力求实现该优先权制度与整个物权法体系的平滑衔接，然后在此基础上披陈立法论上的浅见。

（一）源流

建设工程价款优先受偿权源于优先受偿权，早在罗马法时代，就已经承认了这种“不依时间评价而依原因评价”的特权。后世法国民法、日本民法及其他大陆法系国家继受了这一特权制度。优先受偿权作为一整套的法定物权制度，对于公平正义之维护和资源效率之实现，的确有其功用，但是因为公示方法未尽完善等原因，对以意定物权为主体的现代物权体系有较大冲击，所以德国民法即未建立一般的优先受偿权体系，只是以法定质权形式散见于债编，同时也要求以占有、支配为前提。对于与我国建设工程价款优先受偿权相当的工作物承揽人之抵押权，德国民法规定为承揽人可请求以登记方式设立保全抵押权，该保全抵押权数额即以实际发生的承揽债权为依据。在其他设立完整优先受偿权制度的法域，承揽人优先权利的公示性要求也日益凸显。比如法国民法于1995年之后，原本依特别法无须登记的不动产优先权，均被要求应经登记予以公示。在各国法上，建筑师、承包人等人的优先权为求保持，还须登记现场状况的笔录和登记工程验收笔录，要求更加严格。其他各国也大都以登记为要件，并且将权利位次系于登记时间之先后（但是法国法上建筑师、承揽人优先权为第一顺位，意大利民法上不动产先取特权也优先于抵押债权）。在标的价值范围方面，法国、日本民法的做法颇有特色，即仅限于有关工程对不动产所赋予的增值部分。台湾“民法”就修缮承揽人抵押权也作出了特殊规定，即在增值范围内，如期登记的修缮人抵押权优先于先设立的其他抵押权。这些比较法例都将在下文叙述过程中一一涉及。①

---

① 以上叙述请参见尹田：《法国物权法》，台北：五南图书出版公司1999年版，第519页；罗结珍译：《法国民法典》，北京：中国法制出版社1999年版，第483页；谢在全：《民法物权论》（下册），台北：三民书局2004年版，第2~3页；费安玲等译：《意大利民法典》，北京：中国政法大学出版社2004年版，第731页；刘燕：《担保物权体系中的建设工程优先受偿权——比较法的视角》，《政法论坛》2004年第3期。

（二）性　质

通说认为建设工程价款优先权为担保物权。① 这一结论应可成立，因为该权利表现为对特定物之交换价值的支配，符合担保物权的本质特征。②根据《物权法》第8条，《合同法》上的这一规定应属有关担保物权的特别法规定，其意义在于一方面优先适用，另一方面则在《合同法》未作规定的场合自可适用《物权法》和《担保法》的有关规定，这对于建设工程价款优先受偿权的制度完善意义重大。

关于建设工程价款优先受偿权性质的进一步追问，至少存在三种回答，分别是：法定抵押权说、留置权说和优先权说。有关争议在合同法立法前后就已十分热闹，延续至今还没有定论，俨然已成关于建设工程价款优先受偿权的首要问题。③ 笔者认为，建设工程价款优先受偿权作为一种独立存在，之所以要附庸于物权法上类型化的典型物权，并非仅为求得理论安排的整饬效果，而应着重考虑它与诸典型物权在法教义学上的衔接。直接目的是参照诸典型担保物权的成熟制度调整偏失、补充漏洞。出于这一考虑，笔者主张无须硬拼生凑、削足适履，只要抵押权、留置权或特别法上的法定优先权的制度在技术上能与建设工程价款优先受偿权制度兼容，在立法意旨上亦为妥当且必需，即应秉承“相同情况作相同处理”的指导思想博采众长。在法解释论的层面，这一思路贯穿了本书的全部。

（三）立法意旨

对立法意旨的正确把握，是正确理解法条、补充漏洞以及在立法论上提供适当建议的必要前提。有关建设工程价款优先受偿权的立法意旨是综合性的，首先应在于对承包人工作的激励，承包人的工作对所有债权人来

---

① 见梁慧星：《合同法第二百八十六条的权利性质及其适用》，《山西大学学报》2001年第24卷第3期；余能斌、范中超：《论法定抵押权——对合同法第二百八十六条之解释》，《法学评论》2002年第1期。

② 《物权法》第170规定：“担保物权人在债务人不履行到期债务或者发生当事人约定的实现担保物权的情形，依法享有就担保财产优先受偿的权利，但法律另有规定的除外。”可见担保物权的本质特征即“就担保财产优先受偿”。

③ 参见梁慧星：《合同法第二百八十六条的权利性质及其适用》，《山西大学学报》2001年第24卷第3期；余能斌、范中超：《论法定抵押权——对合同法第二百八十六条之解释》，《法学评论》2002年第1期；邢战胜：《建筑工程款优先受偿权的性质探讨》，《法制与社会》2007年第8期。

说是具有共益性的，如果令承包人退居与一般债权人同等的地位，不仅不公平，对于工程的增值甚至安全、保值都不是妥当方案。在这一点上，它是与空难、海难救助优先权、留置权等权利意旨相通。当然，工程的增值保值所涉因素可能是复杂的，比如银行贷款、购房人所付房款也许都专款用于工程建设，甚至就是作为工程款支付给了承包人，此时纯粹赋予承包人剩余债权以优先地位，似乎并不公平，对此将于下文进一步讨论。此外，建筑工人特别是农民工工资遭拖欠是当前一严峻形势，其直接原因就是工程款拖欠，所以，建设工程价款优先受偿权的另一重要意义在于，间接地使建筑工人工资债权取得一定的优越地位，当然只是间接的。这一点已被诸多学者屡屡强调，甚至有人认为，债权的优先范围就应控制在工人工资范围之内。但是值得注意的是，法释〔2002〕16 号文第 2 条规定，建设工程价款优先受偿权优先于抵押权，若是从工资债权优先来立论，则与《破产法》的重要规定相牴牾，根据该法第 109、113 条，即使是产单位职工工资债权都劣后于抵押权，因此隐藏于承包人背后的间接工资恐怕难有充分理由接连赶超债务人之职工工资债权和抵押权而居上席。由此可见，该优先权利设置价值的实现，有赖于观照诸多方面进一步综合考量。下文还将为此努力。

二、关于主体

（一）勘探、设计与施工承包人

《合同法》第 286 条规定，“承包人”享有优先权利。根据该法第 269 条，建设工程合同包括工程勘察、设计、施工合同，承包人理应包括勘探、设计承包人。其债权主要构成部分可能与一般强调的农民工工资、材料费用无关，但是与建设工程的增值、安全则关涉甚巨。由此也可印证建设工程价款优先受偿权价值取向的复合性。

（二）装修装饰、修缮工程承包人

曾有人主张装修工程承包人应排除在外。最高人民法院于《关于装修装饰工程款是否享有合同法第 286 条规定的优先受偿权的函复》[（2004）民一他字第 14 号] 确认装修装饰工程属于建设工程。但是该函复将装修工程价款优先权限定于“建筑物因装修装饰而增加价值的范围内”，这一思路是有重要意义的，下文在有关“增值部分”中还将进一步阐述。对重大修缮工程也应有《合同法》第286条的适用。较具参考价值的是台湾省“民法”就“承揽人之抵押权”明定包括“重大修缮者”，并对重大修缮者之优先权规定有特殊规则，比较充分地贯彻了“增值规则”。[①]

（三）无适当资质承包人

综合《最高人民法院关于审理建设工程施工合同纠纷案件适用法律问题的解释》（法释〔2004〕14号）第1、2、3条的规定，无适当资质承包人签订的承包合同无效，但是工程施工完毕且验收合格，承包人请求参照合同约定支付工程价款的，应予支持，若工程不合格，即使发包方有责任，也只是“承担相应的民事责任”而已，依反对解释，自不可“参照合同约定支付工程价款”。按《合同法》第286条的措辞是“发包人未按照约定支付价款”，可见无适当资质承包人只有在工程验收合格的情况下方可请求按照约定支付价款，从而受优先权保护，当工程未竣工验收或验收不合格，《合同法》第286条则无适用余地，即使发包人有责任也是如此。

（四）带资承包人

带资承包的方式曾遭部门规章取缔，[②] 但有司法解释因该文件效力层级较低的原因早已申明，不以带资情节而径认合同无效，且《最高人民法院关于审理建设工程施工合同纠纷案件适用法律问题的解释》（法释〔2004〕14号）第6条第2款更明确规定，当事人对垫资没有约定的，按照工程欠款处理。故《合同法》第286条自可适用。

（五）分包人

《合同法》第286条应仅适用于总承包关系，分包人与发包人并无合同关系，也就无从发生对分包人“发包人未按照约定支付价款的”的情形。

但在比较法上，各国法例不一。如《阿根廷民法典》第3931条后句

---

① 台湾“民法”第513条第4款规定：“第一项及第二项就修缮报酬所登记之抵押权，于工作物因修缮所增加之价值限度内，优先于成立在先之抵押权。”参见谢在全：《民法物权论》（下册），台北：三民书局2004年版，第12～13页。

② 见建设部、国家计委、财政部1996年6月4日下发的《关于严格禁止在工程建设中带资承包的通知》。

规定："次承揽人以及并非由所有人雇佣的，而是与承揽人订立合同的工人，不享有此项优先权。"但是《魁北克民法典》第2726条规定，"此等法定抵押权仅为建筑师、工程师、材料提供商、工人和承包商或分包商的利益存在"，则发包人似亦应包含在内。至于美国建设者留置权，其权利人的范围则极广，除了总承包人、分包人，还包括提供实际劳动或材料的人。而且对于发包人的理解，泛指与业主或业主之代理人无合同关系的人。在美国法例上，分包商的雇员都可以主张建设者留置权，其中以纽约州规则为代表的制度还要求这些雇员与业主应有某种直接或间接的合同关系；而根据宾夕法尼亚等州的规则，即使与业主、总承包人未签订合同，即使雇员与雇主未签订合同，都承认其享有留置权。①

从建设工程价款优先权的价值取向来判断，对工程增值保值直接投入劳务、材料成本的人更应受到保护。但是作为一种担保物权，该优先权的依附性决定了它以对发包人的价款债权为前提，此时完全抛弃债的相对性原理，或会导致权利行使时的混乱状态。所以在立法论上，仍应坚持以与发包人有合同关系为一般要件。不过在建筑物所有权人与总承包人混同时、发包人同意分包合同且对分包人直接承担付款义务时，即使在解释论上，也应将《合同法》第286条扩及适用于分包人。另外当发包人行使债权代位权时也可以借该优先权受益。

（六）特殊贷款人

某些专项贷款和购房人所预交的房款均属工程专款，对工程增值的作用绝不亚于承包人的劳作，然而这些债权即使获得抵押权的支持，都仍然劣后于承包人债权，这在立法政策上解释不通。但是综观《合同法》第286条、法释〔2002〕16号文之规定，在法解释论上只能接受上述结论。而在另一方面，如果银行贷款予消费者支付房款时，却可借助法释〔2002〕16号文第2条对消费者的特别保护，而"意外地"优先于贷款直接用于工程或作为工程价款支付给承包人的银行，这进一步凸显了价值判断上的错乱。立法论上极具参考价值的法例是法国民法典第2110条，该条规定为支付或偿还建筑师、承包人等人款项而提供钱款借贷的借贷人也享有同等的优先权，阿根廷民法典第3932条也有类似规定。未来修法应该考

---

① 张蕊、邓晓梅：《我国工程款优先受偿权与美国建设者留置权的对比研究》，《建筑经济》2005年第8期。

虑赋予这些特殊贷款人与承包人同等的地位。

三、关于客体

（一）按性质不宜折价、拍卖的建设工程

应当包括公有物、公益物、具有公益目的的建筑工程。[①] 有学者认为根据法释〔2002〕16号文第2条的规定，消费者已付全部或大部分房款的房产也归属其中。[②] 笔者认为，这种见解不正确，因为根据司法解释的原意，只是着眼于优先次位，而并非工程性质，而且在许多情形，上述房产非经折价、拍卖，消费者债权优先地位也无从实现，比如烂尾楼的情形。

（二）土地使用权

《合同法》第286条及司法解释都是以“建设工程”指称优先权的客体，措辞上未涉及土地使用权。司法实践中曾发生土地使用权之抵押权人与建设工程价款优先权人的对抗，由于土地使用权之抵押大多远早于承包合同的成立，而且承包人的工作对象也确乎只是地面上下的“建设工程”，无端地扩张至一独立物权之土地使用权，于理不通，所以人民法院在该案中也犹豫难决，最后调解结案。[③]

一般主张该优先权应扩及土地权利的意见，都是从“地随房走”来立论的，特别是根据《物权法》第182条、《担保法》第36条的规定，建筑物之抵押与地权之抵押自动共生；根据《物权法》第146、147条的规定，房地转让时强制捆绑，依此上述主张似乎是当然之理。但是，如果我们没有忘记，该优先权的存在目的在于激励承包人增进共益部分，那么超出共益部分之外，无限制地扩大对意定抵押的损害范围，在法律政策上实难支持。再者，按照物权法定原则，将有关抵押权设定的强制性规定直接准用于该优先权难谓恰当，毕竟在立法政策上还看不出有需要补充的漏洞存在。最后，房地捆绑交易与就房地权之价值一体优先也是两回事，即使按

---

① 参见王建东：《评〈合同法〉第二百八十六条》，《中国法学》2003年第2期。

② 参见王建东：《评〈合同法〉第二百八十六条》，《中国法学》2003年第2期。

③《中国建设银行云南省分行昆明市城东支行等申请执行昆明天元国际商城有限公司案》，云南省昆明市中级人民法院2003年3月18日调解结案，见北大法宝网，3月10日访问。

照《物权法》第146、147条的规定将建设用地使用权与地上物一起处分，也可以将建设用地使用权的价款剥离除去。台湾省“民法典”第513条将承揽人之抵押权之标的规定为“对于其工作所附之定作人之不动产”，就此“不动产”是否扩及于土地，也曾多有争论，但目前其“最高法院”民事庭会议决议乃认“仅限于建筑物，基地则不在其内”。这是值得肯定的。[①] 笔者认为，在大陆地区，由于建设工程价款优先受偿权因公示制度缺失而极度隐秘，其对其他债权的威胁较台湾之承揽人抵押权大得多，上述台湾“最高法院”的有关见解在大陆地区有更大的参考价值。作为一种法定物权，优先权在提高资源利用效率、实行分配公平的同时，也必然会对法律体系造成自我创伤，“制造未必能内化于交易本身的显著社会成本”。[②] 所以在解释适用时更应心存警惕。比较法上，有立法例规定，对优先权制度应从严解释，甚具启发价值。

（三）工作所附之部分与一物一权

因为建设工程常分阶段性，在各个阶段可能有不同的承包人取得价款债权，而在各个阶段承包人的工作所附的不动产部分也各不相同。台湾省“民法典”第513条明确措辞为“对于其工作所附之定作人之不动产”，近似的法例还有《阿根廷民法典》第3931条其措辞为“对其实施工作的不动产”。《合同法》第286条的措辞是“该工程”，虽然语义比较模糊，但是观照立法意旨，也应限定于工作所附的不动产，否则既与激励承包人的目的相隔膜，在诸承包人及承包人与其他债权人之间也难以实现公平。所以当承包人仅就不动产之部分为新建施工、修缮或装修装饰时，应以该部分为优先权之标的。然而此处又与一物一权原则相涉，所谓“工作所附之部分”即应形成可独立处分之物。例如，若承包人就桩基础及主体承重结构施工，其“工作所附之部分”即为建筑物整体，若承包人仅就全部门窗施工，其“工作所附之部分”亦为建筑物整体，而就某几层建筑为修缮或装修装饰，且因此增值的也局限于该几层的话（若虽仅装饰一层但其立意关乎整体建筑形象时则另当别论），其“工作所附之部分”即以该几层为宜。当工程未能竣工时，严格征诸民法理论，本无任何完整“一物”存

---

① 谢在全：《民法物权论》（下册），台北：三民书局2004年版，第5、14、18页。

② 苏永钦：《法定物权的社会成本——两岸立法政策的比较与建议》，《中国社会科学》2005年第6期。

在，但是本诸当代民法允许在建工程分割抵押、预售的原意，在工程进行到一定程度时，承包人“工作所附之部分”应该也是可以参照“一物一权”原则加以确定的。

（四）物上代位

《物权法》第 174 条规定了担保物权的物上代位性。建设工程价款优先受偿权既然被认为是担保物权之一，则也应适用物上代位性的规则。即“担保期间，担保财产毁损、灭失或者被征收等，担保物权人可以就获得的保险金、赔偿金或者补偿金等优先受偿。被担保债权的履行期未届满的，也可以提存该保险金、赔偿金或者补偿金等”。而物上代位规则所涉及的期间问题恰好赋予了建设工程价款优先受偿权成立时间和存续期间以重要意义，对于该权利的取得时间在下文有详述。

四、关于效力

（一）发包人（所有权人）的权利

不转移物的占有是建设工程价款优先受偿权与抵押权的共同特点，所以抵押人用益、处分自由也是发包人所享有的。在建设工程竣工验收、移交给发包人占有之后，发包人的收益权是毋庸置疑的。当然其用益方式如果危及承包人优先权时，后者应可寻求救济，这是另一问题。但是根据法释〔2004〕14 号文第 13 条前段的规定，在工程竣工验收之前，如果发包人擅自用益，将被拟制为工程合格，这会对建设工程价款优先受偿权的行使构成影响。

就意定抵押权来说，根据《物权法》第 191 条第 2 款、《担保法》第 49 条，未经担保权人同意不可转让抵押物，但设定次位抵押权则是允许的。正如许多学者已经指出的，因为抵押权追及效力的存在，抵押人转让抵押物以抵押权人之同意为要件，实属画蛇添足。在建设工程价款优先权上，对于抵押权的上述画蛇添足之举应予避免，即发包人（所有权人）有权处分，这也符合当前房地产交易市场的习惯做法。从受让方来看，因为建设工程价款优先权既无登记也无占有表征，本来有可能发生善意取得。但是作为法定担保物权，该优先权上反映的立法政策决定了，它应具有阻却善意取得的效力。

（二）承包人的权利

1. 优先受偿权

（1）对抵押权。

建设工程价款优先受偿权与抵押权的优先位次问题曾是相关讨论的热点。[①] 法释〔2002〕16 号文第 1 条确认了建设工程优先受偿权对抵押权的优越地位，因此在法解释论上应不再存有分歧，即无论抵押权成立时间先后，均劣后于建设工程价款优先权。

在比较法上，各范式法例并不一致，如法国民法典第 2095 条、日本民法典第 339 条、意大利民法典第 2748 条都规定这类优先权优先于抵押权。而台湾“民法”则对于承揽人抵押权与普通抵押权的顺位均按登记时间决定位次，仅修缮人抵押权可在增值范围之内优于登记在先的抵押权（台湾“民法典”第 513 条）。笔者认为未来修法仍可以坚持上述司法解释的立场，即使建设工程价款优先受偿权优于意定抵押权，这与上文所探讨的“制度意旨”是相互呼应的。而且这也是我国“特别优先权”的惯例，如《海商法》第 25 条第 1 款、《民用航空法》第 22 条的类似规定即是。

（2）对留置权。

留置权是一种法定物权，由于《物权法》第 230 条、《担保法》第 82 条出现了“占有债务人的动产”字样，许多学者据此认为，我国法上不动产不能成为留置权之标的，建设工程承包人无权留置。但是综合《合同法》第 264、287 条的规定，上述结论似非妥适。因为按照该法第 287 条，建设工程承包合同在法无特别规定时即适用关于承揽合同的规定，那么，该法第 264 条有关承揽合同的留置权规定为什么就不予适用呢？在比较法上，早在德国法上作为债权留置权能存在时，留置权并不区分其标的为不动产或动产，即使并无“物”的存在，单就某个行为也可“留置”，日本法就留置权进行改造以后，该权利指向的标的仍包括不动产，台湾省“民法”才开始将留置权的标的局限于动产。《物权法》第 230 条、《担保法》第 82 条出现了“占有债务人的动产”字样或许是受台湾“法”的影响，但由于《合同法》第 264、287 条的规定，使法律解释有了另外的选择，即认可承包人对不动产亦可享有留置权，从而直接台湾“法”之前的法律

① 参见梁慧星：《合同法第二百八十六条的权利性质及其适用》，《山西大学学报》2001 年第 24 卷第 3 期。

传统，这与我国长期形成的习惯做法也有相通之处，比如示范合同即明确载入了赋予承包人留置权的条款。

另外，留置权与同时履行抗辩权在源流、功能上的密切关联也不容忽视。二者均源于罗马法上恶意抗辩及诈欺抗辩之拒绝给付权。[①] 德国民法典中，留置权和同时履行抗辩权被分别规定于第273条、第320条，它们之间的分别只是在于所涉义务是否构成对价双务。当义务违反涉及对价性时，则适用同时履行抗辩权，其特殊之处是债务人不可以提供担保而祛除留置。易言之，同时履行抗辩权较留置权更为严厉。德国商法已有留置权物权化的规定，但仅限于商事领域。可是继受德国法的日本、瑞士及我国台湾省的民事规定对留置权进行了彻底的物权化改造，其影响是双向的：一方面留置权变价优先受偿的功能凸显日本法还是以留置为主要功能，优先受偿权未被承认。[②] 就相对方义务履行增施激励的取向淡化，所以剧烈的限缩其作用范围于“物”之上，不存在可支配之物的场合，留置权即无可作为了；另一方面，同时履行抗辩权的作用范围的“对价性”要求变得似是而非，已呈扩张趋势。[③] 就当下讨论的问题，即使否定承包人享有留置权的可能，其同时履行抗辩权仍应承认，留置效果无可避免。在笔者视野所及的两则真实案例中，人民法院以不可成立留置权为由，直接否定了承包人“暂时留置”的要求，这是不妥当的。[④]

而在多个承包人先后施工的情形下，如果承认承包人留置权，就可能出现建设工程价款优先受偿权与留置权的冲突。此时可比照《海商法》第25条第1款的规定，使建设工程价款优先受偿权优于留置权，因为前者比后者所覆盖的债权范围小，更集中体现社会政策，且留置权人也可以就其债权中符合要求的部分行使该优先权，所以这种次位安排是妥当的。如果仅认可承包人以行使同时履行抗辩权而暂时的“留置”的话，则其仅可就

---

① 谢在全：《民法物权论》（下册），台北：新学林出版股份有限公司2004年版，第381、385页。

② ［日］近江幸治著，祝娅等人译：《担保物权法》，北京：法律出版社2000年版，第27页。

③ 参见韩世远：《合同法总论》，北京：法律出版社，第326～327、343页；崔建远：《履行抗辩权探微》，《法学研究》2007年第3期。

④ 《湖北省恩施州中级人民法院巴东县兴东建设总公司与巴东县劳动和社会保障局建设工程施工合同交付房屋纠纷上诉案民事判决书》（(2004）恩中民终字第62号，合议庭组成：审判长廖学贵；审判员张辅军；代理审判员朱华忠）；《杨正严诉华都商厦收取租赁定金后因欠付工程款建造的出租房被承包人留占要求交付该承租房案》（湖北省宜昌市中级人民法院处理）。均见“北大法宝”，2008年3月10日访问。

价款债权中符合该优先权的部分主张优先受偿，其余部分只能借助“留置”以及处分标的物后与普通债权平等受偿。

（3）对消费者权益。

法释〔2002〕16号文第2条规定，消费者交付购买商品房的全部或者大部分款项后，承包人就该商品房享有的工程价款优先受偿权不得对抗买受人。该规定所涉及的问题主要包括：第一，消费者究竟指称何人？第二，“交付购买商品房款项”的方式包括哪些？“大部分款项”是多少？第三，“不得对抗买受人”中的“对抗”应作何解释？买受人在其中究竟享有什么权利？第四，由于建设工程价款优先受偿权的媒介作用，消费者权益对其他债权人有何影响？下文逐一试为辨析。

根据《消费者权益保护法》第2条的规定，消费者是指“为生活消费需要购买、使用商品或者接受服务”的人。解释上仅指自然人，所以当一单位为职工福利统一购买商品时，虽然最终商品仍为职工个人所消费，但是通说认为此时无《消费者权益保护法》之适用。另外在消费者与承担责任的经营者之间应有合同关系存在，故而商品经转卖始到达消费者手中时，该消费者与作为前一次买卖之卖方的经营者之间亦无《消费者权益保护法》之适用。可见在该法之下，“消费者”的概念外延较小。法释〔2002〕16号文所称的“消费者”与《消费者权益保护法》中的概念是否保持一致，是一个重大问题，甚至具有方法论上的意义。① 值得注意的是，就房地产市场是否适用《消费者权益保护法》，我国理论界和司法实务界长期存在争议。2002年，法释〔2002〕16号文率先引入“消费者”概念，2003年《最高人民法院关于审理商品房买卖合同纠纷案件适用法律若干问题的解释》（法释〔2003〕7号文）第8条规定，商品房出卖人应为某些欺诈行为“承担不超过已付购房款一倍的赔偿责任”，其解释依据是《消

① 对于理解不同法律所使用的相同概念，法学方法论上有一条“著名的‘法学概念相对性’原则”，即应根据各个法律的特殊目的的角度入手，掌握该概念在不同语境里的精确含义，这“仍然是除了普通语言使用和交易习惯之外最重要的界定标准”。（［德］卡纳里斯著，杨继译：《德国商法》，北京：法律出版社2006年版，第30页。）德国法学家Esser说到，“每一个法律概念对其负荷之规制功能是相对的。这并非法律概念所专有的特性。每一个概念之符号值皆由其具体之宣示任务所决定。……概念总是对应其负荷之功能或任务，而有其特别意义。纵使在看似严密确定的概念塔也不是以一成不变之语意学上的意义为其基础，其语义学上的意义一直随其‘规范目的’而变。是故，法律概念之语意学上的观察，一直带有‘目的性’，亦即与当时对该概念之适用有决定性之规范牵连有关”。（转引自黄茂荣：《法学方法与现代民法》，北京：中国政法大学出版社2001年版，第88～89页）

费者权益保护法》第 49 条有关惩罚性赔偿金的规则。

当然，后一司法解释将《消费者权益保护法》上对消费者施与强力保护的规则引入房地产市场却没有明确限定于消费行为，引致一些批评。但是笔者认为，从房地产交易的特殊性来看，后一司法解释的上述做法也是无奈之举，甚至在一定程度上更符合交易实际。所谓"房地产交易的特殊性"主要有三：其一，购买住宅房产的目的在投资和消费之间几乎无法区分，而且这种勉力区分与民众的心理认同反差太大；其二，房产交易从期房预售合同到现楼买卖以至二手楼转让，过程漫长，作为"买受人"加入到交易中来的人是形形色色的，即使能够区分投资者和消费者，在这种连绵不绝的交易场景里硬生生拎出某"投资者"排除在规则适用之外，也不符合交易常识，而且行为人也很容易规避，如此只会徒生滋扰，对法律的稳定性有害无益；其三，由于不动产物权的存在，交易"前手"和"后手"即使远隔多重合同关系，也可能因物权交集而发生纠葛。

其中与法释〔2003〕7 号文第 8 条规定相关的主要是前两条特殊性，并且其作用比较单纯，即扩大了惩罚性赔偿的适用范围，因为仅涉及交易双方，无可厚非。而在理解法释〔2002〕16 号文所称"消费者"时，上述三条特殊性则都应被考虑，并且它们的作用模式或许应根据建设工程价款优先受偿权的价值意旨作比较复杂的设计。具体来说，笔者主张的要点是：其一，只要交易标的是住宅房屋、买受人又是自然人，则应推定为消费行为，即使买受人已有其他房产，暂作出租等用益打算，也不应颠覆推定结论，在这一点上主要是为了避免无谓争执；其二，如果自然人预购房产或取得现房所有权后，将合同利益或所有权转让予某单位，或者反之由某单位转让予某自然人，此时不能纯粹从"发包方"（开发商）卖房这一初始交易点搞一刀切，罔顾后续交易中加入的消费者之利益和放任后续交易中加入的非消费者受过分保护都不恰当，一个极端的例子是，根据法释〔2003〕7 号文第 20 条，出卖人与包销人订立商品房包销合同，于是所有为"消费"而购房的人实际上都是后续加入者，但是仅因为他们不是直接从发包人手中购房就否定其消费者身份，似与法释〔2002〕16 号文第 2 条的意旨不合，所以笔者主张，判断是否消费者，应以实行建设工程价款优先受偿权时的合同利益和所有权持有人的身份为准。在司法实践中，一些案例涉及单位房改房取得人或被拆迁户的权益，人民法院也将其归入到

“消费者”之列一体保护,[①] 与笔者上述见解不谋而合。

法释〔2002〕16号文第2条以对消费者的特殊保护系于其是否支付了全部或大部分房款。在其他司法解释中，也有将特殊保护与支付对价的事实相捆绑的做法。如《最高人民法院关于审理涉及国有土地使用权合同纠纷案件适用法律问题的解释》（法释〔2005〕5号）第10条第3项。[②] 在民法上支付价款的事实于某些场合的确可以发生增强付款人地位的效果，其中以当代民法上所有权保留买卖之买受人地位最为典型。但是值得注意的是，当代民法中受付款事实增强的是“期待权”，即交易追求的物权之雏形，如果连雏形都不具备，一个纯粹的债权并不能因付款而击破债权平等原则。其实最高人民法院在另外一些司法解释中也体会到了这一点，例如在《关于人民法院民事执行中查封、扣押、冻结财产的规定》（法释〔2004〕15号）第16、17条的规定中，实际占有财产与支付部分价款一道成为取得优先地位的前提。而最高人民法院于法释〔2002〕16号文第2条、法释〔2005〕5号第10条第3项的做法则击破了债权平等原则，其意义亟待全面评估。

此处需要指出的是，法释〔2002〕16号文第2条至少有两大弊端，其一是为发包人纠合买受人损害其他债权人开启弊窦，只要发包人声称已接受买受人大部分房款，则可不费吹灰之力将法律和当事人历尽艰辛构建的担保权体系彻底摧毁；其二是为发包人套取买受人的房款助纣为虐，买受人即使明知发包人已有信用缺失之虞，也只能为求保住自身的优先次位而遭“绑架”继续付款，可是这些款项根据同时履行抗辩权、不安抗辩权、减损规则等制度构架的宗旨本是可以和应该挽回的损失，在这一点上，说最高人民法院上述立场无意中颠覆了民法为减损而精心打造的应急机制，也不为过。

当然以上只是立法论上的意见，在对该司法解释的“解释论”上似无良方。或许提高买受人付款证据的规格能稍稍减小上述弊端，比如在司法

---

① 见《严钊与中国建设银行佛山市分行等借款合同纠纷执行异议案裁定书》[广东省佛山市中级人民法院（2004）佛中法执二字第41号民事裁定书]，合议庭构成：审判长邱卫玲，审判员麦均兴，代理审判员文坚；《余同昌与佛山市商业银行禅城支行等借款合同纠纷执行异议案裁定书》[广东省佛山市中级人民法院（2004）佛中法执二字第33号民事裁定书]，合议庭构成：审判长邱卫玲，审判员麦均兴，代理审判员文坚。均见“北大法宝”，2007年3月10日。

② 该项规定，就一处土地使用权多次转让且各受让人均未取得登记、占有时，先支付对价的受让人优先。

实践中，有人认为发包人为抵销债务拨付房产予债权人，不应认定后者为已付房款的消费者，[①] 这种做法虽然在细节上仍须推敲，但至少在防范道德风险方面有其意义。其余所谓大部分房款在司法解释没有进一步说明的情况下只能解释为简单多数，即一半以上。判断的时间点应以建设工程价款优先受偿权开始实行时为准。

法释〔2002〕16号文第2条称建设工程价款优先受偿权不得“对抗”已支付大部分房款的买受人，论者一般认为该等买受人的权益优先于该优先权，并且因为同一司法解释第1条规定该优先权“优于抵押权和其他债权”，又顺理成章地推论出消费者权益处于“更优”地位。[②] 这种解释恐怕是该司法解释起草者所始料未及的。该司法解释第2条的意旨本应该是简单的，就是因为建设工程价款优先受偿权无须公示，十分隐蔽，而消费者购房时调查能力、谈判能力较低，法律不能要求他们像商业银行那样承担该优先权带来的风险，故特别规定该优先权不可对抗之。至于消费者权益与业经登记的意定抵押权或其他有无担保的债权之间究竟如何定其次位，那是整个财产法体系的任务，并且在现行法下自有其经历千锤百炼的解决方案，这不可能是一个“见招拆招”的司法解释的一句话所能面对的任务。否则，物权优先、债权平等、登记之公示公信力等制度基石都会遭受冲击，法律的稳定性、妥当性将受重创。此外，按照上述思路推导出消费者权益优于建设工程价款优先受偿权、抵押权以及其他一切债权，其实是为消费者权益新创了一个次位极高的法定担保物权，如果司法解释如此大胆越俎代庖，恐怕违反的不只是“物权法定”，而是一个违宪问题。由此可见，法释〔2002〕16号文第2条并没有新创又一法定担保物权，对其理解应从司法解释的意旨出发、从既有的财产法体系出发，即使其文义的射程与既有体系发生冲突，也不应该动辄将整个体系性方案肢解得七零八落，而应以各种解释方法并用，力求既满足其意旨，又实现与既有体系的平滑衔接。也许这并非一句题外话：对民法体系的确信之心是无数次教训

① 雷运龙、黄锋：《建设工程优先权若干问题辨析》，《法律适用》2005年第10期。

② 司法实践中法院已接受了这种简单推论的模式，参见《严钊与中国建设银行佛山市分行等借款合同纠纷执行异议案裁定书》［广东省佛山市中级人民法院（2004）佛中法执二字第41号民事裁定书］，合议庭构成：审判长邱卫玲，审判员麦均兴，代理审判员文坚；《余同昌与佛山市商业银行禅城支行等借款合同纠纷执行异议案裁定书》［广东省佛山市中级人民法院（2004）佛中法执二字第33号民事裁定书］，合议庭构成：审判长邱卫玲，审判员麦均兴，代理审判员文坚。均见“北大法宝”，2007年3月10日。

所带给的智慧，逞一时之快不假思索地修正既有体系，将陷入意想不到的问题深渊。

如前所述，“不得对抗买受人”一般被理解为作为消费者的买受人之权益优先于承包人。而所谓优先似乎是全方位的，所以当其取得所有权时，固然可以对抗承包人该优先权之追及效力；当其尚未取得所有权时，其要求交付、过户的债权请求权也是应当优先支持的；如果工程未竣工，无从交付、过户，那么其价款返还、损害赔偿等债权也应优先满足；其中损害赔偿中又包括利息、违约金、定金以至于根据法释〔2003〕7号文第9条应计的惩罚性赔偿金等许多名目，都在建设工程价款优先受偿权、抵押权及其他几乎所有债权之前优先受偿；如果发包人一物二卖，有多位买受人支付了大部分房款，看来所有买受人之地位都不能不优先。

这是一个荒谬的结论，将“不得对抗买受人”与“买受人权益一律优先于承包人之优先权”混为一谈就是错误的根源。立法或司法解释在实际赋予优先地位时，往往都明确措辞为“优于”或“先于”，例如《海商法》第25条第1款规定：“船舶优先权先于船舶留置权受偿，船舶抵押权后于船舶留置权受偿。”就在法释〔2002〕16号第1条，就建设工程价款优先受偿权与抵押权及其他债权的顺位问题所作的规定是，“建筑工程的承包人的优先受偿权优于抵押权和其他债权”，根据体系解释的思路，几乎就可以断定“不得对抗”与“优先次位”无必然联系。“不得对抗”是物权法律中经常出现的术语，如《物权法》第24、129、158、188、189条都规定了某些物权变动未经登记不得对抗善意第三人或者“在正常经营活动中已支付合理价款并取得抵押财产的买受人”。这些情况在《担保法》以及担保法之司法解释中也有很多。《最高人民法院关于担保法司法解释第五十九条中的“第三人”范围问题的答复》（法函〔2006〕51号）解释称，某些抵押权未经登记不得对抗第三人是指“此种抵押对抵押当事人之外的第三人不具有法律效力”。事实上，上述所引法条涉及的“不得对抗”都是指对不得对抗之人无效。“不得对抗”的另一个典型含义大概是《物权法》第190条规定的：“订立抵押合同前抵押财产已出租的，原租赁关系不受该抵押权的影响。抵押权设立后抵押财产出租的，该租赁关系不得对抗已登记的抵押权。”此处“不得对抗”关注的则是，抵押权人能否要求除去租赁关系。

不管怎么说，将“不得对抗”的本义解释为不被对抗之人因此获取优先地位是没有任何根据的。的确，在某些场景里，如《物权法》第189条所称“不得对抗正常经营活动中已支付合理价款并取得抵押财产的买受人”，的确有买受人所有权优先的效果，但是这种效果与其说是“不得对抗”的本义，不如说是物权优先的彰显——既然抵押权对买受人无效，其所有权自然优先了。而在更多的场合，如果将“不得对抗”解释为不被对抗之人的权益优先于原权利人，将会得出荒谬的结论。比如某些抵押权未经登记不得对抗善意第三人，显然不可理解为善意第三人就此平地拔起一种优先地位。私法在干涉生活时常常遵循这样的智慧——只使用必要的力量作点到为止的干涉，绝不在灭火的同时点更多更大的火。“不得对抗”正是这一智慧的体现。

可见，法释〔2002〕16 号文第 2 条之“不得对抗买受人”，仅指存在于买卖标的商品房之上的建设工程价款优先受偿权对买受人无效。易言之，承包人在行使该优先权时，就该商品房并不拥有对买受人的优先受偿权，而仅仅只是一般查封、扣押债权人，仅此而已。为了使阐述更加清晰，以下就各种可能情形设例说明：例一，如果买受人支付价款尚不足“大部分”，则无论其是否占有或经登记取得商品房的所有权，承包人均可就该商品房行使其优先权，因为此时其地位是法定担保物权人，与一般查封债权人不同；例二，当买受人已支付大部分价款，且经登记取得所有权，则承包人之优先权的追及效力受阻，只能在满足条件时代位行使发包方对未付房款部分的债权；例三，当买受人已支付大部分价款，虽未经登记取得所有权，但是已经实际占有商品房，此时承包人虽然可以申请查封、扣押商品房，但是如果买受人符合法释〔2004〕15 号文第 17 条的要件，即对于未办理过户无过错，则买受人可以选择付清余款而保有商品房；例四，买受人虽已支付大部分价款，但是既未过户也未占有，承包人当然可以申请查封、扣押商品房，且买受人付清余款要求过户的主张无法律根据，不过买受人若要求参与分配，则在经历适当程序之后（指提起诉讼、申请执行或申请发包人宣告破产等等），可以就该商品房之处分所得与承包人平等受偿；例五，买受人虽已支付大部分价款，但是工程未能竣工，甚至于在建工程之中，其预购的商品房尚未具备参照适用“一物一权”原则的条件（关于该原则的参照适用问题请参阅上文），根据法释〔2002〕16 号文第 2 条，所谓“该商品房”是使承包人优先权不可对抗买受人的物质基础，既然“该商品房”并不存在，那么买受人只能等该优先权于在建工程之上实现后再与其他一般债权人平等受偿。

如果在该商品房上还登记有抵押权，抵押权应不受法释〔2002〕16 号文第2条影响。此处亦举例说明：若发包人将某套商品房预售或现楼售与买受人，在买卖合同成立前后又为他人在该在建或现楼的商品房上设立抵押权（此时或许涉及预售备案制度效力和抵押权人善意取得等问题，均非本书讨论任务，故予略去），则抵押权恒优于买受人，无论其是否支付大部分房款或者是否占有商品房（至于未经抵押权人同意登记过户应不可能），但是如果另有承包人之建设工程价款优先受偿权存在，则抵押权须在后者满足以后方可实现，不过后者在该商品房上又可能不足以对抗买受人，于是承包人与买受人就该商品房的分配又回到上文五个设例中的后四个设例所阐明的方案。而在这一过程中确保“抵押权不受影响”的精义就在于，承包人与买受人之间的所有分配方案都不能超出工程价款优先受偿权的数额。为说明这一点，应就此处设例进一步完善细节：该商品房买卖价格和预计拍卖价值均为1 000万元，买受人已付房款600万元抵押权登记数额500万元，此时如果建设工程价款优先受偿权数额1 200万元，则抵押权本来就毫无实现希望，承包人与买受人之间的任何分配方案都与抵押权人无涉。可是若建设工程价款优先受偿权数额仅800万元，那么承包人与买受人之间选择的分配方案就必须为抵押权保证200万元的实现空间，在这种情况下，比较切实可行的做法是拍卖商品房，承包人和买受人在800万元范围内按比例受偿，其余200万元归抵押权人受偿。但是在上文例三所示的情形下，即买受人已实际占有商品房且要求付清余款保有房屋时，应该另向抵押权人支付200万元（该200万元当另行向发包人求偿）。此处向抵押权人支付200万元与传统民法抵押权制度之涤除权规则是相通的，平衡了买受人与抵押权人的利益。因为建设工程价款优先受偿权一般以工程整体为客体，包含了多套商品房，为确定某一套商品房上应负担的优先权数额，可以将优先权总额按各套商品房预计价款在各套之间分摊。

上述就建设工程价款优先受偿权、抵押权、消费者权益之位次在解释论上的安排，借鉴了传统民法抵押权顺位处分制度所蕴藏的智慧。在这一顺位处分的场景里，若在先顺位抵押权人为某一后顺位抵押权人的利益转让顺位的话，则后者将优先于前者受偿，若在先顺位抵押权人为某一后顺位抵押权人的利益抛弃顺位的话，则二者平等受偿，因为二者之间还有可能存在别的抵押权不应受到无谓的干扰，所以上述顺位的处分应限定于在先顺位抵押权的数额范围。[①]

（4）对被拆迁户。

《最高人民法院关于审理商品房买卖合同纠纷案件适用法律若干问题的解释》（法释〔2003〕7号）第7条第1款规定："拆迁人与被拆迁人按照所有权调换形式订立拆迁补偿安置协议，明确约定拆迁人以位置、用途特定的房屋对被拆迁人予以补偿安置，如果拆迁人将该补偿安置房屋另行出卖给第三人，被拆迁人请求优先取得补偿安置房屋的，应予支持。"可见被拆迁户对原定用于安置的房屋享有的权利优先于其他买受人，而该其他买受人中应当包括消费者，这与被拆迁户权利之上附着的社会利益是相互适应的，所以建设工程优先受偿权既然不能对抗消费者，也就不能对抗被拆迁户。

（5）对一般优先权。

一般优先权是指某些债权在一定情形下可就债务人总括性一般财产优先受偿，在我国现行法上，主要包括《企业破产法》第113条第1款前两项所规定的诸破产债权。综合《破产法》第109、113条规定可知，建设工程价款优先受偿权优先于一般优先权。但是该法第132条规定："本法施行后，破产人在本法公布之日前所欠职工的工资和医疗、伤残补助、抚恤费用，所欠的应当划入职工个人账户的基本养老保险、基本医疗保险费用，以及法律、行政法规规定应当支付给职工的补偿金，依照本法第113条的规定清偿后不足以清偿的部分，以本法第109条规定的特定财产优先于对该特定财产享有担保权的权利人受偿。"这一规定对建设工程价款优先受偿权构成了冲击，即上述与劳动者相关的债权依照该法第113条未获清偿的部分又将在建设工程之上取得更优的地位。这种方案在实际执行时可能发生意外的纷争，因为在建设工程价款优先受偿权等担保权利与上述劳动者相关债权之间还存在"破产费用和共益债务"，当担保权利就特定财产全额满足以后，余额先拨付破产费用和共益债务，再有剩余才轮到劳动者相关债权受偿，可是劳动者相关债权未受清偿额又一步窜至最优地位，此时究竟是将已作分配推倒重来？还是维持已作分配局面，仅将担保权人所受清偿额取回重新分配呢？如果仅看法条文义——"优先于对该特

---

① 参见谢在全：《民法物权论》（中册），台北：新学林出版股份有限公司2004年版，第496页；［日］近江幸治著，祝娅等人译：《担保物权法》，北京：法律出版社2001年版，第183～184页。

定财产享有担保权的权利人受偿”，似乎应取后一回答，可是这样却使“破产费用和共益债务”相关的受益人得到意外的好处，对各担保人很不公平，何况还可能在担保人们交出全部所得之后仍无法满足上述劳动者相关债权，此时维持第一次分配的格局显然与立法意旨相悖。因此只能作前一回答，即在该特定物上推倒第一次分配重来。但是这种做法在技术上也不容易，因为将“破产费用和共益债务”相关受益人就该物所受利益收回以后，又必须从其他破产财产中予以补偿，无可避免地产生新的需要“提拔”到最优位次的劳动者相关债权未清偿额……这是一个怪圈，有待于在实践中寻求妥协。

（6）建设工程价款优先受偿权之间。

建设工程价款优先受偿权之间的次位问题如何定夺，法无明文，司法解释也未涉及，存在法律漏洞。其填补之道是考察邻近制度、结合价值判断以为取舍。物权优先效力一般以时间先后为准，成立在先者或登记在先者优于后者，意定抵押权就是如此。根据《物权法》第199条，当抵押权在一物之上竞合时，均按登记时间之先后定其位次，先登记者优于后登记者，已登记者优于未登记者，均未登记者（此时仅指采登记对抗主义者）平等受偿。如果类推适用这一规定，似乎可以得出这样的结论：建设工程价款优先受偿权之间永远都是平等受偿的，因为这种权利依现行法并无登记能力。但是在这个问题上，与建设工程价款优先受偿权在价值取向上极为类似的其他法定特别优先权却截然相反。例如根据《海商法》第22、23条的规定，海难救助费用请求权与船上在编劳动者相关债权等债权相竞合时，“后发生的先受偿”；数个海难救助费用请求权竞合时，也是“后发生的先受偿”。《民用航空法》第19条也就空难救助报酬和必要保管费用的次位问题规定为“后发生的先受偿”。这些特殊优先权均以成立时间在后者优先为原则。

这种悖于物权优先效力一般规则的做法之背后，仍反映着这些法定担保物权的价值取向，即保障债权人共益部分的安全、鼓励增值保值行为，建设工程价款优先受偿权也与此相通，似应作同一解释。但是，建设工程价款优先受偿权仍有其不同之处，即工程承包分新建工程和重大修缮工程，新建工程又呈复杂的阶段性。在新建工程之上，这种承包人优先权利的成立时间是难以确定的，而且即使能够确定时间，适用“后发生的先受偿”规则也会导致荒唐局面。首先，就其成立时间可供选择的时间点至少有：承包合同生效时；工程进度款应当支付时；不同施工阶段之衔接点。

以上时间点要么很隐秘（如合同生效、进度款支付时间），要么易生掣肘（如不同阶段之衔接），无论选取哪一个都可能徒然制造各承包人之间的纷争，而与激励增值行为的宗旨南辕北辙，所以都不适合作为位次判断依据。

台湾省“民法典”提供的方案是很有启发价值的，综合其第513、865、874条，新建工程各承包人以其登记次序决定受偿位次，先登记者优先，同时登记者平等受偿，此处与上文《物权法》关于意定抵押权的规定是相同的，但是其关于重大修缮人的优先次位，则规定为“于工作物因修缮所增加之价值限度内，优先于成立在先之抵押权”，又与上述《海商法》、《民用航空法》关于特定优先权的规定意旨略同。笔者认为，在立法论上，这一法例既能激励诸承包人即时申请登记，增强该优先权的公示性，又兼顾了其在增值保值方面的制度宗旨，是可取的。在法解释论上，不妨兼采上述《物权法》关于意定抵押权的规定和《海商法》、《民用航空法》关于特定优先权的规定，即就新建工程诸承包人适用前者而平等受偿，就重大修缮工程承包人则适用后者，以“后发生者优先”，此处“发生”即依修缮事实发生时间来确定。①

2. 处分权

建设工程价款优先受偿权随价款债权一同处分当不存障碍。值得探讨的是，建设工程价款优先受偿权人能否像抵押权人那样处分其次序。笔者认为应当作肯定回答，因为优先权人自由抛弃、转让其次序，法律并无干预必要，且在实践中有其实益，为围绕建设工程出现的诸多利益相关方配备更大的自治空间，这是值得赞同。当然，因为该优先权无须登记，所以其处分相对于抵押权自有不同，比如其抛弃直接以意思表示为之即可。

3. 保全

建设工程价款优先受偿权作为一种物权，当遭受第三人侵夺、妨害或有受其妨害之虞时，应可按《物权法》第34～37条的规定实施物权请求权。根据《物权法》第193条，“抵押人的行为足以使抵押财产价值减少的，抵押权人有权要求抵押人停止其行为。抵押财产价值减少的，抵押权人有权要求恢复抵押财产的价值，或者提供与减少的价值相应的担保。抵押人不恢复抵押财产的价值也不提供担保的，抵押权人有权要求债务人提

---

① 参见谢在全：《民法物权论》（下册），台北：新学林出版股份有限公司2004年版，第14～15页。

前清偿债务”。由于建设工程价款优先受偿权和抵押权一样也是不要求转移物的占有的担保物权，该条对抵押权的特殊保护对建设工程价款优先受偿权也有相同价值。在法律遗漏时，应准用于发包人或继受取得之所有权人与建设工程价款优先受偿权人之间，以填补漏洞。

（三）担保的债权范围

1. “实际支出费用”与“违约所致损失”之间

法释〔2002〕16号文规定，建设工程价款包括承包人为建设工程应当支付的工作人员报酬、材料款等实际支出的费用，不包括承包人因发包人违约所造成的损失。但是在承包方的请求数额中剔除所谓损失之后，其余部分是否均受优先权保护仍有商榷余地。产生问题的根源即在于该司法解释的视野局限于“实际支出的费用”和“违约所造成的损失”，在逻辑上并不周延。根据《建设工程施工发包与承包价格管理暂行规定》（1999年1月5日建设部建标〔1999〕1号发布）第5条的规定，工程价款包括三部分：成本（直接成本、间接成本）、利润、税金。以承包人之合法利润为例，应属工程价款的当然构成部分，但是在该司法解释所称“实际支出的费用”和“违约所造成的损失”之间时或难寻立足之地。① 当工程因发包人的原因未能竣工时，承包人就未完工部分的利润固然可作为“间接损失”纳入“违约所造成的损失”，但是当工程业已竣工时（或者工程虽未竣工但可就已完工部分作阶段性决算），工程价款作为金钱债务不存在不履行而生替代性损失赔偿的问题，所以包含其中的利润也就并非“违约所造成的损失”。但是它能否归入“实际支出的费用”呢？如果不能，则两头落空了，于是司法解释也出现了“法律漏洞”。按照法律漏洞填补的规则，此时仍应将承包人的利润划入到优先权的作用范围。因为首先如上文所引法规显示的，合法利润是工程价款的法定外延，司法解释予以剥离并不恰当，何况司法解释漏洞的存在恰恰显示了它没有明确剥离；其次，上文厘定的制度意旨——为共益增值增施激励，也要求将竣工工程或已完工工程的利润包括在优先权的效力之内，而未完工部分之利润的排除也正好从反面增强了激励作用。工程价款中的税金部分也是如此。最后在实务

---

① 有不少人从司法解释的文义出发认为利润并非该优先权的覆盖范围，如雷运龙、黄锋：《建设工程优先权若干问题辨析》，《法律适用》2005年第10期；刘国田：《工程款优先受偿权刍议》，《福建政法管理干部学院学报》2003年第2期。

中，如果把“实际支出的费用”理解为承包人应就每一笔实际花费一一举证的话，那是根本不现实的，也正是因为如此，所以国家才有颁布工程决算方面的法规的必要。所以所谓“实际支出的费用”在实践中只能变通，在工程竣工时或者虽未整体竣工但可以就竣工部分决算时，应指根据《建设工程施工发包与承包价格管理暂行规定》计算的工程价款，[①] 在工程未竣工且不可决算时，可以评估解决。

2. 质量保修金

质量保修金作为工程价款的一部分应属建设工程价款优先权的作用范围，但是由于它不仅关乎发包人利益，也与未来继受取得人或使用人（其中当然也包括大量消费者）利害攸关，所以在工程价款延期支付时，承包人也不得提前要求支付质量保证金，但是在行使建设工程价款优先受偿权而变价、拍卖时，质量保证金被置之度外亦非妥适，似以参照《物权法》第 174 条作提存解决较好。

3. 是否以增加价值为限

最高人民法院于《关于装修装饰工程款是否享有合同法第二百八十六条规定的优先受偿权的函复》[（2004）民一他字第 14 号] 将装修工程价款优先权限定于“建筑物因装修装饰而增加价值的范围内”，这是对优先权数额所作的直接限定。在比较法上，法国法将建筑师、承揽人优先权“设定于修建的不动产，但仅限于建筑工程为该不动产增加的价值部分，且为行使优先权时该增加的价值尚存的部分”[②]。日本民法典第 327 条第 2 款也有类似规定，“前项先取特权（即不动产工程的先取特权——笔者注），由工程所生的不动产价格的增加，其对象仅为现存的增加额”。台湾省“民法典”第 513 条第 4 款则就修缮者的抵押权提供了特殊规则，“就修缮报酬所登记之抵押权，于工作物因修缮所增加之价值限度内，优先于成立在先之抵押权。”该法例并没有将修缮报酬抵押权数额一般性地限定于因修缮所增加的价值，而是借“增加之价值限度”对“后发生者优先受偿”的数额作出了限定。在上文所述的建设工程价款优先受偿权之意义中，以激励承包人共益增值行为为一重点，所以限定其优先权利于此增值

① 参见李国光：《解读最高人民法院司法解释，民事卷，1997—2002》，北京：人民法院出版社 2003 年版，第 235 页。

② 尹田：《法国物权法》，台北：五南图书出版公司 1999 年版，第 507、519 页。见法国民法典第 2103 条第 4 项。（罗结珍译：《法国民法典》，北京：中国法制出版社 1999 年版，第 480 页。）

部分是合乎情理的，因为这的确有助于增强承包人对自己工作部分的责任心，并且在各自工作范围界限分明时也显得更为公平。在立法论上值得借鉴。但是要注意的是，这同时又会增加权利实现的整体成本，如日本民法典第338条后句同时规定了，“因工程所生的不动产的增加额在加入分配时，须由法院选任鉴定人评估。”而法国法上的建筑师、承揽人优先权也因登记、评估等手续过于繁杂在实践中受到阻碍，削减了对建筑师、承揽人的激励作用。所以笔者认为，就新建工程而言无须将各承包人的优先权限定于其所增加价值上。以上方案与台湾省的做法略似。至于在法解释论上，依现行法及其司法解释，新建工程和重大修缮工程除装修装饰之外均无限于增加价值优先受偿的规则存在。

五、关于物权变动

（一）取得

建设工程价款优先受偿权的取得时间问题一直没有达成共识，晚近有关的研究成果倾向于回避了这个问题。但是作为一种担保物权，其取得时间的意义仍是不容忽视的，比如，其保全、排他、物上代位、追及效力的实行显然都是以权利取得为前提的。当然，承包人由于一般兼具占有人地位，所以似乎可借此实现相同效果，但是这种效果是片面的，比如在承包人与发包人之间的保全问题、前一阶段承包人向后一阶段承包人移交占有以后，都是作为事实的占有所不可覆盖的。

该优先权取得时间问题的复杂性主要来源于三个方面：其一，标的物方面；其二，债权决算方面；其三，承包合同效力方面。

就第一方面，特别是新建工程，签订初始承包合同时，自然并无标的物的存在，所以有学者认为既无物的存在，何来物权？只能待工程竣工或阶段性工程竣工时方可成立。笔者认为，当代民法对在建工程的认识已经超越了传统“一物一权”原则，其实赋予了这种特殊的概括性的集合物以成为物权（特别是担保物权）的能力，既然在建工程（以及与之相类似的在建船舶）都可以设定意定抵押，且抵押权无须待建设完毕才生效，那么相应地，成立于同一标的物上的这种法定担保物权当然也不用拘泥于竣工与否，这一顾虑是多余的。

就第二方面，建设工程价款在承包合同生效时最多也就是一个预算额，该预算额与实际价款肯定有异，在未来还可能随设计变更而浮动，并且价款债权最终能否成立还要看承包人自己的履行情况。但是这种主债权留待未来决算的并非只是建设工程价款优先受偿权，而最高额担保，特别是最高限额未定仅有债权决算范围的最高额担保都是主债权留待未来决算的典型，理论上认为这是担保物权之附随性的稍稍松动，并没有什么障碍，更不会对担保权利的取得时间造成任何影响。反映在此处，则应该认为，在建设工程价款优先受偿权的最终实现固然以债权决算为前提，但是该权利的取得无须受此影响。

通过前两方面的辨析，笔者认为，建设工程价款优先受偿权的取得时间就是承包合同生效时。但是上述第三方面的复杂性在合同无效时仍会体现出来。比如在无适格资质承包的情形下，合同本来是无效的，但是如上文所述，在工程竣工验收合格时，又可能被法院当作有效合同处理。于是在验收之前，承包人是否就有一种“期待权”呢？笔者倾向于作出肯定回答，因为工程建设是一个漫长的过程，法律关系的稳定对成果的实现是有重要意义的，既然在整个过程中导致合同无效的非法行为被取缔，那么建设工程价款优先权这样的局部制度也一并坚持是有好处的，它将为未来清结民事法律关系提供便利。

（二）公示

一般物权变动或以交付、占有为公示方法，或以登记为公示方法。《合同法》第286条及其司法解释均未规定公示问题，所以在法解释上，建设工程价款优先受偿权无须公示。在比较法上，大部分范式法例都要求以登记方式加以公示，如法国民法典第2110条、[①] 德国民法典第648条第

---

① 该条规定，“建筑师、承包人、瓦工与其他受雇建筑、重建或修缮楼房、渠道或其他工程的工人，以及为支付或清偿这些人的款项而提供钱款借贷，且借贷款项的用途得到确认的借贷人，通过以下两次登记而保持其优先权：1. 确认现场状况的笔录的登记；2. 工程验收笔录的登记。”见罗结珍译：《法国民法典》，北京：中国法制出版社199年版，第483页。

1 款 1184 条、[①] 瑞士民法典第 839 条第 1 款、[②] 日本民法典第 338 条第 1 款第 1 句。[③] 台湾省“民法”在修订之前，也未规定公示问题，但是有学者认为当该权利行使时应当以登记为要件。虽然并非当时通说，但也反映了学术界对这种无须公示的法定担保物权的担忧。台湾“民法”2001 年修订之后，其第 513 条已经将原来无须登记的法定抵押权革新为必须登记的“强制性之意定抵押权”。[④] 可见在立法论上，强调公示是明显的趋势。我国未来修法，也应顺应潮流采登记为建设工程价款优先受偿权的成立要件。具体而言：第一，在登记申请当事人方面，应赋予承包人请求发包人配合登记的权利，当承包合同业经登记备案或公证时，可许承包人单方申请登记；第二，在登记时间方面，承包合同生效以后，应即许登记设立此优先权；第三，在登记内容方面，可参照最高额抵押权以未来工程价款的预算额为限额，也可以参照德国法上的保全抵押权，首先不确定数额，纯以未来债权决算额为准。

另外在现行法下，虽然登记并非必要，但是承包人能否主动请求登记——该优先权是否有登记能力，仍是有价值的问题。因为登记本身对承包人是有重大意义的，可因此而对抗房屋买受人、承租人即为适例。但是，在现行法下，其登记能力应难以成立。

（三）消灭

作为一种担保物权，该优先权可因主债权消灭、优先权实行、抛弃、期间经过及标的物的灭失而消灭（参见《物权法》第 177 条）。关于期间经过和权利实行问题详见下文。关于抛弃，因无须登记，故而有意思表示即可，意思表示的接受者可以是发包人、所有权继受取得人、抵押权人和

---

① 第 648 条第 1 款规定：“建筑工作物或建筑工作物的各部分的承揽人，可以就其基于回头而发生的债权，请求给予定作人建筑地上的保全抵押权。工作尚未完成的，承揽人可以就与所提供的劳动相当的部分报酬，以及就不包含在报酬中的垫款，请求给予保全抵押权。”第 1184 条规定：“抵押权可以以这样的方式设定，即基于抵押权而发生的债权人权利只按债权来确定，且债权人不得证明债权而援用登记（保全抵押权）。前款所规定的抵押权，必须在土地登记簿上标明为保全抵押权。”分别见陈卫佐译注：《德国民法典》，北京：法律出版社 2006 年版，第 248、399 页。

② 该款规定，“职工及承包人的法定抵押权，自发生给付劳务义务之时起，在不动产登记簿上登记”。见殷生根、王燕译：《瑞士民法典》，北京：中国政法大学出版社 1999 年版，第 237 页。

③ 该句规定，“为保存不动产工程先取特权的效力，须在工程开始前就其费用的预算额登记”。见渠涛编译《最新日本民法》，北京：法律出版社 2006 年版，第 72 页。

④ 参见谢在全：《民法物权论》（下册），台北：新学林出版股份有限公司 2004 年版，第 2 页。

其他债权人。当然此处的本权抛弃与优先权位次抛弃不同，关于后者请参见前文。当标的物灭失产生保险金、赔偿金或者补偿金等时，可能有物上代位制度的适用，对此请参见上文。

（四）期间

法释〔2002〕16号文第4条规定，建设工程承包人行使优先权的期限为六个月，自建设工程竣工之日或者建设工程合同约定的竣工之日起计算。该六个月的期限应为除斥期间，不得中止、中断。这一点从《海商法》第29条也可以得到印证，该条规定船舶优先权一般情况下以一年为除斥期间，这一期间不得中止或中断。

关于期限的起算点问题。司法解释规定了两个时间，即竣工之日和约定的竣工之日，从规则的明确性要求来看，其原意不可能是任选一个，唯一的合理解释恐怕就是，实际竣工时，按竣工之日；行使该优先权时仍未能竣工，则按合同约定的竣工之日。当实际竣工时，竣工之日在实践中可能涉及四个时间点：施工完毕时、竣工验收时、承包人提交验收报告而发包人拖延验收时、交付使用时。《合同法》第279条第1款规定："建设工程竣工后，发包人应当根据施工图纸及说明书、国家颁发的施工验收规范和质量检验标准及时进行验收。验收合格的，发包人应当按照约定支付价款，并接收该建设工程。"从该款文义来看，"竣工"是指施工完毕，但是该款后句却清楚显示，发包人接受工程和付款义务均发生于竣工验收合格之后，易言之，此时价款债权才可能届至履行期，也才具备行使建设工程价款优先受偿权的条件。因此以施工完毕为起算点不可行。

《最高人民法院关于审理建设工程施工合同纠纷案件适用法律问题的解释》（法释〔2004〕14号）第14条规定："当事人对建设工程实际竣工日期有争议的，按照以下情形分别处理：（一）建设工程经竣工验收合格的，以竣工验收合格之日为竣工日期；（二）承包人已经提交竣工验收报告，发包人拖延验收的，以承包人提交验收报告之日为竣工日期；（三）建设工程未经竣工验收，发包人擅自使用的，以转移占有建设工程之日为竣工日期。"该条规定为竣工之日的确定提供了详尽的拟制方案，似乎法释〔2002〕16号文第4条所需要的"竣工之日"在这里得到了保障，但现在的问题是，方案的应用可能出现竞合情形。例如：

发包人与承包人约定的竣工日期为2008年1月1日，承包人实际施工完毕日期为2008年2月1日，承包人提交验收报告日期为2008年3月1

日，工程因发包人拖延验收至2008年6月1日方经验收合格，在2008年5月1日，发包人已擅自使用工程建筑，承包人2008年12月10日行使建设工程价款优先受偿权。根据上引司法解释第14条的规定，如果当事人对于实际施工完毕日期（即设例中的2008年2月1日）有争议，则3月1日（验收报告提交日）、5月1日（发包人擅自使用日）、6月1日（验收合格日）似乎都可以拟制为"竣工之日"。但求得一个确定日期恰恰又是法律动用拟制手段的目标所在，所以应从司法解释的"立法目的"出发对这些日期进行进一步筛选。

按该法第14条的目的是为解决承包人是否按期完工的问题提供一个拟制的"实际履行完毕时间"，根据有利于债务人的原则，当取最早的3月1日（提交验收报告日）。但是将3月1日作为法释〔2002〕16号文第4条所需要的"竣工之日"却并不符合这一司法解释的"立法目的"，按这一司法解释之所以将6个月的除斥期间系于竣工之日，目的只是鞭策承包人及时行使权利，期间之经过应该是以承包人可以行使权利而不行使权利为前提的，要求承包人一提交验收报告就考虑采取行使优先受偿权这样的激烈行为不符合经济生活的常识。但是以6月1日（竣工验收合格日）为除斥期间之起算日期也有问题。比如，在上述设例中再增加一个细节，即"双方约定价款支付期为竣工验收合格之日起六个月以内"。因为根据《合同法》第286条第1句的规定，"发包人未按照约定支付价款的，承包人可以催告发包人在合理期限内支付价款"，这是行使该优先权的法定前置要件。于是在设例中，承包人按照《合同法》的适当做法应是待竣工验收后六个月期满，然后催告给予宽限期，假如宽限期于12月10日截止，则此时可以行使建设工程价款优先受偿权。可是根据法释〔2002〕16号文第4条，无论以哪个日期为竣工日期，除斥期间都已届满失权了。这种结局是不能被接受的，理由是它与该司法解释设立除斥期间的"立法意旨"也是相背离的。

可见六个月除斥期间以竣工之日为起算期的规定也存在漏洞需要填补，具体言之：当出现烂尾楼不能竣工时，从约定的竣工之日起算，如果根据《合同法》第283条的规定承包人因发包人责任而顺延工期的话，竣工之日似也应顺延；当工程竣工验收合格时，以验收合格之日起算；若当事人另外约定有履行期，则应考虑该期限对建设工程价款优先受偿权"成熟"的影响。最后根据法释〔2002〕16号第4条的规定，六个月的期限是"行使"该优先权的期限，所以什么行为符合"行使"的规格要求就十分重要。按照《合同法》第286条规定，在发包人为按合同履行支付价款的义务时，承包人应先催告并限定宽限期，宽限期满后可以协议折价或者申请法院拍卖，然后就价款优先受偿。在此过程中包含了一连串行为，除了在该条文文字中出现的“催告”、“协议折价”、“申请拍卖”之外，还会有承包人主张债权、就协议折价提出建议、发包人同意履行价款债务、承包人就债权提起诉讼、诉前或诉讼保全该工程、承包人在其他债权人申请强制执行时声明加入分配等行为。

在比较法上，台湾省“民法典”第880条规定，“以抵押权担保之债权，其请求权已因时效而消灭，如抵押权人，于消灭时效完成后，五年间不实行其抵押权者，其抵押权消灭”。其实务、理论通说认为，“至所称实行抵押权，于依第873条第1项规定（即为实行抵押权而声请拍卖——引者注），声请法院拍卖抵押物之场合，系指抵押权人依法院许可拍卖抵押物之裁定，声请执行法院强制执行拍卖抵押物或于他债权人对于抵押物声请强制执行时，声明参与分配而言，不包括抵押权人仅声请法院为许可拍卖抵押物裁定之情形在内”①。可见，其通说仅包括对物的直接强制执行，至于其他行为甚至为取得强制名义所必需的前置行为都被一概排除，这是十分严格的。本来建设工程价款优先受偿权作为一种较为隐秘的法定物权，理应作更严格的解释，上文也屡屡贯彻了这一宗旨。但是此处讨论的问题却不同，因为：第一，台湾省规定的除斥期间长达五年，且以主债权罹于诉讼时效时才开始起算，而后一时效又是可以借中止中断制度大大延长的，与之相比，法释〔2002〕16号第4条规定的六个月期限就太短了，加之起算点极为刚性，这一时间对于取得执行名义只是杯水车薪；第二，台湾通说对于协议作价等非强制执行的场合语焉不详，这在其“民法典”第873条第1款仅规定申请强制拍卖的情况下或许不是大问题，但在大陆《合同法》明文规定协议作价为法定实行方式的场景里，可能导致极大争执。鉴此，笔者认为，法释〔2002〕16号第4条之“行使”的规格应予放宽，但仍应在一定范围内强调对物的处分性，所以如果只是一般地主张债权或者同意履行价款债务都还不足以构成“行使”，但是附宽限期以及优先权主张的“催告”、“协议折价”、“申请拍卖”、提起诉讼、诉前或诉讼保全和在其他债权人申请强制执行时声明加入分配等行为，均以被认为

① 谢在全：《民法物权论》（中册），台北：新学林出版股份有限公司2004年版，第637～638页。

适格“行使”为宜。当然承包人提起诉讼时未必同时提出优先权主张，对此笔者认为，只要起诉当时工程仍归债务人所有，则应认为起诉行为也构成法释〔2002〕16号第4条之下的“行使”。这从《民用航空法》第25条的规定也可以得到印证，该条在债权人、债务人已经就债权金额达成协议或者有关此项债权的诉讼已经开始的情形下，对优先权之除斥期间采取了宽容态度。

（五）关于权利实行

法释〔2002〕16号文是为答复沪高法〔2001〕14号《关于合同法第286条理解与适用问题的请示》所作的批复，据最高人民法院法官介绍，上述沪高法〔2001〕14号《关于合同法第286条理解与适用问题的请示》包含了发包人破产案件中承包人能否据此行使别除权的问题，因该司法解释第1条仅称“人民法院在审理房地产纠纷案件和办理执行案件中”云云，所以似乎可以就破产案件中的行使问题得出否定回答。[①] 笔者认为不妥，因为《合同法》第286条的规定肯定是可以适用于破产程序的，法释〔2002〕16号文仅为其司法解释，不足以改变建设工程价款优先受偿权的适用范围。故该优先权既可以在诉讼程序、执行程序中行使，也可以在破产程序中行使。

行使时须该优先权应已“成熟”。具体包括：承包合同有效，或者虽然无效，但是符合上文按有效处理的情形；发包人不按约定履行付款义务；承包人催告并限定宽限期；宽限期满。实行方式主要为协议作价和申请法院拍卖。因为债权数额在许多情况下尚未决算，所以申请拍卖前须经诉讼确定数额，并取得执行名义。

催告时所定宽限期以多长为宜多有争论，民法上关于宽限期的规定另外还有不安抗辩权人解除合同前限期履行或提供担保、某些效力待定合同之相对人催告追认权人限期追认、物之瑕疵担保项下的限期补救等等，都不应作一刀切硬性规定时间标准，而诉诸诚实信用解决。因为在双方当事人对宽限期发生争议时，行使该优先权一般都会有法院的参与，所以这在实务中不应有过多的障碍。

---

① 李国光主编：《解读最高人民法院司法解释，民事卷，1997—2002》，北京：人民法院出版社2003年版，第236页。

第九章　宅基地上的权利群研究

复杂的民法问题就像孙子兵法中的常山之蛇——击其首则尾至，击其尾则首至，击其中则首尾俱至。对待这类问题，一定要度其首尾，总览全局，遵循传统民法体系思维的方法，方能妥善解决。相反，攻其一点不及其余的颟顸做法，要么动辄失宜，废然败退；要么就将本应统筹兼顾的法律价值和制度体系打得七零八落。

宅基地立法问题正是如此。在此问题上，几乎所有的讨论都集中于农民房权或地权的处分。《物权法（草案）》第三次审议稿（如无特别说明，下文使用的“草案”均指公开征求意见的《中华人民共和国物权法（草案）》第三次审议稿）第162条第1款规定：“宅基地使用权人经本集体同意，可以将建造的住房转让给本集体内符合宅基地使用权分配条件的农户；住房转让时，宅基地使用权一并转让。禁止城镇居民在农村购置宅基地。”尽管文义含糊，但是在立法讨论的当时，担任起草工作的人员和一般参与讨论的学者似乎达成了共识：根据该款，宅基地使用权人不能处分尚未建房的宅基地使用权，已经建房的，也只能转让给本集体内符合宅基地使用权分配条件的农户。[①] 按照这种规定，农民将不

① 按照文义解释规则，得出这种共识令人费解，因为该款前段的措辞是“可以”，很难理解为除此之外“其他都不可以”，更何况该款后段明确了“禁止”的范围，依反对解释规则，明列其一则排斥其余，那么只要不是城镇居民，其他集体的农户和本集体不符合宅基地使用权分配条件的农户参与交易就不应在禁止之列。总之，该款在同一条款作正反两方面的规定却不周延，是明显的技术错误。此外，该款后段的“购置宅基地”应为“购置住房或宅基地使用权”之误，因为在土地公有制的语境里禁止“购置宅基地”是没有意义的。

仅不能单独处分宅基地使用权，而且对自有房屋的处分自由权也丧失殆尽：从本集体寻找符合宅基地的买方是有难度的，[①] 说服买方不申请免费提供的宅基地而接受旧宅基地更是难比登天，即使有幸成交，价格剧烈失衡也在所不免。农民住宅毕竟是我国九亿农民极为重要的私有产权，虽因缺乏听证、调查，农民的声音未能出现在报告厅里，但是凭学者良知和长年训练的法律人直觉，参与讨论者也会对这么严厉的规定，感到一种模糊的不安。于是 2005 年 7 月草案三审稿公布后，各种批判和建言纷纷涌现。经历旷日持久的论争，2007 年 10 月生效的《物权法》却最终拒绝回答宅基地上私权处分问题，立法者毅然选择“立法逃逸”。[②]

这一立法逃逸现象表明，脱离体系而专就处分谈处分的做法，在宅基地立法中废然败退了。《物权法》第 153 条授权“土地管理法等法律和国家有关规定”去完成未竟事业，人们理应警惕——在太过“扎眼”的物权法中难以容身的过激方案，可能经由其他比较“低调”的法律或者行政机关的“国家有关规定”而暗度陈仓。更何况，在亟须制度的地方，不会因为立法者的犹豫或克制而平息制度渴求，反会经由其他渠道供给制度以填补空虚。上述草案中的过激方案正在向法律解释和司法实践渗透，已有成为“活法”之势。如果因为研究热点转移而放弃对宅基地立法、司法的跟踪，其后果将是“本应统筹兼顾的法律价值和制度体系被打得七零八落”。

这场没有结果的讨论不能随《物权法》的出台而谢幕，而应从挫败处重启，从处分问题出发却超越处分问题，向其外部体系寻找解决问题的契机。于是，我们将会发现，作为其外部体系的宅基地上“权利群”之重建，不但使宅基地上私权处分问题柳暗花明，而且这一重建工作本身，是更为重要而急迫的大问题。[③]

本章以“宅基地”为题，但是对有关宅基地立法的一些重要问题并无

---

① 如果立法原意还包括要求买方可申请的面积指标等于或大于标的宅基地的话，寻找适格买方的难度更大。

② “立法逃逸”一词初见于尹田教授的论文《物权主体论纲》（《现代法学》2006 年第 2 期），是对我国民事立法领域法律漏洞泛滥景象的生动描绘，笔者以为在这些“主动留空”当中，只有一小部分是不得已而为之，大部分则是立法惰性的延续。关于《物权法》“立法逃逸”的概观请参见尹老师的演讲纪要《〈物权法〉的得与失》，北大法律信息网 http://article.chinalawinfo.com/article/user/homepage.asp?userid=81411，2008 年 10 月 7 日访问。

③ 对权利群的理解受到崔建远教授和苏永钦教授著述的启发，参见崔建远：《土地上的权利群研究》，北京：法律出版社 2004 年版；苏永钦：《物权堆迭的基本原则》，《环球法律评论》2006 年第 2 期。

涉及，比如宅基地使用权的设置或分配的整个程序、宅基地的国有化或私有化①以至于宅基地所有权制度整体。这样界定研究范围的依据在于，以上问题在笔者看来应属于公法范畴或主要是公法问题，个见主张区别土地管理法和物权法里的土地法，所以本书主要围绕宅基地使用权、建物所有权、地上权、不动产役权、租赁权、居住权、抵押权等私权展开讨论。由于强调权利群思维，所以本书在探讨“宅基地上私权处分”时不欲局限于宅基地使用权或建物所有权等某一种“个别”的权利，也不欲固守此前讨论通常所聚焦的“转让”这么一种“个别”的处分行为，而是尽可能地通过讨论多种私权的各类处分行为以尽力达到调谐宅基地上私权群的目的。本书极力调谐法律价值，追求以下目标：沿着农民财富自由的主线导向权利群，在宅基地上让农民尽可能广泛的自治空间、保障居者有其屋、提高土地利用效率、遏制土地浪费。

一、为农民住宅处分自由声辩

（一）限制处分的规定背离了民法传统和我国自有的立法经验

朝向未来的立法面临着未知危险，所以立法者都不约而同地向法史或比较法找寻经验支持，以至于人们说，法典立法的过程，也就是将经验证明过的东西用逻辑的方法加以表达的过程。② 在物权法立法过程中，该限制性规定的支持者们也极力想从传统民法的法史或比较法上找到经验支持。

（1）在民法传统方面，有学者认为，古罗马法上系争物、奁妆物等的处分也受到严格限制甚至禁止，可为农民住宅的类比。③ 笔者认为，法史上有关系争物、奁妆物的规定与草案对农民住宅作出的严格限制有质的区别。系争物的有关制度是为了方便解决争讼、保护异议人利益而对标的物

---

① 有关土地国有化和私有化分别参见刘俊：《中国土地法理论研究》，北京：法律出版社2006年版，第143页以下；龚介民：《农村宅基地房地产应确权为农民私有权》，《上海农村经济》2005年第5期。

② 法史的、比较法的、哲学的方法被美国法学家庞德称为最重要的法律方法，其中前两者所能提供的恰是经验支持，后者则侧重于逻辑体系的完备。

③ 孟勤国：《物权法开禁农村宅基地交易之辩》，《法学评论》2005年第4期。

暂予施加的禁锢，与当代物权法上的异议登记制度倒是颇多神似，与自然状态的农民住宅实在难以寻找共同点。为保护妇女权益，在罗马法上奁妆物的处分曾需妇女本人同意，后更进一步禁止其中不动产的处分，认为即使有妇女本人的同意，处分仍旧无效，这种规定因违背了攸关效率、安全的法价值，早已为近代法所扬弃，[①] 且罗马法对妇女的这种非常保护是以怀疑妇女自治能力为前提的，以之类比当今农民也深为不妥。

又有观点认为，宅基地使用权与传统民法上不可转让的居住权相似。[②] 这种观点颇有道理，如果强调宅基地使用权的专门目的及其不可转让性，那么它与人役性的居住权、用益权的确相近。但是我们不能过于强调用益权、居住权僵化的一面，须知处分禁止不是它们的优点而是它们的缺点，所以当代法上，各国已承认法人、非法人社团等可以自由转让其用益权、居住权，而且其他主体也可以对用益权为债的使用授权，[③] 其目的是在平衡役权人和虚有权人利益的同时再尽可能地追求效率。这对我们宅基地使用权制度设计是有启发意义的，即我们就算否定宅基地使用权自由转让、继承，仍应配备其他方式的处分自由。易言之，对宅基地使用权的物权性和债权性用益应被许可，如此方能“物尽其用”。

可见，即使从宅基地使用权的角度也难以从传统民法中找到多少经验支持。江平先生在论及宅基地问题时指出，“应从农民的角度、房屋的角度、所有权的角度看问题”[④]。德国法学家鲍尔和施蒂尔纳在其经典名著《德国物权法》的扉页引述德国《联邦宪法法院判例集》称，“单个主体所享有之基本权利，以作为法律制度之‘所有权（制度）’为前提；倘若立法者于私法所有权（概念）中，塞进一些与‘所有权’名实不符的东

① 林秀雄：《夫妻财产制之研究》，北京：中国政法大学出版社 2001 年版，第 25 页。

② 就笔者所见最初有此见解的是孟勤国教授，后又有学者专撰长文论证宅基地使用权乃居住权。见孟勤国：《物权法开禁农村宅基地交易之辩》，《法学评论》2005 年第 4 期；付云飞：《农村宅基地使用权属性初探》，法大民商经济法律网，2006 年 1 月 19 日发布，2008 年 10 月 7 日访问。

③ ［德］鲍尔、施蒂尔纳著，张双根译：《德国物权法》，北京：法律出版社 2004 年版，第 655～656、703～704 页。

④ 江平：《农村土地立法三难题》，法大民商经济法律网，2006 年 6 月 23 日发布，2008 年 10 月 7 日访问。

西，自然也就谈不上对基本权利进行有效的保障了”[①]。在农民私有房屋处分权的问题上，这种限制性规定正在塞进这种名实不符的东西。它虽极力回避禁锢所有权的字眼，但在实际效果上几乎已剥夺了所有权处分自由，在民法传统中显然是个背离基本精神的“另类”。

(2) 那么，它在新中国成立以来六十余年的当代法史上是否得到过“经验证明”呢？在此有必要考察该制度在我国的形成始末。

截至改革开放以前，我国土地制度大致经历了土地改革、互助组、合作社、人民公社、文化大革命等几个阶段。直到高级合作社时期，宅基地仍属于农民私有，1956 年第一届全国人民代表大会通过的《高级农业生产合作社示范章程》明文规定农民的房屋地基不要入社。1961 年《人民公社条例》第 16 条规定，“全大队范围内的土地都归生产大队所有，固定给生产队使用”。非生产性的宅基地由此也都成为集体所有。1962 年中共中央颁布《农村人民公社工作条例修正草案》，规定“生产队的土地，包括社员的自留地、自留山、宅基地等等，一律不准出租和买卖”。这是第一次明确限制宅基地的流转，但是并没有涉及宅基地使用权的流转，因为中共中央随后于 1963 年下达的《关于对社员宅基地问题作一些补充规定的通知》中不但规定了社员对宅基地的财产权和对其上房屋等财产的所有权，而且明确肯定了“社员有买卖房屋和租赁房屋的权利。房屋出卖后，宅基地的使用权即随之转移给房主，但宅基地的所有权仍归集体所有”。至此确定了宅基地所有权和使用权分离、使用权允许流转的制度。后来到了人民公社、文化大革命时期，即使是在极“左”思潮的笼罩之下，也没有明确禁止宅基地使用权流转的规定出现。[②]

现行《土地管理法》于 1986 年通过，并于 1988、1998 和 2004 年经两次修正和一次修订，都没有对上述流转制度作出改变。该法第 62 条规定，“农村村民出卖、出租住房后，再申请宅基地的，不予批准”。显然没有对流转本身作出限制。1995 年通过的《担保法》第 37 条第 2 项规定宅基地等集体所有的土地使用权不得抵押，被认为是对宅基地使用权流转的限

---

① 在《中国民法典的品性》一文中申卫星博士博采众说，雄辩地论证了“所有权中体现的是人权”这一命题，并借布莱克斯通之口唱出了“所有权远不只是一种财产形式，它具有十分丰富的经济内涵和政治内涵”。对照此处讨论的问题，这一卓见令人警醒。见申卫星：《中国民法典的品性》，《法学研究》2006 年第 3 期。

② 以上概述参考了刘俊：《中国土地法理论研究》，北京：法律出版社 2006 年版，第 313 页；龚介民：《农村宅基地房地产应确权为农民私有权》，《上海农村经济》2005 年第 5 期。

制。但该法第 34 条第 1 项允许抵押的“抵押所有的房屋和其他地上定着物”没有将农民住房排除在外，所以根据房地一并处理的惯常做法，《担保法》第 37 条第 2 项的规定充其量只能被视为禁止宅基地使用权单独抵押，并不是对宅基地使用权流转一般的限制。①

值得注意的是，国务院办公厅在 1999 年颁布的《关于加强土地转让管理严禁土地炒卖的通知》里规定了“农民的住宅不得向城市居民出售”，2004 年，国务院关于深化改革严格土地管理的决定中重申禁止城镇居民在农村购置宅基地的立场。尽管《物权法（草案)》第 162 条第 1 款的规定与上述两项规定不尽相同，但一般认为该款规定即滥觞于此。② 在法律解释和适用的层面上，已有学者指出过，国务院办公厅 1999 年的上述规定并非《合同法》第 52 条第 5 项规定的行政法规，不足以影响农民住宅买卖合同的效力③。国务院 2004 年的上述规定的效用也颇值怀疑。实际上农民住宅买卖早就已经形成了庞大的“地下市场”，④ 由于行政机关不允许发证，城镇居民在农村购置的住宅即使提起登记申请也大都不能如愿，但是法律也没有明确规定这类物权变动采登记生效要件主义，所以诸如此类的交易在有效无效之间区别十分困难。从国务院 2004 年的上述规定既看不出对“地下市场”的存量有什么解决思路，也很难预期地下交易因此规定就会停止扩张。以上规定对“地下市场”绕道而行，很有些鸵鸟政策的意味，明显只是权宜之计。但是物权法立法过程中，草案多次审议稿却陈旧因袭，并不假思索地作出更严厉的规定（国务院的规定毕竟还没有一般禁止农民与农民间的交易)，虽然最终在临门一脚处被立法者踢出“球门”，可是如本章开篇所示，这种严厉禁止的“围堵”思维已经渗透进了《物权法》之后的法律解释和司法实践，现在已到了该清理的时候了。

上述法史的回顾显示了，立法者和政策制定者一直对农民私有房屋的处分权保持着一份应有的尊重。这一严厉限制处分的转变与民法传统格格

---

① 但由于登记机关并不接受农村住宅抵押登记，所以造成在法律执行上对农村住宅流转的实际限制。

② 参见韩世远：《宅基地的立法问题》，《政治与法律》2005 年第 5 期；另立法机关工作机构编著的立法资料也透露出相同的消息，参见全国人大常委会法工委民法室：《物权法（草案）参考》，北京：中国民主法制出版社 2005 年版，第 359 页。

③ 韩世远：《宅基地的立法问题》，《政治与法律》2005 年第 5 期。

④ 参见章波等：《经济发达地区农村宅基地流转问题研究》，《中国土地科学》2006 年第 2 期；韩世远：《宅基地的立法问题》，《政治与法律》2005 年第 5 期。

不入，也与我国自有的立法经验背道而驰。

（二）限制处分的理由不能成立

的确，随着近代社会法思潮的兴起，各国立法者都在假公共政策之名，对原本“绝对”的权利施加限制，人们也已承认这是实现社会公正的必须。但即使在社会法勃兴的今天，所有权自由和限制之间，自由始终都是原则，因为只有这样才能提供投资生产的诱因，增加人民财富，提升国家实力。① 那么在我国，就目前讨论的这个问题，到底有什么理由对农民最重要的财产权利作出这么巨大而反常的限制呢？②

（1）主张限制的根本性理由是，农村宅基地由村民无偿使用，具有社会保障功能，不属于私有范围，故不可随意流转。在社会保障说等理由背后还有更深的忧虑，即对流民潮的警惕。有学者呼吁，“我们切不可忘记，土地还是农民的社会保障，而且将越来越是农民的保障，假如我们的社会制度安排没有考虑到这个问题，将来大家都不安全”③。

针对社会保障说，有学者提出，就像国家不能禁止领取救济的人将到手的救济金转让他人，即使宅基地分配制度是社会保障的一部分，国家也不能禁止农民将分得的宅基地使用权转让给他人，更不用说原本就是他私人所有的地上房屋。④ 另有学者直接否认土地的社保色彩，指出从理论上，国家保障和土地保障并不构成并列的选择关系，社会保障本是某种社会组织（国家、社会、社区、家族等等）的事，如今却被当成某种要素（土地）的事，这是自欺欺人。至于“社会保障不能私有化”也被认为仅指提供保障的义务不能“私有化”，并非指接受保障的权利。⑤

流民潮作为农民暴动的前奏，是中国历代统治者严加关注的，而且打击土地兼并也是惯常对策。可是土地兼并远远不是流民潮的全部原因，因

① 参见谢哲胜：《不动产财产权的自由与限制》，《中国法学》2006年第3期。

② 谢哲胜教授指出，在不动产物权自由和限制之间，自由仍应作为原则，限制应属例外，即使在自由的不完美处也不当然有限制，只有认定限制带来的福祉高于限制的成本，才有限制的必要。即便此时也必须符合正当法律程序。见谢哲胜：《不动产财产权的自由与限制》，《中国法学》2006年第3期。此论可以为鉴，映照出草案限制农民住宅处分权的做法的草率性。

③ 温铁军：《三农问题与世纪反思》，北京：生活·读书·新知三联书店2005年版，第166页。

④ 参见刘俊：《中国土地法理论研究》，北京：法制出版社2006年版，第327页。

⑤ 秦晖：《农民中国：历史反思与现实选择》，郑州：河南人民出版社2003年版，第50、52页。

为许多流民恰恰是土地所有者——自耕农甚至地主。[①] 于是有学者甚至否定了土地兼并与流民潮之间的因果联系，认为“土地兼并—农民战争”的认识实为谬见，“小农经济—土地买卖—两极分化”的担忧也是杞人忧天，转而主张苛捐杂税、天灾人祸才是主因。[②] 另一点不能不注意的是，历代王朝为打击土地兼并而采取的手段中，虽然对生产性土地的买卖作出禁止或限制的很多项，但是对私有住宅的买卖严予禁止的则十分罕见，莫非这也说明我们对农民财产权的尊重连古人都远远不如？

笔者认为，在理论上我们可以肯定地说土地保障不是现代意义的社会保障，但是在我国当前，土地的保障功能实难否认。尽管如此，按照社会保障说推论出农民的房屋所有权处分应一体严厉限制仍不妥当，因为土地承担保障和农民私有房屋承担保障是两回事，如果认为农民私有房屋也是“社会保障不得私有化”，那可真是十足的谬论，而草案严厉限制农民私有房屋处分的规定显然已经陷入这种谬论之中，其根源就在于对地权和房权关系认识简单，对土地上私权群缺乏必要的体系把握。[③] 这种做法与征收在思路上如出一辙甚至更加严厉，只是一般意义上的征收是对具体的单个权利完整的剥夺，而这一做法是对一类权利的重要权能一次性剥夺，为的也是“公共利益”——就是要使农民牢牢地扎根乡村，拴在分配的那份土地上，一有风吹草动，至少也可一个萝卜一个坑。但是，社会的安全，特别是城里人的安全真的必须以九亿农民的住宅被“查封”为代价吗？[④] 付出这一代价就真的可以高枕无忧了吗？如上文引述文献所示，这种做法对流民潮防范来说既不是必要条件，也不是充分条件。有学者在认真论证后提出，“在没有足够充分且正当理由的情况下，应当坚持强势意义上的平等对待；在没有足够充分且正当理由的情况下，不得主张限制民事主体的自由”，[⑤] 社会保障说和流民潮说都不足以充当“充分且正当理由”，所以

---

① 农村复兴委员会编：《河南省农村调查》，上海：上海商务印书馆 1934 年版，第 115 页，转引自池子华：《流民问题与社会控制》，南宁：广西人民出版社 2001 年版，第 45 ~ 46 页；秦晖：《农民中国：历史反思与现实选择》，郑州：河南人民出版社 2003 年版，第 44 页。

② 秦晖：《农民中国：历史反思与现实选择》，郑州：河南人民出版社 2003 年版，第 44 页。

③ 笔者在下文“宅基地上私权处分的路径——通往权利群”回答了如何兼顾土地社保性和房屋处分自由性的问题。

④ 人民法院在执行查封房屋时，一般做法即通知房管部门协助冻结交易登记，草案第 162 条的规定与通过立法一举查封所有农民住宅也相去不远了。

⑤ 王轶：《民法价值判断问题的实体性论证规则》，《中国社会科学》2004 年第 6 期。

农民在房屋所有权处分上的自由和平等不容如此严重限制。

（2）严予限制的另一个理由是，这会造成土地浪费。因为卖掉住宅的人仍会谋求另外的宅基地，甚至一些不法分子还会专门钻空子倒卖宅基地。这种担忧的确不是杞人忧天，至少放开流转会激发更多人的贪欲。可是我们也不能不看到，即使禁止流转，宅基地造成的土地浪费也照样不堪承受，并且浪费的根源之一恰恰就是限制流转所造成的低度利用。并且，浪费的另一个根源——不分青红皂白“增户则增地”的宅基地分配制度所固有的缺陷，也不是放开流转以后才出现的“空子”。所以当务之急是，一要放开流转提高利用效率，二要制度创新堵住宅基地分配上的浪费之源，三要加大执法力度。持以上反对理由的人主张“无为而治”，但是忘了，我国宅基地上的浪费程度已不允许我们抱残守缺，耽搁下去。①

（3）再一个理由是，农民会因一时困难放弃宅基地，于是被掠夺了他们在城镇化历程中本应享有的长远利益。这个理由事关社会正义，对我们这样一个有着九亿农民的社会主义国家来说意义非凡。一方面我们必须尊重农民群众对自我生活的决策自由和能力，另一方面由于历史条件的局限，我们不能不承认，拥有数千万文盲的农民阶层在买卖住宅这么重大的交易中谈判能力是低下的，至少比一般的城镇消费者低下得多，所以给予特殊保护也在情理之中。不过像《草案》第 162 条的做法，已近于将所有农民都视为准“禁治产人”，像学者所抨击的，农民虽是弱者但并非弱智。② 笔者认为，在尊重和保护之间的平衡，意味着农民对自己投入土地价值的处分自由（譬如转让房屋）必须尊重，但是无偿分配的宅基地使用权则不能任其自由处分，因为其上承载着社会利益。就此衍生的具体制度详见下文“宅基地上私权处分的路径设计”，此处当可以肯定——我们也不能借这个理由因噎废食。

（三）该限制性规定逆潮流而动，其立法目的注定会落空

（1）它的“居者有其屋”的理想恰恰被它自己否定了。在一个住宅处

---

① 对于土地浪费问题，在本章“在权利群的视域中重塑宅基地使用权”中还有分析。

② 韩世远：《宅基地的立法问题》，《政治与法律》2005 年第 5 期。这种“家父式保护”不要也罢。当代民法已深刻认识到在保护当事人的名义下限制当事人自由的危害性，故各国纷纷抛弃自古罗马以来流传千古的禁治产、保佐制度、成年人限制民事行为能力宣告制度。见龙卫球：《民法总论》，北京：中国法制出版社 2001 年版，第 247 页。这种做法以保护农民利益的名义对农民的财富自由施加禁锢，与立法潮流形成对比。

分自由的场景里，出卖了住宅的农民倒还可以在他人处另行购买住宅，而在该限制性规定构建的场景里，出卖住宅的农民永远无权申请新住宅也永远无权购买另一处旧住宅，[①] 不知道这种规定的原意是要将这些农民置诸何地！立法者在此处透露出一种强烈的“施罚”情绪，可是它真的有这种施罚权力，而卖房的农民真的有须受其罚的过错吗？这是起草者自己都讲不清道不明的。

（2）“物尽其用”的理想因此而落空。加快城镇化进程，缩小城乡差距是建设和谐社会的一个主要方面。费孝通先生二十年前提出的“工业下乡，农民进城”已经成为国人今日的共识。我国农经权威人士杜润生同志在其《九十寿辰感言》中提到两大牵挂，第一桩就是怎样减少农村人口，转移两亿左右的农民，使农民获得完全的国民待遇。[②] 许多学者或以数据或以说理阐明了在人口流动和城镇化发展的时代背景下农民住宅自由流转的必要性，都是极富说服力的。[③] 这一举世瞩目的潮流无疑会加剧农民住宅流转的制度需求。相反，这种严厉限制性规定却公然蔑视财富平等、妨碍农民迁徙，其间接效果则是在一定范围内推翻了立法者“物尽其用”的诺言。在全国范围，农民住宅空置率居高不下，空心村造成的土地浪费令人触目惊心，[④] 其中产权流通渠道不畅堪称主因。

（3）“定分止争”也成空话。它对城镇人口在农村买房一禁了之的做法，根本不可能力挽地下市场既倒之狂澜，相反还再次主动放弃了将该市场导入公平公正的重要机会。原本可以在立法中得到引导和保护的买卖双方，只好重归地下市场。一纸禁令也不可能保证“违法”卖房的农民随时收回住房，毕竟履行完毕的“无效”合同、稳定多年的占有现状，颠倒过来没有不伤筋动骨的，这也是传统民法蕴藏着高深智慧的时效制度的存在理由，可我们的民法起草者却似乎正在将这种智慧弃若敝屣，满不在乎。[⑤]

---

① 草案第162条第1款规定仅“本集体内符合宅基地使用权分配条件的农户”方有权受让住房，而转让过住房的农户根据第2款已“不得再申请宅基地”。

② 杜润生：《杜润生自述：中国农村体制改革重大决策纪实》，北京：人民出版社2005年版，第307页。

③ 参见崔建远：《土地上的权利群研究》，北京：法律出版社2004年版，第211页；韩世远：《宅基地的立法问题》，《政治与法律》2005年第5期；刘俊：《中国土地法理论研究》，北京：法制出版社2006年版，第328页。

④ 空心村是指村社向外缘扩张，其旧有住宅区域因不可流转又无力退耕而废弃，对空心村问题在下文“宅基地使用权性格重塑”中还有阐述。

⑤ 这种一禁了之的做法没有考虑过它将与取得时效制度如何协调。

司法实践中有法院支持卖房农民在收款交房多年以后以合同无效为由收回房屋，从表面上看，这是对农民利益的保护，但在实质上这种做法将会大面积地触发道德风险，只会陷农民于不义。如果立法不思破旧立新，继续沿用这种做法，那么在立法的最初心术上就背弃了诚实信用，如何能称“善法”？

立法者在《物权法》出台前的最后时刻，暂时扣住了该严厉限制宅基地上私权处分的激进规定，这是令人深感庆幸的。但是由于立法者在此问题上立场模糊，所以立法论上改进建议和法解释论上尽量精确的诠释都是当务之急。

二、宅基地上私权处分的路径——通往权利群

上文虽称“为农民住宅处分自由声辩”，但主要还只是从宅基地上房屋所有权转让的角度展开讨论的。[①] 宅基地上的“私权”不止房屋所有权一项名目，而“处分”也不是“转让”所可范围，[②] 这里有广阔的制度创新的空间。但是在动手创新以前，我们必须看到，上文的“声辩”并没有综览房权与地权的全局，对于制度设计来说只是片面的理论。而在此前的整个探讨过程中，争议双方也就是在此处擦肩而过的——反对限制宅基地使用权处分的观点，均从宅基地上房屋所有权处分自由立论，但是对宅基地使用权设立和存续的根据关注得不够；支持限制宅基地处分的观点，则只强调宅基地使用权的特殊性，似乎论证了这些，农民对自有住房的处分权能就必须充当牺牲品。基于各自立场自说自话，当然无法达成共识。为了打破僵局，在论证房权处分自由以后，就要把目光转向地权。

（一）宅基地使用权能否转让

宅基地使用权转让大致分成三种情形：一是分得宅基地后未为建物即以空地转让，二是已为建物然后将宅基地使用权和建物所有权一并转让，三是为建物以后仅转让宅基地使用权而保留建物所有权。在现行法和草案

① 如前所述，江平先生曾就宅基地立法问题指出过，“要从农民的角度，房屋的角度，所有权的角度思考问题”。上文可视为江先生此论一条不成熟的注脚。

② 处分行为是指直接作用于某项现存权利的法律行为，包括变更、转让某项权利，在权利上设立负担和取消某项权利。参见［德］卡尔·拉伦茨著，谢怀栻等译：《德国民法通论》，北京：法律出版社2004年版，第436页。

中，宅基地使用权空地转让都是严予禁止的，一般的理解是，空地转让的做法违背了宅基地制度的目的，会诱发炒地等投机行为。但正如有人正确地指出的，“在宅基地上搭上几块砖后抵押或转让所谓的房屋所有权以规避法律并不需要多少智商”,① 宅基地又不像国有土地建设土地使用权那样在设权之前就预定了投资规模，所以这种形式主义的禁止性规定其效果深值怀疑。② 务实的做法还是从宅基地使用权本身去研究能否转让，如果回答是肯定的，也就不必单去禁止空地转让，如果回答是否定的，禁止空地转让即在不言中。

笔者认为，宅基地使用权应不可转让甚或继承。③ 理由如下：其一，土地有时而尽，人却生生不息，如果允许这种无偿分配的使用权自由转让或继承，就会使我国宅基地授还制度只有授出而没有回收，所有宅基地可能都有去无回，不用做复杂的运算也可以知道这种福利分配思维必然难以为继。我国古代就有类似的教训——隋唐时实行授田制度，将分与农民的田地分为露田和桑田，桑田为永业田，允许自由买卖，露田则于丁亡时由政府收回，随着人口膨胀，政府手中“公有”的露田迅速转化为永业田，最后导致授田制的崩溃。④ 其二，宅基地使用权自由转让、继承与其社会保障性不相容。尽管我们可以从理论上对“土地承担社会保障”的说法和做法大力挞伐，但谁也不能否认的事实是，我国仍将在一个较长时间里依赖“土地承担社会保障”解决绝大多数农民的居住问题，⑤ 所以宅基地使用权分配制度的社保色彩不容否认。同是接受其社保特性，有学者认为无偿分配的宅基地使用权如同一次性福利，“宅基地使用权申请并取得以后，其生存保障的使命即告终结”。以后如何处分应悉听尊便，所以仍可自由转让、继承。⑥ 笔者认为不妥，养老保险金到手后固然可以自由处分，但

---

① 孟勤国：《物权法开禁农村宅基地交易之辩》，《法学评论》2005 年第 4 期。

② 这种形式主义的立法技术少有奏效的，另如公司法上的教训，传统公司法为维护“公司社团性”的教条普遍要求有限责任公司必须有两人以上股东，结果空头股东导致的纷争层出不穷，各国公司法只好面对现实，承认一人公司。

③ 但是由集体内部符合宅基地申请条件的农户受让或继承则为例外，对此下文另有阐述。

④ 参见韩国磐：《隋唐的均田制度》，上海：上海人民出版社 1957 年版，第 108 页；乌廷玉：《中国历代土地制度史纲》，长春：吉林大学出版社 1987 年版，第 221 页。

⑤ 关于农村全面建立现代社会保障制度的不可行性请参见温铁军：《三农问题与世纪反思》，北京：生活 · 读书 · 新知三联书店 2005 年版，第 166 页。有经济学者甚至认为，即使以美国的经济实力也担负不起中国农民的住房保障。

⑥ 刘俊：《中国土地法理论研究》，北京：法律出版社 2006 年版，第 327 页。

养老保险金领取权却断断不可处分，而宅基地使用权之本权应与该领取权类比才相称。其三，不允许宅基地使用权人转让本权，才能确保农民在城镇化发展中享受应得的利益。如前所述，让农民因一时的危难而卖尽家当不符合法的正义追求。而如果引导其保留本权，则可以因地租增加或征收补偿而受益。[①] 其四，如果允许宅基地使用权转让、继承，则其原本模糊的规定性将会更加模糊。下文“在权利群的视野中重塑宅基地使用权”专门为澄清这些规定而努力，其中大部分工作只有在宅基地使用权本权静止的状态下才有效果。比如其存续期限，目前立法上语焉不详，各地做法也不一。有学者总结说已在习惯法上成为无期限限制，这是一种无可奈何的总结，与上文理由“其一”中的“土地有时而尽”也相冲突。这个期限问题在本权依制度目的相对静止时，如下文所述并非不可确定，但是一旦放开本权的转让、继承，则只能像目前一样依靠不合理也不合立法目的的“习惯法”填补制度空间了。[②] 其五，非如此不足以维护“一户一宅”的重要原则。在我国人口对土地的巨大压力面前，“一户一宅”原则是遏制土地浪费的一道生死攸关的闸门。许多学者被房屋继承、转让造成的宅基地用益流转所迷惑，动辄主张“一户一宅 ”脱离现实，应予废除。笔者认为，我国现行法上一些重要制度虽然在立法技术上存在一定破绽，但正如“存在的即合理的”这一命题所表达的意蕴那样，这些制度时常有其深层的合理根据，有待我们拨开迷雾指其根本，而不是一棍子打死。此处“一户一宅”原则就是如此，我们应当悉心体认现行法规定“一户一宅”的真实意旨，即一户只能有一处具有社保特性的“宅基地使用权”，而不是任何农户都只能分别拥有一处房屋，如果把现行法的规定理解为在结果上消除两极分化以实现形式上的平均主义，那简直是对法律政策的贬低。理解了“一户一宅”的真实意旨，也就能理解禁止有社保特性的“宅基地使用权”自由流转的必要性，原本停留在表层印象的人也可能会做积极的探索——怎样才能既维护“一户一宅”、维护宅基地使用权的社保特性，又满足宅基地上私权流动的现实需求？而不是一见私权流动就将“一户一

---

① 在台湾“民法”中，土地租赁和地上权租金随地价上升可依土地所有权人之声请增加，这一制度可供参考。参见谢在全：《民法物权论》（中册），台北：新学林出版股份有限公司2004年版，第97页；日本《借地借家法》第11条可参见王书江译：《日本民法典》，北京：中国法制出版社2000年版，第321页。

② 制度上不会有缝隙，凡有缝隙的地方就会有各色习惯做法填补上去（杜润生语）。足见创设制度时精益求精的必要性。

宅”的闸门一拆了之。

因此，宅基地使用权不但不能空地转让或单独转让，而且在房屋所有权转让时也不能随之转让。

（二）重新界定房地关系

可是，这种房权自由转让而地权转让不自由的做法与我国法下僵化单调的房地关系模式似乎是格格不入的，这也是此前讨论双方擦肩而过的根本原因——在房地关系的认识上先入为主，导致盲点出现。作为讨论起点的该限制性规定，即完全照搬了国有土地上房地强制捆绑交易模式，而且论争双方似乎也都将该模式奉若圭臬，缺乏必要的批判。其实该模式只是片面追求制度简化，并没有对效率、公平与现实形势的需要给予足够的关注，在市场化比较充分的国有土地上左支右绌也许还能勉强应付，到了情况远为复杂的农村宅基地上就寸步难行了。因此，宅基地上私权流动制度的设计，离不开重新界定房地关系，这也是反思国有土地上房地强制捆绑交易模式，进而重建土地利用权利群的一次良机。

在房地关系上向有“房随地走”和“地随房走”之说，但由于缺乏界说，这些“口头禅”意义相当模糊，以至于使用者自己也往往不知所云。草案第 162 条规定，当房屋所有权转让时宅基地使用权一起转让（这也是目前实践中一般的认识），也时常被称为“地随房走”，给人一种“很有些来头”的错觉。其实草案上的“房地关系”在法史、比较法上都没有过硬的经验支持，倒是真正意义上的“房地关系”可为宅基地上私权流动提供动力之源，所以对这些说法有界定的必要。

概括起来，“房随地走”和“地随房走”之说是在三种意义上被使用。其一，我国受苏联的影响曾长期视土地为无价值物，当地上建物转让时，对土地具体的占有使用（是事实而非权利）也随之转移，故名之曰“地随房走”。[①] 其二，随着土地使用权发展，现行法明确规定土地使用权和房屋所有权一体转让，即所谓“房随地走，地随房走”，其实质则为“房地一起走”。[②] 其三，在传统民法上，当房屋被视为土地所有权或者地上权的成分时，将会形成“房随地走”的局面；反之，当房屋不被视为地权的成分

① 孙宪忠：《中国物权法总论》，北京：法律出版社 2003 年版，第 138 页。

② 王利明：《物权法论》，北京：中国政法大学出版社 1998 年版，第 631 页；孙宪忠：《中国物权法总论》，北京：法律出版社 2003 年版，第 138 ~ 139 页。

时，则会发生“地走房不走”或者转让房屋时在土地上成立法定租赁权而发生“地随房走”。[①]

严格讲来，在前两种意思上立法者已在私权层面取消了房地关系，将之蜕化为单纯事实。因为在第一种意思的场域里，土地上只有占有的事实，不存在什么私权交易的可能，当然也就没有房权和地权的冲突。在第二种意思的场域里，名义上有土地使用权和房屋所有权的区分，事实上二者被强行捆绑合而为一了。所以有学者指出这是向罗马法的倒退，因为古罗马法长期将建物视为土地的成分，实行当然的房地一体处分规则，[②] 这种古老规则也是上述第三种意思上的房随地走的一部分。但是在第三种意思上，房地关系历经无数代人的发展真正获得了它的生命，在私权交易中表现得多彩多姿。其奥妙即在于权利群的构造，在土地上实现多个可处分物权的堆叠。自罗马法后期以来，传统民法场域里的土地上已经有了土地所有权、地上权、土地租赁权、房屋所有权甚至不动产役权等直接作用于房地关系的权利类型。在某些法域，房屋可以是土地所有权的成分，也可以是地上权的成分，从而发生房随地（土地所有权或地上权）走；[③] 在另一些法域，房屋不是任何地权的成分，而是独立房屋所有权的客体，当原属一人的房权地权各个处分时，法定地上权或法定租赁权应运而生，“地随房走”于焉成立。[④] 可见精确意义上的“房随地走”是以房屋被视为某地权的成分为前提的，而“地随房走”则是以原本归属一人的房权和地权被允许分别处分为条件，这两种情况在我现行法上都不能发生，认为草案规定了“地随房走”的说法自属误读。

这种张冠李戴的误读不仅是理论上正名的障碍，也是司法实践的障碍，例如：

甲和乙是姐弟关系，甲在自家宅基地的屋后空处提供空间允许乙建房自住，后甲将整幅宅基地使用权及自有房屋一起转让给丙（对乙建房事实知情），丙诉请乙退出房屋占有。[⑤]

---

① 刘得宽教授的有关观点可供参考，见“中国民商法律网”BBS上刘教授的答问。

② 孙宪忠：《论物权法》，北京：法律出版社2001年版，第326页。

③ 德国法仍以土地吸附房屋为原则，当地上权等权源存在时，吸附则被阻隔，参见《德国民法典》第93、94条（陈卫佐译注：《德国民法典》，北京：法律出版社2006年版，第29页）。

④ 日本法和我国台湾“法”可以为例，详见下文。

⑤ 详细案情见《中国审判案例要览》（1999年综合本），北京：中国人民大学2002年版，第708页，转引自王利明：《物权法论》，北京：中国政法大学出版社1998年版，第629页。

有学者从“地随房走”出发得出乙有权保有房屋的结论，再从“房随地走”出发又断定丙已取得房屋所有权，乙应退出房地占有。最后承认在这种情况下简单地适用“房随地走”或“地随房走”都不合理，转而向取得时效制度求援，即当乙占有土地达一较长期间时则由其取得使用权。① 可是，取得时效中之占有在主观心理状态上应以享有一定权利的意思为必要，易言之，乙若欲因占有期满而取得宅基地使用权，则其在持续占有期间必须有享有宅基地使用权并排斥其姊宅基地使用权的意思（即有特定内容的占有心素）。这种意思拟制显然悖于事实。再者，取得时效中占有之前手应已丧失占有，而本案中甲之占有最多也只能视为转入间接占有。因此，无论乙已建房多长时间，占有时效制度都不能为本案的解决提供任何支持。本案的重大意义在于，它暴露出我们经常使用的“地随房走”和“房随地走”是受现行法蒙蔽的产物，与文字游戏无异，反过来又掩盖了现行法的弊病。现行法规定“房权地权一起走”的规则时是以房权地权自始至终归于一人为潜台词的，从而达到简化法律关系的“良好愿望”。可是现行法在地权之外另立房屋所有权本身已为房权地权异其主人保留了可能，当这种情形发生时仍强行要求“房权地权一起走”就显得武断了，但是不一起走，法律又未为房权人拟制预设法定权源，所以难免尴尬，上例即反映了这种尴尬。从这种意义上看，现行法“房权地权一起走”的规则不仅是向罗马法倒退，甚至已倒退到比罗马法都不如的地步了，因为按照罗马法的土地吸收房屋原则，此案总算还有个确切的解决方案。② 当然，如果按照日本法或我国台湾“法”法定租赁权、法定地上权的思路承认房权人乙对土地享有一定权源的话，此案同样有确切的解决方案，并且更加合理。③

这种在宅基地上强制要求房权和地权捆绑转让的做法，系仿自“国

---

① 参见王利明：《物权法论》，北京：中国政法大学出版社 1998 年版，第 629 页。

② 即乙所建房屋被土地权吸收，乙应退出占有。

③ 即在乙和丙之间成立法定租赁或法定地上权关系。值得注意的是，台湾“物权法”修订案第 838 条第 3 项亦欲取法我国“房地一起走”的“先进经验”，规定地上权与房权捆绑流动，在台湾“民法”认独立房权的条件下，恐仍不免例十三揭示的尴尬风险。有关修订案见谢在全：《民法物权论》（中册），台北：新学林出版股份有限公司 2004 年版，第 88 页。但仍须指出，即使台湾采取“房地一起走”，与大陆的做法还是有根本区别的，因为其土地所有权可以自由处分，被捆绑的不是最初始的土地私权，而是衍生的地上权，在大陆被捆绑的则是最初始的土地私权——宅基地使用权或者建设土地使用权。

产”的建设土地使用权的“房权地权一起走”，并非真正意义上的“地随房走”，在本质上意味着房地关系从私权层面向事实层面的蜕化，其后果是限缩了宅基地上私法自治的空间，并在诸如上述案例之类的案件处理上暴露出武断规则的硬伤。而这些后果恰恰又是真正的“地随房走”所可以避免的，因为如前所述，“地随房走”是物权堆叠的产物，在权利群的构造中不仅可以拓展自治空间，也能柔化武断的规则。

（三）如何协调房地异主

房屋所有权只能单独转让，而这单独转让即引出了第二个大问题——因房屋转让造成房权和地权异主时如何协调二者之间的紧张关系？这一问题在房地关系上提出了制度创新的要求，将导向真正的“地随房走”。对此问题大概有三条出路：一是在房屋所有权人和宅基地所有权人之间成立法定的租赁关系；[①] 二是在房屋所有权人和宅基地使用权人之间成立法定的租赁关系或者地上权关系；[②] 三是在房屋所有权人和宅基地使用权人之间成立法定的不动产役权关系。[③] 三条出路都可以称为“地随房走”，以下分别述之。

境外立法例就房地异主为避免房屋被拆除的命运，采取了法定租赁和法定地上权的对策。如日本《假登记担保契约法》第10条（法定借地权）：“土地及其上建筑物属于同一人场合，就其土地为担保假登记时，于基于该暂登记为本登记场合，视为以其建筑物所有为目的而为土地的租赁。于此场合，其租金及租期，因当事人的请求由法院定之。”台湾“民法”债编1999年修订后，增订第425条之一，规定：“土地及其土地上房屋同属一人所有，而仅将房屋或仅将房屋所有权让于他人，或将土地和房屋同时或异时让与相异之人，土地受让人或房屋受让人与转让人间或土地受让人与房屋受让人间，推定在房屋可使用期内，有租赁关系。其期限不

---

① 韩世远：《宅基地的立法问题》，《政治与法律》2005年第5期。

② 崔建远教授在《土地上的权利群研究》中最早建议物权法应确定法定地上权，并提出可在土地使用权、宅基地使用权之上成立法定地上权，从而形成土地用益的双层结构。见崔建远：《土地上的权利群研究》，北京：法律出版社2004年版，第208页。唯按诸原意，似以实现抵押权为限，本文主张可借鉴台湾省之法定地上权拓宽其用途至房地异主的多种情形。参见谢在全：《民法物权论》（中册），台北：新学林出版股份有限公司2004年版，第70～71页。

③ 苏永钦：《走入新世纪的私法自治》，北京：中国政法大学出版社2002年版，第259页；苏永钦：《民事立法与公私法的接轨》，北京：北京大学出版社2005年版，第282～283页。

受第449条第1项规定之限制。（即租赁期不得逾20年之限制——引者注）”“前项情形，其租金数额当事人不能协议时，得请求法院定之。”①以上第一条出路和第二条出路就是对这些法例借鉴的结果。第一条出路选择在房屋所有权人和宅基地所有权人之间成立法定的租赁关系，这种思路积极借鉴比较法上的先进经验，引债法入物法，是很有创见的，深值思考。笔者在认真考虑后，认为这一条出路似有三大障碍难以逾越。其一，土地承租权虽称债权，但是其“债权物权化”的特色足可令诸多“嫡系”物权自叹弗如，这不仅在于“买卖不破租赁”，更在于承租人对土地的全面用益已经使所有权虚空化，这种效果与地上权毫无二致。② 易言之，土地租赁权、地上权、宅基地使用权都是相互排斥的权利，根据物权法“一物一权”原则也好，物权排他效力规则也好，依此进路将在宅基地上不可避免地发生土地承租权与宅基地使用权之间的冲突。其二，租赁关系的存续期间应为多长也是个难题，如果是以境外法例的经验为准，以建物使用期为限，那么村民集体作为出租方有权取得的租金恰与其监视承租方不得翻修建物的职责是相互反对的，因为建物破败、租赁关系解除后，作为出租方的村民集体将不可避免地遭受租金损失，并且得不到任何补偿，因为有权回复土地占有的似乎仍应是始终持有宅基地使用权的农户。其实即便由村民集体回复土地占有，这一占有对村民集体的吸引力也决不可与租金相提并论。在另一方面，有权回复占有的农户却又并非租赁关系的一方，自无权监视，而处于完全被动的地位。其三，要求卖方向集体交地租，其实际效果与从房价中剥出地价的做法没有质的区别，极可能出现的不利后果是，一方面损害了卖方农民的房价收益，另一方面为村民集体管理层权力寻租开一方便之门，整个买卖的博弈过程也被复杂化了。可见这条出路的设计在理论和效率上都还存在一定缺陷。

第二条出路将法定的租赁关系或者地上权关系定位在房屋所有权人和宅基地使用权人之间，表面看来似修正了境外立法例所有权对所有权的做法，但在实质上更符合权利制衡的要求。上文所引法例都是以土地、房屋所有权归属一人为起点，经由物权变动致生房地所有权异主时才有了权利制衡的制度需求。而在我国宅基地上，土地所有权和房屋所有权本就是异

---

① 以上法例皆转引自韩世远：《宅基地的立法问题》，《政治与法律》2005年第5期。

② 有关土地租赁的“物权化”，请参见尹田：《法国物权法》，北京：法律出版社1998年版，第46～47页。

主的，只有宅基地使用权才可能与房屋所有权构成归属一人的制度起点，于是经由物权变动致生权利异主时，有权利制衡制度需求的也应该是这两种权利。这种推理也许过于抽象，但在直观实效上也获得了有力支持：首先，第一条出路里存在的土地承租权与宅基地使用权之间的冲突可以避免，因为这是一种纵向的权利堆叠，而不是横向的权利交叠，物权法“一物一权”原则和物权排他效力规则得到了尊重；[①] 租期以房屋使用期为限也得以明确，并可在出租方——宅基地使用权人的监视下有望得到有效执行。这种推理也符合我国的地权特点。我国因土地公有制，土地所有权在许多情况下不可能成为不动产物权交易的直接基础，这一点已为学者所述及。[②] 在宅基地上，真正的交易基础性权利当是宅基地使用权无疑，在此基础上设置二度利用的权利是合乎法理的。特别值得指出的，这条出路符合宅基地使用权的制度目的，较好地保护了农民的利益：一则它确保了农民对自有住宅的处分自由；二则它也使农民享受到土地升值的利益，当土地巨幅升值时，农民不仅可以在回复占有时受益，而且能在回复占有前即可提出增租请求。

第二条出路采取的法定租赁和法定地上权的区别要看法律对租赁和地上权的制度安排。一般来说，因租赁权的物权化趋势二者不会在土地用益方面有质的区别。[③] 以台湾“法”为例，其“民法”规定当实现抵押权导致房地异主时成立“法定租赁权”，但又于债编修正第 422 条之一规定基地租用可请求地上权登记，且其“土地法”第 102 条更强行性规定基地租用应限期声请地上权登记。所以“法定租赁”不仅本身已物权化而且还可因登记而转化为地上权。不过在此转化过程中，规范矛盾也为法律解释和适用制造了一定障碍。[④] 笔者认为，我国物权法如设地上权制度，则以通采“法定地上权”自动成立为宜。

---

① 有关物权堆叠的基本原则请参见苏永钦：《物权堆迭的基本原则》，《环球法律评论》2006 年第 2 期。

② 孙宪忠：《论物权法》，北京：法律出版社 2001 年版，第 402、410 页；高富平：《从罗马法的土地分散利用体制看中国土地使用权制度设计》，［意］斯奇巴尼、杨振山等主编：《罗马法、中国法与民法法典化》，北京：中国政法大学出版社 2001 年版，第 290 页。

③ 有关地上权与土地租赁权的比较、相互关系以及地上权的优越性，请参见温世扬、廖焕国：《物权法通论》，北京：人民法院出版社 2005 年版，第 414 页。

④ 参见黄茂荣：《法学方法与现代民法》，北京：中国政法大学出版社 2001 年版，第 312 页；谢在全：《民法物权论》（中册），台北：新学林出版股份有限公司 2004 年版，第 70 页；邱聪智：《新订债法各论》，北京：中国人民大学出版社 2006 年版，第 246 ~ 247、338 页。

第三条出路是以役权制度容忍建物役地为前提的，苏永钦教授认为，草案第166条（即现《物权法》第156条）规定的地役权虽称“地役”，但都是以“不动产”措辞，存在建物役地的解释可能。这条出路在许多方面使得制度关系更加和谐：首先，地上权如上所述已越来越独立于建物，而在房地异主时所需借助的权利恰恰是为了建物免于拆除，所以需要具有更强烈的从属色彩，不动产役权自属上选；其次，在建物灭失时，役权的消灭也比地上权的消灭更为顺理成章。[①] 不过，法史和当代各国立法一般认为地役权只是对土地某一个别内容的使用，不会“完全占据对土地所有的用益可能性”，[②] 地上权则往往足使所有权虚空化。苏永钦教授本人也正确地指出，在物权堆叠中役权是“瘦权”，地上权是“胖权”。[③] 这绝非标签主义，而是对权利特色的准确揭橥，对权利群调谐的有力暗示，深值重视。总之，建筑物役地这种情形还是沿用“胖权”法定地上权为宜，至于增强从属色彩和严格存续期间，自可在“法定”二字之内做特殊处理以达到区别一般地上权的目的。

（四）选择地上权——权利群之枢纽

但《物权法》并无地上权的规定，所以这里引出又一个大问题——未来《物权法》修法时是否有必要专辟一章以规定地上权，以及基地使用权体系将因此发生什么样的改变？

基地使用权在梁慧星教授等人起草的物权法草案建议稿中被作为大陆法系地上权的替代制度获得了严格的规定性，成为一种独立的物权类型。本书此处使用的基地使用权则泛指一切与农地使用权相对的为地上物建设而使用他人土地的权利，包括债权性利用权，也包括已入《物权法》的建设性用益物权，还包括本文建议采纳的传统地上权，其体系构成及其规定性都有待于进一步探索。在物权法立法的整个讨论过程中，有关基地使用权大约出现了以下主张。其一是梁慧星、崔建远、陈甦教授等学者所主张的，将现行法上建设用地使用权、宅基地使用权以及现行法尚未来得及明

---

① 参见苏永钦：《走入新世纪的私法自治》，北京：中国政法大学出版社2002年版，第259页；苏永钦：《民事立法与公私法的接轨》，北京：北京大学出版社2005年版，第282~283页。

② ［德］鲍尔、施蒂尔纳著，张双根译：《德国物权法》，北京：法律出版社2004年版，第721页。

③ 即在同一堆叠层次上，“胖权”地上权与其他类似的全面用益性权利不相容，“瘦权”地役权则可以多个并列。

确规定的桥涵、矿地使用权冶于一炉，总称为基地使用权或地上权。[①] 其二是王利明教授等学者主张的，沿用现行法上的建设用地使用权、宅基地使用权，无须创设地上权。[②] 这种观点被现行法所采纳。其三是孙宪忠、高富平教授等学者所主张的，在我公有制的语境里，土地所有权不可能成为交易的基础，应当在土地所有权之外建构一般的使用权充当交易基础，并借此实现土地的分散利用，然后在此使用权之上再发展用益物权如地上权等。[③] 高教授形象地称之为“中国的月亮才是外国的太阳”，“我们正在努力使我们的月亮发出像太阳一样的光芒”[④]。即我们的土地利用不是传统的“土地所有权（太阳）—土地他项权（光芒）”，而应为“土地所有权（太阳）—土地使用权（月亮）—土地他项权（光芒）”。[⑤]

笔者认为，前两种主张中前者探讨现行制度与地上权的共性，后者探讨了现行制度与地上权之间的差异，都反映了参照传统的成熟制度以自省的努力，对于认识和整理现行制度是大有裨益的。但是两者似乎都忽略了物权堆叠的必要性，没有充分关注现行土地法制度相对于传统民法的重大不足——对人们“房地异主”的制度需求采取的治理方案是“堵”不是“疏”，其后果是限制了私法自治的空间，且影响到物的利用效率。对现行法将“茧丝牛毛”拧成“麻绳”的做法多有迎合少有创新，这在新的法典创制过程中不可取。

最后一种主张关注到在权利层次上我国的独特之处，然后提出不同的物权堆叠方案，这种创新意识深值重视。笔者认为在基地上承认双层使用权更符合拓展自治空间、提高利用效率的要求，许多尴尬、别扭也会随之消失。宅基地使用权上的情形前文已有交代，而在建设用地使用权上，完

---

① 梁慧星等：《中国物权法草案建议稿》，北京：社会科学文献出版社2000年版，第447页（陈甦负责）；崔建远：《土地上的权利群研究》，北京：法律出版社2004年版，第205页。崔老师主张使用地上权概念，并明确建议在实现抵押权时可在土地使用权、宅基地使用权等“地上权”之上再成立“法定地上权”，严格讲来在权利群层次构建上已与梁慧星教授负责的建议稿颇有不同，但鉴于双层用益仍被局限于较小领域，且地上权与基地使用权的规定性设计大抵一致，故一并叙述。

② 王利明：《物权法论》，北京：中国政法大学出版社1998年版，第635页。

③ 孙宪忠：《论物权法》，北京：法律出版社2001年版，第380、411页。

④ 高富平：《从罗马法的土地分散利用体制看中国土地使用权制度设计》，［意］斯奇巴尼、杨振山等主编《罗马法、中国法与民法法典化》，北京：中国政法大学2001年版，第298页。

⑤ 高富平：《从罗马法的土地分散利用体制看中国土地使用权制度设计》，［意］斯奇巴尼、杨振山等主编《罗马法、中国法与民法法典化》，北京：中国政法大学2001年版，第297页。

整的地上权制度似乎也呼之欲出了——对建设用地使用权和建物权利严格捆绑的做法正在立法、司法上发生松动。当然这些松动只是因现实形势的压力所做的自发应对，没有人自觉地从体系上进行反思和安排，其结果是不可避免的体系违反。例如，《物权法》第142条规定："建设用地使用权人建造的建筑物、构筑物及其附属设施的所有权属于建设用地使用权人，但有相反证据证明的除外。"关于这一条之但书的解释，全国人大常委法工委民法室工作人员认为专指商品房小区内的市政公用设施，① 另有参与物权法草案起草工作的学者驳斥了这种观点，主张这一条文之但书指向基于土地租赁权建房的情形。② 笔者认为，无论作何解释，该条都暴露出地上建物权与地权异主的制度需求。在前一种解释下，国家无须任何对土地的权利而凭空享有市政设施所有权的说法，违背了建物与土地关系的基本理念。但是认为国家为了保有市政设施所有权而在建设用地使用权人使用的土地上享有另一项建设用地使用权，③ 恐怕也难称妥当。因为建设用地使用权在"物权排他性"上应与地上权有异曲同工之妙，指向土地的全面用益，在物权堆叠的视野里，即最多只能纵向堆叠，不可横向交叠。易言之，此时市政设施所有权人对土地的权利是叠加于宗地建设用地使用权人的权利之上的，要么是公共役权（在管线安设时），要么是类似于地上权的权利（在营造公共建筑时），正是在此处暴露了对完善第二层级利用权的制度需求。在后一种解释下，首先应当看到土地租赁是分不同情形的，其意义也截然不同。一种情形是国家直接将土地租赁给利用人，相对于借土地租赁之名行土地出让之实，在权利稳定性和权力寻租防范上弊端甚多，所以作为其依据的《规范国有土地租赁若干意见》（国土资源部于1999年8月1日发布）明文将其限制于"补充"地位。如果说《物权法》第142条之但书是为此而设，岂不是"大炮打蚊子"？④ 而且如该条文之前段所阐明的，其但书适用应以原本存在建设用地使用权人为前提，所以笔

---

① 全国人大常委会法制工作委员会民法室编：《中华人民共和国物权法条文说明、立法理由及相关规定》，北京：北京大学出版社2007年版，第142页。

② 见崔建远：《确定建筑物所有权的依据》，《甘肃政法学院学报》2007年第6期。

③ 崔建远老师在上揭文中批驳了前一说法但认为国家可享有另一建设用地使用权。参见崔建远：《确定建筑物所有权的依据》，《甘肃政法学院学报》2007年第96期。

④ 所以论者随即指出，比较法上日本等国家和地区的规定中有较完善的土地租赁制度值得借鉴。见崔建远老师之上揭文。日本和我国台湾省的规定是将土地租赁比附于地上权和法定地上权，甚至有强制登记为地上权的要求，这进一步支持了本书的主张。

者认为，该但书若与土地租赁有某种联系，所联系的应是另一种情形的土地租赁——原使用权人向其他利用意愿人的出租。《规范国有土地租赁若干意见》第6条第1、2款规定："（1）国有土地租赁，承租人取得承租土地使用权。承租人在按规定支付土地租金并完成开发建设后，经土地行政主管部门同意或根据租赁合同约定，可将承租土地使用权转租、转让或抵押。承租土地使用权转租、转让或抵押，必须依法登记。（2）承租人将承租土地转租或分租给第三人的，承租土地使用权仍由原承租人持有，承租人与第三人建立了附加租赁关系，第三人取得土地的他项权利。"就是双层利用这种租赁。此外更深值注意的是《物权法》第144条所显示的最新立法趋向，该条规定："建设用地使用权转让、互换、出资、赠与或者抵押的，当事人应当采取书面形式订立相应的合同。使用期限由当事人约定，但不得超过建设用地使用权的剩余期限。"在《物权法》之前，《城市房地产管理法》第42条规定："以出让方式取得土地使用权的，转让房地产后，其土地使用权的使用年限为原土地使用权出让合同约定的使用年限减去原土地使用者已经使用年限后的剩余年限。"与之相对照，上述《物权法》的规定反映了重大的转变，即不仅在国有土地租赁的场合要保障土地二级利用的自由，而且在出让土地上，也允许第一层级的使用权人经由转让、互换等方式使他人作次级利用，而不用像《物权法》之前那样，使用权一处分就当然地转移了全部剩余年限利益。但是，该法第144条的规定与《物权法》第146、147、182条所因袭的房地捆绑模式之间存在体系违反。砸破这个枷锁的办法在上引《规范国有土地租赁若干意见》第6条第2款已有完整规定——由原使用权人持有原权利，次级利用人取得"他项权"。可见，《物权法》往土地双层使用权的方向已经踏出了关键的步伐，只是缺乏体系自觉，留下了未竟全功的事业。

这一事业值得立法者在未来修法时重鼓剩勇毕其全功，因为即使不看宅基地的情况，土地双层利用制度在国有土地上也大有可为：如此则合作建房的出资方即可以在投入资金的同时就新建房产享受物权性保护，因为他可借助土地次级利用权为在建工程之物权寻得地权根据；① 商品房购买者就不必一次支付巨额的建设用地使用权价金了，因为他们可以成为逐年

---

① 在传统民法中留置权、法定抵押权、建设工程贷款人优先权、不动产卖方之价款优先权甚或现行法之建设工程价款优先权都关注了对价值形成方的优先保护，但是现行法却忽略了合作建房之出资方，这在法律价值上存在内部体系违反，与合作建房纠纷高发关涉甚重。

向建设用地使用权人缴纳地租的地上权人；而开发商也可以仅售房屋所有权而仍持有建设用地使用权以做“土地储备”;[①] 以前福利分房时那种强制性的“地随房走”的窘境也不复存在了，福利范围可以精确地界定在居住房屋上，单位仍可保有建设土地使用权；现行法对建设用地使用权期间届满后权利命运的回答将变得更有意义——按照《物权法》第149条和《城市房地产管理法》第21条的规定，建设用地使用权期间届满后，要么自动顺延（住宅用地）要么经申请而批准顺延（未与公共利益冲突的非住宅用地），实际已经在一定程度上承认了境外诸法域在私有制下极力避免的无期限用益物权,[②] 这是我国从公有制领域向私有领域释放利益的一次极为重大的举措，作为法律人有责任献计献策，提供方案配合这一举措以实现最大的社会效益，以地上权为枢纽的权利群堆叠应是该方案中不可或缺的一部分。此外，一旦设立了专章地上权，则建设用地使用权、宅基地使用权可以通过条文引用的立法技术真正取其精华，得以完善和体系化，毕竟地上权才是传统民法千锤百炼的选项。

如上所述，笔者基本支持孙宪忠、高富平两教授有关基地使用权的主张。但是有如下不同意见：在土地所有权和土地他项权之间一律要求有一种抽象的土地使用权有失机械，并且会误导公有领域的利益向私有领域释放，跟我国国情相违背。因为这种抽象的土地使用权很难做到真正的“物权法定”，一旦出现了这么一个“口袋型物权”，毫无意外，许多原本未经严格“物权化”的土地分散利用情形也就会堂而皇之地以“物权”的名义脱离公有领域“走向自由”。比如国有土地划拨中有时就根本没有产生“权利”（如为某机关职能行使而划拨），有时产生的也仅是土地借用关系（比如20世纪80年代在全国城镇拨付个人建房的土地），而现在经常可以看到有关这些“土地使用权”再次转让或征收补偿问题的讨论，其实这些现象就是“口袋型物权”的恶果。如果立法上都承认了抽象的土地使用权，就可能导致公有领域的利益向私有领域作更严重的不正当释放。因此，笔者主张不必设立抽象的土地使用权，具体的宅基地使用权、建设用

---

① 当代法上区分所有权转让一般要求房权地权一并处分，参见谢在全：《民法物权论》（上册），台北：新学林出版股份有限公司2004年版，第399页。我国若设地上权，可仿其意，要求房权和地上权一并转让以简化交易，但仍须指出的是，这种以双层私权处分为前提的“捆绑”与现行法的做法有质的区别。

② 因为在土地私有制下，制度设计有必要避免土地所有权过度虚化，而在我国，只有土地所有权“虚有权”化以后，才谈得上充分的土地分散利用。

地使用权上可以成立地上权，所有权上也未尝不可直接成立地上权。甚至还要进一步辨明——在目前已被广为使用的“土地使用权”的名目之下究竟包含着什么“权利”？例如在上述关于国有土地划拨的例子中就根本不存在什么土地物权，如欲设立也必须完成土地出让手续，否则就是对公有领域的不当侵蚀。在土地制度双轨制的现有条件下，对正当私权的保护固然不可迟疑，但是严格界定公私领域也是刻不容缓的大事。在私法已颇感晕头转向的崭新时代里，公有制恰恰蕴藏了巨大的机遇和启示，可是我们对它们的认识，也许仅与考古学家对秦始皇陵的认识水平相当，目前可以确定的只有一点——如果一口气挥霍了，再去探索将不可得。故此，在土地利益的公有领域和私有领域之间，还是以坚持具体的利益释放类型为宜，不应设“口袋型”的抽象土地使用权。

综上所述，物权法应设地上权制度，宅基地使用权上既可以因房权地权异主而生法定地上权，也可以因意定而设地上权，在一些特殊情况下，宅基地所有权上也可以直接堆叠法定地上权（如房权地权异主时宅基地使用权消灭）。

（五）从宅基地上私权处分的可能路径通往权利群

在重订房地关系和选定地上权之后，下一步工作将是具体设计宅基地上私权处分的路径。此时，有必要广泛调查群众中业已存在的各种宅基地上利益流转方式，然后参酌现代法学及立法成果裁成体系。应当穷尽各种宅基地上私权处分的可能路径，如此才不至于遗漏立法本应覆盖的主题。[①]笔者囿于条件，未能做系统调查，只能结合个人的点滴工作经验和自己对地上权利群的粗浅理解设例，力求覆盖宅基地上私权处分的可能路径。然后简要探讨，哪些应成为立法主题以及对各主题进行制度安排以后，将形成怎样的权利群构造模式。

---

① 法史上多有遗漏了立法主题而导致制度改革或颠覆的例子，如积极侵害债权在民法学上有“伟大发现”之称，其“发现者”施陶布所发现的即为原债务不履行体系所遗漏的主题从而导致体系革新。（对此请参见王泽鉴：《民法学说与判例研究》（第4册），北京：中国政法大学出版社1998年版，第18页。）值得注意的是，债法领域的主题的类似欠缺往往还可有立法之外的手段提供补救，如郑玉波先生即主张积极侵害债权可依拟制方法部分补正，（见黄茂荣：《现代民法与法学方法论》，北京：中国政法大学出版社2001年版，第326页。）但物权法上的主题遗漏将因物权法定而常为解释方法所莫及。

例一：农民甲将自有住宅房屋及其所占宅基地使用权一起转让给乙。

例二：农民甲将一幅宅基地使用权转让给乙，但是保留其上的自有住宅房屋一幢。

例三：农民甲将自有住宅房屋全部或其中部分楼层转让给乙，但是保留宅基地使用权。

例四：农民甲就宅基地使用权和其上自有住宅房屋分别为乙和丙设定抵押权。

例五：同一村民集体内成员甲和乙互易住宅房地或仅易房屋。

例六：农户成员甲乙丙因分户各自分得原自有住宅的一部分。

例七：农户家长甲去世后，非农户成员乙因遗嘱继承与农户成员丙丁（法定继承人）各分得农户原自有住宅的一部分。

例八：农民甲以宅基地一幅与乙合作建房。

例九：农民甲就自有住宅房屋的全部或一部分为乙设定居住权。

例十：农民甲以宅基地一幅交由乙使用若干年，并赋予乙之使用权以对世效力。

例十一：农民甲将自有住宅房屋出租或出借给乙。

例十二：农民甲抛弃宅基地使用权及其上房屋或仅抛弃其中之一。

结合上文的探讨，宅基地上私权处分的路径大致应为：权利人有权自由处分房屋所有权，如转让（例一、二）、互易（例五）、分割共有产权（例六）、设立居住权（例九，如果物权法未来承认此一制度的话）、遗赠（例七）、设立抵押（例四）、出租或出借（例十一）、抛弃（例十二）；当处分导致所有权和宅基地使用权异主时，房权人对宅基地使用权人在房屋使用期内享有法定地上权；宅基地使用权不可转让（例一、二）或继承（例七），但可以由权利人为他人设立地上权（例八、十）；当房屋被不同主体分享所有权时，可能形成区分所有的局面，此时房地结合关系会就不同的房屋部分呈现差序格局（例三、六、七、八）。

三、在权利群的视域里重塑宅基地使用权

在上文粗线条地、动态地描绘了宅基地上权利群以后，接下来需要从微观上整理相关权利的各种规定性。本章仅以宅基地使用权为整理对象，因为这一十分“幼稚”的权利形态恰是宅基地上权利群的基石，至于地上

权、抵押权等相关制度则在现行法及比较法上多有成例可供参考，故留待今后再做整理。

人所共知，我国《物权法》立法的重要使命是清理物权。诸如宅基地使用权之类的“权利”此前虽已多有规定，但有关规定大都是“兵来将挡，水来土掩”式的急就章，与法典立法相去甚远。于是这些“权利”在一些基本性格上都面目模糊，是否物权未尝没有争议。[①] 如果认为这些面目模糊的“权利”一经载入物权法即可鲤鱼跳龙门，当然升格为完整物权，那么这种“物权清理”的价值与“锯箭法”没多少分别：貌似解决了问题，其实“箭头”仍在，创伤依然。[②] 而《物权法》第十三章显现的正是这种理清思路——寥寥四个条文（其中第153条还是没有实际规范内容的授权条款），看不出任何制度完善和创新的努力。仅就该章而言，物权法的价值已在不知不觉中大打折扣。当然，就像制度经济学所认为的那样，在没有交易的场景里，产权界定是否清晰并不重要，而只有当产权进入流动时，对它的界定才变得极为重要。于是我们看到，宅基地上的限制私权处分和回避权利界定竟然形成一种互为因果、互相牵制的“玉连环”：一方面，权利界定是很有难度的，而这项高难度的工作只有在放开私权处分时才会变得迫在眉睫；另一方面，只有对权利做好精确界定，才能安全、稳妥地放开私权处分——既然艰难的权利界定工作一时之间完不成，私权处分的“泄洪闸”就只好关下去了；而私权处分的闸门既然还关着，高难度的权利界定工作岂非就不那么急迫啦？面对这么一个“玉连环”，如果被惰性所征服的话，“上策”自然只剩立法逃逸了，省掉的是法律人的麻烦，增加的是农民财富不自由、无效率的代价。本书以承认农民财富处分自由为起点，就只能直面难题，勉力在权利群体系视野里重塑权利群的基石——宅基地使用权。

（一）宅基地使用权的主体问题

“家”作为微观经济体在我国有悠久的历史，20世纪80年代发生在农村的伟大改革也就是从人民公社向“家”的回归，所以作为“家”在户籍

---

① 有关物权清理问题请参见王成：《物权法定与物权整理》，《浙江社会科学》2005年第6期。

② 近代杂文家李宗吾先生在其刺世巨作《厚黑学》里将“锯箭法”和“补锅法”命为“办事二妙法”，今日之“立法逃逸”在工作方法上实与前一“妙法”相类——临纸遥忆“李教主”当年嬉笑怒骂，当代“法律人共同体”或应于莞尔之外、继以愧畏！

上的反映，“户”就成为农地使用权和宅基地使用权理所当然的主体。很少有人深入体察这种以“户”为主体的权利归属形态，对私权利益的分配和变动到底有什么意义，或者反思在公有制的场景里，按“户”分配制度对传统中国村社之“家”所产生的深刻冲击。而有关立法和政策则在老百姓创造性的步伐之后亦步亦趋，将“增人不增地、减人不减地”、“一户一宅”等极不精确（却有深刻意义）的经验层面的东西写进条文，然后陈陈因袭、万事大吉，始终未能在私权型构的高度来反思这些做法。[①]

“户为主体”在民法既有体系里究竟应如何定位，这会对权利的存续和行使造成大的影响。户既非自然人，亦非法人，显然不是一般意义上的民事主体。传统民法以共同共有解释普通的家庭财产关系，但是我国宅基地使用权的特殊分配制度决定了，这种解释方法在宅基地上行不通。在宅基地初始分配中，有权分取宅基地使用权的人不但是户的成员，而且也是集体的成员。当户的某一成员因升学、招干、缔结婚姻等原因脱离户籍而失去集体成员身份时，他仍可以不失为家庭成员，从而对家庭一般财产享有共有权（此处也显示出户籍与家庭成员身份间的不一致性），但是他对无偿分给的宅基地是否仍然享有权利就很有疑问了，虽然现行法对此未予交代，但是根据制度目的的回答应是否定的。可见宅基地使用权与家庭共有财产之间存在区别。个人财产或夫妻共有财产也不能解释宅基地使用权，例如多数农民住宅是家长在阖家分受的宅基地上建成的，房屋应属个人财产和夫妻共有财产，可以遗嘱指定继承。易言之，家庭成员中的非集体成员以及家庭成员之外的其他人也可能成为房屋新主人。但是宅基地使用权不构成遗产。当户内成员死亡，其余成员继续对宅基地为用益，并非继承得来的结果，而直接是“户为主体”的作用。当户内全部成员死亡时宅基地使用权的存在即失其目的，应由集体收回，当然其上房屋仍可因继承由他人取得所有权，至于房地关系已于上文做过分析。不仅家庭共有财产、夫妻共有财产、个人财产都解释不了这种权利归属形态，日耳曼法的总有和合有也同样解释不了，[②] 因为这两种共有形态的特色是集体与成员之间的“所有权质的切分”，在本质上仍是土地的分散利用，而宅基地使

---

① 如“一户一宅”本来是一个极有价值的立法意旨，但因为缺乏具体制度的支持，其实效大打折扣，以至于群言汹汹皆欲废之而后快。

② 相关日耳曼法制度参见李宜琛：《日耳曼法概说》，北京：中国政法大学出版社 2003 年版，第 153～154 页。

用权在户内来讲根本不强调分散利用，而更以共同用益为常态。笔者认为，就制度目的来说，宅基地使用权的归属可类比于财团，为抽象之“户”的利益而长期存续。我国在农村采取宅基地无偿分配制度，追求的是居者有其屋，最理想的状态无非是一户一处宅基地，然后在此空间安居乐业，繁衍生息，当户的所有成员均迁出或死亡时，宅基地使用权即告消灭，集体收回控制权。但只要户没有解体，即使只有一个成员传其薪火，即可对抗集体的所有权，至于单个成员则永远没有分割请求权。大家庭分户时宅基地使用权的分裂不会否定财团的定性，这已经不是单个成员的分割请求了，而是户与户之间的让渡，或者说财团的裂变。

将宅基地使用权归属形态定性为“财团”并非出于纯理论的偏好，而是指导立法的必需。家庭财团在比较法上有丰富的经验可供参考。如意大利民法典上的“家庭财产基金”、[①] 瑞士民法中的“家财团”，[②] 它们的一个共同点即在于为特定目的而将特定财产从其他财产中区隔开来，并就财产权利的转让和设定负担设定了限制，并强调未成年人保护。这些经验支持了上文有关宅基地使用权应限制转让的主张，并提醒我们就其他处分方式也应考虑对特殊受益人（如妇女儿童）的保护。如家长以个人资金利用宅基地建房，此时房屋所有权固然可归其一人所有，但其他成员将自动享有法定居住权；家长卖房或在宅基地上为他人设立地上权，均应设置对其他成员的特殊保护程序，比如应经全体共居人同意并另行安排居所。[③]

以户为主体的分配制度在宅基地使用权上造成的土地浪费比农地使用权要严重得多。原因在于后者的调整牵一发而动全身，所以“增人不增地、减人不减地”一经提出迅即风靡全国并且得到较好的执行，而宅基地的增减却往往是局部的，许多情况下在各自原有的自留地里就解决了，监督很不得力。[④] 再加上宅基地分配制度以“增户则增地”实际否定了“增

---

① 费安玲等译：《意大利民法典》，北京：中国政法大学出版社 2004 年版，第 51 页以下；参见高富平：《物权法原论》，北京：中国法制出版社 2001 年版，第 204 页。

② 史尚宽：《亲属法论》，北京：中国政法大学出版社 2000 年版，第 782 页；殷生根、王燕译：《瑞士民法典》，北京：中国政法大学出版社 1999 年版，第 94 页。

③ 参见徐国栋：《绿色民法典草案》，北京：社会科学文献出版社 2004 年版，第 221 页。

④ 参见全国人大法工委民法工作室：《物权法（草案）参考》，北京：中国民主法制出版社 2005 年版，第 360～361 页。

人不增地”的自然规训在宅基地上的推行。[①] 立个户头就能免费分取一块土地的错误制度，引导今日中国农村户的建设误入歧途——传统的共居同产的大家庭裂变为两、三口之家，随处圈地，大肆浪费。于是，新中国成立以来耕地数量一路走低。[②] 其实，建筑技术发展到今天，根本就不应允许随处挖一大块田地建一层平房配一溜牛栏猪圈，而应该引导大家庭集中财力在一处宅基地向多层建筑发展。因此，首先建议在允许“增户增地”的同时，将已在大家庭宅基地里分配过份额的人在新宅基地上扣除份额。其次，当所在集体存留有旧宅基地时，就严禁批给新宅基地，只允许接受旧基地或者在原户使用的宅基地上扩建。在农村宅基地使用权初始分配时，一户一处宅基地的原则不但要坚持，而且要强化，强化之道就在于引导大家庭多层共居，并逐渐向村宅整体规划发展。

当然农民的分户习惯仍应尊重，这样就会出现大家庭共居而不同产的现象，区分所有制度将因此而在农民住宅上获得“用武之地”，而且宅基地的社保特性也会使区分所有制度在此处的适用更为多彩多姿，对此将于“条文试拟”部分再作探讨。

（二）基地使用权的客体问题

以上所有讨论基本上都是以农村宅基地为场景的，实际上宅基地使用权的客体并非没有争议，比如一些有力说就主张应当将农村宅基地和城市宅基地一体立法，[③] 甚至更进一步主张将包括宅基地在内的所有建设用地冶于一炉，通称地上权或基地使用权，以实现真正的体系化。[④] 这些观点

---

① 现在的趋势是，农村人口因城镇化趋势而逐渐减少，农户数量却迅速攀升。自 1999 年至 2002 年，农民数量下降 1.6%，农户数量却增加 1.1%。参见党国英：《农民住房为何蚕食耕地》，正义网 www.jcrb.com，2005 年 7 月 29 日更新。

② 据统计，“六五”期间减少耕地 3 259 万亩，“七五”期间减少耕地 1 845.2 万亩，“八五”期间减少耕地 1 053.3 万亩，1998 年至 2005 年 7 年间共减少耕地 1 亿亩，目前我国 13 亿人口共保有耕地 18.5 亿亩，低产田占三分之二。单就宅基地而言，《全国土地利用总体规划纲要》本来规定 2000 年农村居民点用地应控制在 2.05 亿亩，可是截至 1996 年 10 月 31 日，该数据即已突破 2.42 亿亩，人均用地 192 平方米。见朱冬亮：《社会变迁中的村级土地制度》，厦门：厦门大学出版社 2003 年版，第 230 页；杜润生：《中国农村体制改革重大决策纪实》，北京：人民出版社 2005 年版，第 325、328、355 页。

③ 崔建远：《中国的用益物权制度》，中国民商法律网，2006 年 7 月 3 日更新。

④ 崔建远：《土地上的权利群研究》，北京：法律出版社 2004 年版，第 205 页以下；梁慧星等：《中国物权法草案建议稿》，北京：社会科学文献出版社 2000 年版，第 447 页。

虽然不被《物权法》所取，但并不表示已经没有探讨的必要，鉴于持论者多为国内学界相当有影响力的学者，日后法律解释大受影响当在预料之中。① 由于法典形式理性的体系化偏好，引地上权制度一体把握各种建设用地权在法律解释上犹如水就湿火就燥，绝对不是所有制造成的客体之分所能阻挡的。这种趋势不仅事关我国物权法理论的构建，而且必将对法律运行产生根本性影响，立法者在取舍之间应当有个交代，否则不仅会在立法技术上为人所轻，也会成为法律解释乱局的始作俑者。笔者初步主张，对农村宅基地和国有土地上的宅基地还是以分开立法为宜，主要原因有二：一是因为农村宅基地上私权的分配、存续、流动都深受其社保特性的影响，所以制度呈现出独有的特征；二是目前的国有土地上的宅基地实是一锅大杂烩，里面有私有土地转换而来的宅基地，有 20 世纪 80 年代国家根据当时城镇人口实际需要拨付的宅基地，还有商品房宅基地。所以对它们和农村宅基地使用权一体概括处理，可能会在不自觉当中回避了一个关键问题：当前公有制下自发形成的形形色色的土地分散利用制度迫切需要整理，有必要将其中应由债法调整或者甚至应由公法调整的范围剥离出来重新进行体系化处理。②

不过在农村住宅中，典型的宅基地使用权制度能否一体适用，仍颇费斟酌。其例大约有三。第一种是荒滩、荒地等“四荒”农用地上的配套住宅，③ 经拍卖、招标等手段进入流转市场的“四荒”土地使用权可以自由处分，与宅基地按户分配之社保特性也彻底脱钩，所以这些住宅的法律地位应另作斟酌。笔者认为，应视之为该宗四荒土地使用权的从物，使其处

---

① 比如刘保玉教授虽然反对立法采用地上权的术语，但仍主张其“学理上的使用”，见刘保玉：《物权体系论》，北京：人民法院出版社 2004 年版，第 185 ~ 186 页。笔者认为，法律解释的混乱已在类似见解中初见端倪。

② 笔者认为，鉴于一些立法概念的精确“射程”已经很难从其文义或所处位置求得多少启示，物权法解释论的基础性工作之一应是，在一种泛化的“基地使用权体系”的主题之下，从现有的法律生活事实出发而不是从物权法的概念出发重新调谐物权与债权、私法与公法的作用关系——这本是立法者在型构概念体系时应当做好的工作。

③ 关于“四荒”土地问题请参见崔建远：《“四荒”拍卖与土地使用权——兼论我国农用权的目标模式》，载崔建远：《物权：生长与成型》，北京：中国人民大学出版社 2004 年版，第 183 页，原载《法学研究》1995 年第 6 期；另参见全国人大法工委民法室编：《物权法立法背景与观点全集》，北京：法律出版社 2007 年版，第 557 页。

分、存灭与后者同一命运。[①] 第二种是因村社重整或灾后重建形成的区分所有型农村住宅小区。例如目前在天津、北京等地迅速流行的农民以宅基地置换房屋，“就地上楼”，村社重整以后形成了大量高层住宅楼，其中有些房屋返还给出地的农民，剩余的则予出售，以售得款项补贴建设项目。对此在法律上留下的疑问是，原出地农户及新入住户对住宅楼所占土地分别是什么关系。这个问题的回答直接影响产权归属和住户之间、住户与集体之间甚至住户与国家之间的法律关系。据有关报道，目前天津似乎是往宅基地置换完整产权“商品房”方向努力，其制度前提应该包括国有土地出让收益的让利（即悉数反哺于村庄建设）、[②] 农民之社保与土地脱钩，顺利与否，仍待观察。[③] 而北京市的政府和民众，显然仍在为“天津模式”与非法“小产权房”之间究竟有何区别而迷惑。[④] 笔者认为，如经征地出让程序，新建楼宇已为国有土地上的商品房，即使事实上用作农民住宅，宅基地使用权制度也无适用余地了，对照宅基地固有的社保特性，天津模式强调农民社保体系的完善是必要的。如未经征地，出地置换房屋的农民应该对全部占地享有宅基地使用权，其他购房入住的住户虽对其房屋专有部分和共有部分分别依区分所有制度享有产权，对基地则不享有“宅基地使用权”。按照上文主张的权利群堆叠思路，其他住户对基地所享有的是叠加于宅基地使用权之上的次级利用权。具体参见上文第二章之法理分析

---

① 我国法于《物权法》第115条一个条文规定了从物：“主物转让的，从物随主物转让，但当事人另有约定的除外。”此外仅在《担保法司法解释》第63、91条涉及抵押、质押及于从物。从我民法一条包揽所有问题的做法来看，似采概括主义，与日、韩、瑞士、中国台湾等国家和地区同而与德国异，但是该法第115条在体系和文义上均为“所有权取得的特殊规定”，并无扩张解释的余地。显然此处存在法律漏洞，应作目的性扩张解释以为弥补，具体言之，德国民法第314、498、926、1031、1062、1096、2164条有关从物的特别规定（除第1031条取得时效我国法尚阙之外）均应纳入法律漏洞填补的视界。前引《担保法司法解释》的两条规定正是漏洞填补的适例。对于从物可否为不动产的问题，德国民法作了否定回答，日本和我国台湾的规定或理论通说则予以肯定。我国法对此问题尚未及回答，在解释上无否定必要。

② 以国家名义征地、出让而将出让金悉数反哺村庄基础建设已经成为一些地方村镇重整的实践模式，这也是国家垄断土地一级市场却又不得不根据形势需要与农民集体分利的一种“脱法行为”，参见《浙江省乐清市乐城镇石马村村民委员会与浙江顺益房地产开发有限公司合作开发房地产合同纠纷案二审判决书》，《最高人民法院公报》2008年第2期，合议庭成员为韩延斌、孙延平、张颖新（最高人民法院法官），该案的背景即为此处讨论的模式。

③ 见《天津试行宅基地换房　十万农民将住进商品房》，《市场报》，2008年10月13日，转引自“中国发展门户网”，2008年10月7日访问。

④ 见《北京潜行农村宅基地置换》，《中国经营报》，2008年10月13日，转引自“凤凰资讯网”，2008年10月7日访问。

和下文第四章之条文试拟。第三种是无宅基地分配指标作根据的违章住宅，也是狭义的“小产权房”，其症结主要在于执法不严，而不是立法或法律解释的问题，这类客体自然也不是宅基地使用权制度的适用范围[1]。

（三）宅基地的有偿使用问题

农村宅基地一直都是无偿使用，在1990年，曾有一些地方试行有偿使用制度，中共中央办公厅、国务院办公厅于1993年明令取缔，理由是为了减轻农民负担。[2] 从保障农民基本居住权利的角度来看，这种无偿的做法是完全合理的，必须坚持。可是一旦讨论超出了保障农民基本居住权利的范围，有偿或无偿就还得具体情况具体分析，《物权法》作为法典立法的成果应当就此复杂主题分出层次，展现创意，萧规曹随难谓适当。

基于宅基地上权利堆叠的思路，宅基地的有偿使用也可以分为三个层次，从而使宅基地的有偿使用和宅基地使用权有偿化相互之间有了区别：第一层次是指宅基地使用权人有权对地上权人、承租人收取租金；第二层次是指集体作为所有权人在某些特殊情形下对宅基地使用权人收取使用费；第三层次是指集体作为土地所有权人在某些特殊情形下有权对宅基地上建物所有权人收取租金。其中仅第二层次的“有偿”属于宅基地使用权有偿化的范畴，这与宅基地使用权的保障性似相违背，但是当利用宅基地的“户”因成员死亡、迁移等原因巨幅减少成员时，如果永远维持无偿也不合理，还会触发道德风险。比如：

农民甲、乙之子丙长大成人后另立一户申领了新的宅基地，后丙之子丁又落户于甲、乙原户，甲、乙去世后，丙本应就继承而来的旧宅向集体交纳法定地上权租金，且宅基地使用以旧宅使用期为限，现在则因丙之子丁仍为原户成员，故原户不解体，原宅基地使用权也不消灭。这样的效果实际上是使不符合分户条件的新户提前分了户。

反之，如果对成员缩减的旧户收取使用费的话，应可减少这种规避法律行为的发生，并且也会促进人们在申领宅基地时更加理性一些，而不是多多益善。

---

① 为了规避法律，开发者往往还是从宅基地使用权人手设障眼法，甚至有假借农户名义申请宅基地建别墅的“轶事”发生，见胡倩茹、施雨岑、周之江：《贵阳20多户村民不知宅基地被占建起别墅群》，新华网，2008年9月12日发布，2008年10月7日访问。

② 参见全国人大法工委民法工作室：《物权法（草案）参考》，北京：中国民主法制出版社2005年版，第359～360页。

对于宅基地超标部分在依法拆除前可予执行罚，这是行政法的问题，与收取使用费不同。

第三层次的有偿主要体现在原宅基地使用权已消灭（如“户”因种种原因解体）而在建物所有权人和土地所有权人之间成立法定权源的情形。许多学者已经注意到了，当前宅基地制度的“死穴”之一是“空心村”现象，该现象的根源一方面是多余住宅难以流转，另一方面即在于宅基地使用权应消灭而未消灭，宅基地的使用缺乏自无偿转入有偿的制度安排。根据“空心村”现象造成的触目惊心的土地浪费，制度创新是刻不容缓的大事。根据问题根源的双重性，制度创新也应从两方面入手，一则要如上文所述的促进宅基地上的私权流转，从而提供资源有效配置的渠道，二则要如此处所主张的通过有偿化增大土地浪费行为的成本，从而推动流转。

随之而来的问题是，谁有权收取使用费？收多少？如何收？如何用？对于上述第一层次的租金，自以交由当事人自治为宜，协商不成时可提交司法裁决。就后两层次的收益，让政府来享有集体所有的宅基地的收益显然不当，而让集体直接支配这批收益，极有可能激发集体大肆批地收钱的欲望。比较妥当的解决办法是由县级政府的有关部门代村民集体收取并按各集体建立专门账户。对其使用，一定要确保每一笔用到土地或个人身上，避免由个别村干部以村民集体名义来染指。这种做法不仅是基于保证集体成员利益的考虑，还涉及遏制土地浪费的考虑。实践证明，土地有偿交易往往成为基层权力寻租宰割集体土地的“屠宰场”，所以从利益分配上阻断其动机的发生之源极端重要。① 为了激励村民与这种浪费土地的寻租行为作斗争，物权法可参考公司法中股东派生诉讼制度为村民配置权利，当集体应收费而不收或少收、收费后作违法用途的，村民个人可提起诉讼维护集体利益。②

另有人认为，宅基地使用权无偿使用既然是为了农民自己居住，则凡是超出这个目的的就要转入有偿，所以不但卖房时要从房价中剥离出地价，或者像划拨土地使用权转让那样预交“土地使用费”，甚至租房也应从租金中提取使用土地的对价。笔者以为这种见解不足取。因为宅基地使

---

① 参见朱冬亮：《社会变迁中的村级土地制度》，厦门：厦门大学出版社 2003 年版，第 222、232 页。

② 朱冬亮博士经过充分的村社调查生动地描绘了发生在今日农村的“护地运动”，深值法律人关注，笔者谨以“村民派生诉讼”抛砖引玉。参见朱冬亮：《社会变迁中的村级土地制度》，厦门：厦门大学出版社 2003 年版，第 233 页。

用权既是用益权，其权能应包含了使用和收益，而因允许他人使用宅基地所生的权利孳息正属收益的应有之义。①

有偿使用以后，必然会有交费迟延甚至抛弃权利的情形发生，可按境外地上权撤销和抛弃的方法办理。对此将在下文“条文试拟”部分另述。

（四）宅基地使用权的取得和丧失的问题

农户经设定行为可原始取得宅基地使用权。《物权法》就此设定行为作出了授权立法的规定，鉴于无偿分配宅基地使用权具有比较强烈的公法色彩，且因各地的情况不同而有不同制度安排的要求，笔者认为这种做法是适当的。对于传来取得，上文“宅基地上私权处分的路径——通往权利群”已论述到，宅基地使用权之本权不可随意买卖、赠与，也不可继承。但是宅基地使用权在集体内部的农户之间能否流转，值得进一步考虑。笔者认为，应允许集体内部农户之间互易宅基地使用权及其上住宅，应允许符合申请条件的农户受让或接受赠与、遗赠而取得宅基地使用权，这些做法既能维持宅基地使用权的社保性和“一户一宅”的原则，也能提高利用效率。当然，随之可能发生传来取得者取得的宅基地面积超出其本应可以申请的指标。这并没有什么不合理的地方，因为即使没有这些传来取得，原始取得的农户照样可能因成员减少而发生“动态超标”。正确的调节方法仍是收取宅基地使用费。

不应允许相对于集体基于时效取得宅基地使用权，易言之，违章超标部分永远都是违章建筑，即使按执行罚缴纳了罚款，仍不能改变违章的性质，决不能将有偿使用变质为瓜分集体土地的借口。不过，当原户达到分户要求而未申请新宅基地，仅申请旧宅基地扩建时，可以在违章部分设立新的宅基地使用权。相对于原权利人可否基于时效取得已经设立的宅基地使用权？另，宅基地上的其他私权是否适用取得时效？在立法论上，《物权法》未来引入取得时效制度时对上述问题均应予肯定回答。因为在其上没有涉及集体利益遭受侵害的危险，而集中体现了交易安全、效率等价值诉求，是传统民法时效制度的智慧所在，我物权法应予移植。

---

① 德国民法第 99 条第 3 款规定：“物或某一权利因某一法律关系而产生的收益，也是孳息。”第 100 条规定：“用益是指物或权利的孳息以及物或权利的使用所带来的利益。”见陈卫佐译注：《德国民法典》，北京：法律出版社 2006 年版，第 30、32 页。以上法例在总则的位置高屋建瓴宣示了对积极收益行为的普遍支持，显然符合尽其物力增进集体福祉的需要，我们的立法者也应以更加开放的心态去依靠人民发挥物力，大度地藏富于民，而不是与民争利。

宅基地使用权可因抛弃而消灭，抛弃应对集体为之，并办理登记变更或涂销（如房地一起抛弃则涂销，如仅抛弃地权则变更宅基地使用权为法定地上权），宅基地使用权应可独立于其上建筑物为之，因为如前所述，房权和地权有异主可能，此时抛弃宅基地使用权将使法定地上权直接堆叠在集体的土地所有权上，由集体获得地租收取权。[①] 当土地灭失时，宅基地使用权也随之灭失。《物权法》第154条规定当宅基地因自然灾害灭失时，农户有权申请新的宅基地。该规定应予删除，因该法第153条已就有关宅基地申领问题授权其他法律规定，所以上述规定与体例不合。而且，当自然灾害（特别是汶川地震这种特大灾害）发生时，村民集体或遭巨大的土地损失，单个分配宅基地将不可能，此时应通过村社规划以高层公寓解决村民住房问题，宅基地使用权可能因此在局部区域提早淡出历史。

（五）宅基地使用权存续期间的问题

现行法对此没有明确规定，有人说在习惯法上成为无期限限制，另有人说与宅基地上建筑物共存亡。应该承认宅基地上的确已形成了永久无偿使用的事实，这种现象在法律上并无依据，在法理上也说不通，纯粹是一种在法律的空白处自发形成的习惯做法。对此问题有人建议将期限定为999年，这是私有化思路的变种，与现行的及本文支持的宅基地授还制度不符。另有人建议按建设用地使用权取50、70年等，[②] 在此期间增人不增地，减人不减地，期满后再做分配，笔者认为这不现实。在实质上这种做法与农用地权的“30年不变”才是神合的，只是延长了年限，但宅基地因实际的增户则增地而与农用地不同，再加上地上房屋的影响而更不同。宅基地使用权应该有自己的期限确定的规则，本书主张以户解体为准决定宅基地使用权消灭，只要农户未解体，即使仅有一名成员，宅基地使用权也

---

① 按台湾省“民法”鉴于地上权之抛弃影响到以之为标的的抵押权的存在，故规定非经该抵押权人的同意不得为之，否则抛弃对其亦不生效力。参见谢在全：《民法物权论》（下册），台北：新学林出版股份有限公司2004年版，第90页。若借鉴其“立法意旨”，则在我宅基地上如果宅基地使用权抛弃之前房权、地权即已异主，似亦应经房屋所有权人同意，否则对其不生效力。但是在台湾“法”下所有权人原已依地上权有收取地租的机会，而大陆的村民集体原无地租收取可能，若宅基地使用权抛弃后仍不能收取地租则不公平。因此本书主张即使房权人不同意宅基地使用权人的抛弃行为，仍不影响其效力，而成立法定地上权于房权人和集体之间，从而既避免房屋拆除，也保护了集体利益。

② 朱岩：《“宅基地使用权”评释》，《中外法学》2006年第1期；刘俊：《中国土地法理论研究》，北京：法律出版社2006年版，第329页。

继续存续，当农户因成员转出或全部死亡而解体时，宅基地使用权即告消灭。

（六）宅基地上权利的公示问题

根据《物权法》第155条的规定，只有已经登记的宅基地使用权发生变动时才要求变更登记，并未对宅基地使用权登记做一般性的规定。在原草案所构想的限制流通的背景下，宅基地的使用人几乎永远是本集体符合分配条件的农户，登记与否并不重要。但是一个不可回避的事实是，目前农村已有许多外来人口涌入，虽然他们购房置地未能办理登记，但产权的移转却成事实，法律对此不能完全视而不见。当然在本书主张的放开流转的场景里，由于房屋买卖中加入了外来人员，特别是权利群构造趋于复杂了，所以登记就更应成为必要的条件。建议规定未经登记的宅基地使用权不准转让。为了整顿超标占地问题，对农村现有宅基地进行全面的清理登记也应提上日程。并且因为宅基地申请本来就需要层层审批，所以借此程序进行登记不会提高成本。[①]

（七）征收中的特殊问题

在征收实践中，对农民住宅的补偿经常按一定标准搞一刀切，不区分房屋的建材质量以及所处地段的不同。笔者认为，因地段不同形成的级差补偿可以由集体统一收取进入社保基金，这样更能体现农户之间宅基地分配的公平要求。但是农户对土地资金投入的不同应该反映到补偿中去，否则就不能达到鼓励积累财富和提高农民生活水平的目的。在城郊“农家乐”之类经营活动的刺激下，[②] 有些多层房屋资金投入可能已远远超出自家居住的目的，征收时似乎不应当补偿。笔者坚持认为仍应补偿，因为宅基地的用益是农民提高收入的重要泉源，国家应当鼓励，更何况只要没有

---

① 参见朱岩：《“宅基地使用权”评释》，《中外法学》2006年第1期。另据报道，国土资源部于2008年7月14日发出通知，要求各地加快宅基地使用权登记发证工作，力争在2009年底前，基本完成全国宅基地使用权登记发证工作，做到权属纠纷基本解决，农民合法使用的宅基地全部发证到户。见潘澄清：《国土资源部发通知　要求2009年底合法宅基地全部“领证”》，中国发展门户网，2008年7月15日发布，2008年10月7日访问，原载《京华时报》。

② “农家乐”又称“乡村旅游”、“生态旅游”，是指农民以其土地、庭园为依托，吸引游客，提供观光、度假服务。参见刘俊：《中国土地法理论研究》，北京：法律出版社2006年版，第333页。

违章就是合法财产，也没有不补偿的道理。当房权地权异主时，补偿金的分配应当在房价和地价之间实施剥离，但是涉及农户居住保障的补偿利益只能由宅基地使用权人享有。① 除了国家征收之外，集体也可能实施"征收"，甚至可能更加频繁常见。《草案》第165条曾规定，经县级人民政府批准，集体可收回宅基用于公共设施和公益事业，但要补偿损失并重新分配宅基地。这一条文虽然未被《物权法》最终接受，但仍有其价值。当前广大农村宅基地的规划是极端粗放型的，随着村镇发展，高频度大规模的重新布局势在必行，这样才能达到节约用地和提高农民居住水平的双重目的。所以集体收回住宅基地有时是为了重新规划布局，在某些"城市化"的农村因已建立基本的居住保障，重新布局之后集体成员取得的可能只是基于"集体所有建设土地使用权"的住房，已没有"以户为主体"的宅基地使用权，所以一律要求重新分配宅基地似有不当。当宅基地使用权与房屋所有权异主时，接受补偿的权利应属于房屋所有权人，接受新宅基地使用权分配的应为原宅基地使用权人，此时应准许房屋所有权人在原房屋使用期限以内在新宅基地上选择成立地上权。若宅基地使用权本已消亡，原法定地上权存在于房屋所有权人和集体之间，集体仍可为公益目的收回宅基地，补偿利益直接由房屋所有权人取得。

（八）宅基地使用权与集体的关系问题

上文已经从权利变动、期限、有偿使用、征收等方面对宅基地使用权与集体的关系多有涉及。

另一个深值探讨的问题是，集体因农户转让、抛弃等行为取得住宅所有权的话，能否像农户一样自由处分建筑物。如果答案是肯定的，可能出现一种严重后果，即宅基地将成为集体违法进入土地一级市场的隐蔽管道。笔者认为由国家垄断土地一级市场仍是必要的，集体虽称土地所有权人，但在当前其"所有权"被理解为一种管理职能似乎更符合法律精神。目前广受追捧的"农民城市"以及流行于广东省等发达区域的集体土地建设使用权化，究竟利弊如何仍须密切关注。早在20世纪90年代中期，有

---

① 关于宅基地征收补偿的受益主体，学说和实务上都存在长期的争议，但是随着《物权法》将宅基地使用权明定为"用益物权"，作为用益物权人的宅基地使用权人从此找到了补偿受益的法律依据。参见《有关宅基地征收补偿的受益主体》，中国土地矿产法律事务中心、国土资源部土地争议调处事务中心编：《土地矿产争议典型案例与处理依据》（第3辑），北京：中国法制出版社2008年版，第3页。

西方学者撰著警告，中国在高速发展中将因农地流失将全世界带入粮食危机。[①] 我们在警惕别有用心的威胁论的同时，也必须关注到，集体土地建设使用权化等原因已使广东、福建、浙江、江苏等历史上有名的产粮大省由粮食输出区沦为粮食依赖区，[②] 如果随着西部开发一路依赖下去的话，最终恐怕只有去西北大漠寻找粮食输出区了。广东省2005年出台政府规章，承认集体土地进入一级市场的合法性，许多学者高唱赞歌，以为是为在征地中遭受盘剥的农民出了一口恶气。但是在全国范围内放任集体土地直接进入一级市场恐怕并非一个好的选择。在宅基地的制度学习中，笔者也关注到，允许宅基地上私权流动在实际效果上，与开辟一个较小的土地一级市场没有质的区别，不过在这个市场里，只能由农户担任卖方，并且他们所能"出卖"的，只能是按有限指标分配的宅基地上的有限用益，这样就可以将市场规模控制起来。如果集体也直接参与到自由交易中来，则可能扭曲整个制度。集体不应在这个"一级市场"受益，它不能自由处分以任何形式收回的住宅，而只能复耕或者分配给符合申请条件的农户，从而避免使宅基地上私权交易蜕变成为集体违法进入土地一级市场的隐蔽管道。

四、立法论上的结论和条文试拟

上文主要是立法论上的探讨，其基本结论是：

（1）应承认农民住宅房屋所有权处分自由，因为限制农民住宅处分自由的做法违背了民法传统和我国自有的立法经验、悖于时代潮流、也没有

① 美国学者L. 布朗在《谁来养活中国》一著中提出：如果一个国家在进入工业化以前就面临着严重的人口压力，则在工业化进程中其耕地剧减将不可避免，这将使得中国在21世纪中叶很可能步日本、韩国、中国台湾省的后尘，大量进口粮食以养活新增人口，而中国新增的5亿人口是如此庞大，以至于整个世界将因此陷入粮食恐慌。（Brown, Lester R., 1995, Who Will Feed China - Wake up Call for a Small Planet, W. W. Norton Company，转引自朱冬亮：《社会变迁中的村级土地制度》，厦门：厦门大学出版社2003年版，第231页）原中顾委委员、中央农村政策研究室主任杜润生同志在1996年会见布朗时曾当面对以上观点进行过全面的回驳（见杜润生：《中国农村体制改革重大决策纪实》，北京：人民出版社2005年版，第233页）。但值得注意的是，在2005年再次会见布朗时，93岁高龄的杜老明确承认"目前我们面临粮食安全问题"，"情势严峻，不容乐观"。（见杜润生：《中国农村体制改革重大决策纪实》，北京：人民出版社2005年版，第356页。

② 参见朱冬亮：《社会变迁中的村级土地制度》，厦门：厦门大学出版社2003年版，第231页。

充分必要的理由，且其狭隘的制度目标注定亦会落空。

（2）按户分配的宅基地使用权确与社会保障和安全有其联系，与城镇化趋势下农民的土地发展受益权也息息相关，不应任由处分。但是本集体符合宅基地分配条件的农户之间、农户分户等特殊情况下除外。

（3）在房屋所有权与宅基地使用权之“房走地不走”的紧张关系下，应重订房地关系，打破现行法在“房随地走”、“地随房走”的名目下形成的房地实际捆绑模式，要允许房地异主，引入传统民法中的（法定）地上权制度，重整以权利群重叠为特色的基地使用权体系，如此方可满足人民财富自由和效率的制度需求。

（4）重新定位宅基地使用权之主体——户，区分户所有的（与社会保障相关的）宅基地使用权与一般家庭共有财产、夫妻共有财产、农村承包经营户之共有财产，应将这种特殊的户的归属制度定位于财团，在尊重农民分户习惯的同时，遏制借分户圈地的不良趋势。

（5）将宅基地使用权的存续期间系于户的存灭。

（6）在坚持农户无偿使用宅基地的同时，为保障农户利益、提高土地利用效率以及遏制土地浪费，应以宅基地上权利堆叠为根据，有层次（至少分三个层次）地推动宅基地有偿使用。

（7）宅基地使用权之客体仍以限于农村土地为宜，在特殊情形下或因区分所有而使房地关系有复杂化可能，甚或呈现差序格局。

（8）征收补偿时应突出鼓励财富积累的政策，不宜对农民房屋投资的补偿搞一刀切，而土地补偿差价应归属于集体，除非农户在取得较优地块前曾支付过对价。

（9）谨慎对待集体与宅基地使用权的关系，严防集体借助宅基地上私权处分制度使公有领域的利益向市场作不正常的释放（比如所谓“小产权房”）。在自然灾害导致土地灭失或者村社土地规划等情况下，法律应考虑宅基地使用权与新农村公寓产权的对接。

下文将依托这些结论勉力试拟条文。但是所做的努力只涉及结论的一部分，因为本书作为“刍议”，不打算自不量力地就宅基地上权利群作完整的安排，所以在此只集中于对《物权法》第十三章的修订完善提供粗浅建议。

第十三章 宅基地使用权

第A条【宅基地使用权的内容】

农户在其集体所有的土地上因对住房及附属设施的所有而享有使用其土地的权利。

理由：宅基地使用权应该归属于农户，此前土地管理法已规定一户只能有一处宅基地，从而间接地涉及到户，应该在物权法立法中明确规定这种特殊的权利归属。条文强调了“使用土地”，故而即使建物不存在也不影响宅基地使用权的存续。

第B条 【宅基地使用权的设立】

设立宅基地使用权，应当依照其他法律有关农村村民住宅用地审批的规定办理。一户只能拥有一处宅基地使用权。

当村民集体存留有无主旧宅基地未复耕时，符合宅基地申请条件的农户只能申请取得存留旧宅基地上的宅基地使用权。但存留宅基地面积显著小于可申请面积且无法扩建的除外。

理由：草案第159条规定了“取得”事宜，应是指原始取得和继受取得，此条以“设立”入手仅规定原始取得的指引性规范，至于继受取得规定在下文第H条，并与本条第一款后句相呼应。《土地管理法》第一款前段有混淆宅基地使用权和所有权之嫌，故修改其措辞如本条第一款后句。

第C条 【分户】

农户因分户而申请新宅基地使用权时，新户成员在原户已分配过的份额应于新户可分得面积中除去。

农户分户时可以不申请新宅基地使用权而申请在原宅基地相邻地块联体扩建，扩建后的总面积应不超过新旧户成员总数所可申请宅基地使用权的面积总额。

农户分户时未申请新宅基地使用权的，应就原户宅基地及新核准扩建部分宅基地上的宅基地使用权在各户之间进行分割。

农户分户采取联体扩建分割宅基地使用权方式进行的，各户之间就宅基地使用权的处分不受本法第H条的条件限制。

理由：本条之设是为了避免部分成员借分户之机重复分地，同时也有引导大家庭共居之意——在另分新地时，新老户重叠部分的成员将不但不能获得新份额，而且亦将丧失旧份额，因为如前所述，宅基地使用权归属于户而非个体的成员，他在任何时候都不能请求分出旧份额；但是新户选择在旧宅基地扩建而不是另觅新地时，重叠部分成员在老户的份额可以分出，此时仍非个体成员的分割请求，而是老户向新户的让渡，不违背“户为主体”的预设。

举例：（1）农户甲有成员5人，当地宅基地使用权分配标准为每人20平方米，农户甲现用宅基地70平方米，该户成员A结婚而符合分户条件，此时若申请新宅基地使用权，则A在该户分摊份额14平方米应除去，即新户申请面积仅26平方米（即A的配偶分得的20平方米加上A可新分得的6平方米。）若分户时申请在原宅基地相邻地块联体扩建，则可将原70平方米的旧宅基地扩建至120平方米。

（2）依上例，农户分户时若申请新宅基地使用权的，当原户成员全部死亡时，新户成员仅可能取得旧宅基地上的住宅建物所有权，宅基地使用权消灭。若申请联体扩建，此时旧宅基地使用权可依处分预先安排与新户宅基地并合。

第D条 【宅基地使用权的消灭】

宅基地使用权因以下原因而消灭：

（1）享有宅基地使用权的农户成员的户籍全部迁出本集体；

（2）享有宅基地使用权的农户成员全部死亡；

（3）享有宅基地使用权的农户抛弃权利；

（4）宅基地灭失。

理由：按宅基地使用权的制度初衷在于保障农户居者有其屋，实现生生不息的农村人口对自然资源的可持续利用，所以当作为抽象主体的户已因成员死亡或迁出不复存在时，权利消灭是不言自明的，现行法对此未置一词，是因为对房地关系尚未厘清，本文认为法定地上权足使问题迎刃而解，所以于本条明确认定原权利消灭，许多相互矛盾的“习惯法”可以休矣。

第E条 【宅基地使用权消灭后的处理】

宅基地使用权因上一条规定原因消灭后，宅基地上房屋所有权人在其房屋使用期内就宅基地成立地上权。

村民集体与依前款取得地上权的房屋所有权人应协商确定地租数额及收取方法，协商不能确定的，诉请人民法院确定。

理由：在宅基地使用权消灭以后，因房屋所有权的存在，故房屋所有权人对土地的利用仍应允许，但此时利用应转入定期和有偿化。村民集体可就地租数额进行协商，但对于继续利用的期限则不可协商，以防止集体土地变相地进入一级市场。

第 F 条 【宅基地使用费】

农户因成员死亡、迁移等原因导致户内人均宅基地面积超过标准的，农户应就超标面积总量向本集体缴交宅基地使用费。

农户依前款缴交的宅基地使用费可依农户请求按农户成员新增情况予以核减。

理由：当农户规模剧减时仍维持宅基地绝对无偿使用不符合制度的社会保障目的，也有违效率要求，且可能触发道德危机（已见前文）。适当有偿化可引导农民申领宅基地时更加理性而不是多多益善，并可促使农户在发生人口缩减时将富余房屋用于流转从而提高物的利用效率。

第 G 条 【地租和宅基地使用费的收取使用】

村民集体按前两条收取的地租和宅基地使用费应由乡级人民政府按村民集体分别建立专门账户统管，仅用于村民集体内部土地复耕和村民社会保障。

理由：在宅基地有偿使用制度实施过程中，为防止基层权利寻租行为造成土地浪费和损害村民利益，有必要严格管理费用的征收及使用。

第 H 条 【宅基地使用权处分】

农户可向本集体符合申请分配宅基地使用权条件的农户转让、赠与、遗赠宅基地使用权。集体内部的农户之间可互换宅基地使用权。

理由：这是关于宅基地使用权继受取得的规定，维护了农户在宅基地上的处分自由，也坚持了“一户只能有一处宅基地使用权”的精神。

举例：（1）农户甲因成员人数减少须向集体按上文第 G 条缴纳宅基地使用费，恰有农户乙现用宅基地面积与农户甲有权免费使用的标准相适合，甲与乙协议互换宅基地，于是甲缴纳宅基地使用费的义务免除。

（2）农户甲将其原享有的宅基地使用权让与符合分配宅基地使用权条件的农户乙，但是乙有权免费享有的宅基地使用权所涉面积小于受让的面积，于是在超标部分产生上文第 F 条规定的宅基地使用费缴纳义务。

第 I 条 【宅基地上权】

农户在享有宅基地使用权的宅基地上为他人设立以营造住房及附属设施为目的的地上权的，准用本法第＊章的规定。

理由：根据“人不可以大于自有的权利让与他人”的法谚精神，农户设立的地上权不可超越原目的，当宅基地使用权消灭时，即有第 D 条适用的余地。本条引用的规定即本文建议的地上权专章规定。

举例：（1）甲农户在享有宅基地使用权的宅基地上为乙设立地上权，期限五十年。期限届满前，因甲农户成员户籍全部迁出村民集体致宅基地使用权消灭，乙在建物使用期限以内直接对村民集体享有法定地上权。

（2）甲农户在享有宅基地使用权的宅基地上为乙设立地上权，期限五十年。期限届满前，因甲农户成员户籍全部迁出村集体致宅基地使用权消灭，此时乙的建筑物尚未建成或正拆倒翻修，地上权消灭且无成立法定地上权的余地，乙应向村民集体移交占有。

第J条　【农户住宅处分】

农户可将宅基地上住宅让与他人，受让人在住宅使用期内对宅基地享有地上权。

住宅受让人与农户不能就前款规定的地上权协商确定期限或地租的，期限以房屋使用期为准，地租可诉请人民法院确定。

理由：当农户转让住宅而保留宅基地使用权时，地上权关系在住宅的新所有权人和该农户之间成立。此处允许农户与受让人意定地上权期限，和上文E条截然不同，集体不能就地上权期限意定，理由是为了防止集体借此渠道变相地“卖地”。

第K条　【优先购买权】

集体成员就本集体宅基地上建造的所有住宅享有优先购买权。转让住宅的农户应提前一个月向集体成员公告转让事宜。

理由：为保证“居者有其屋”、农民从土地增值中优先受益以及防止城镇投机资金对农村土地造成过大压力，创制本制度。

第L条　【集体成员代位诉讼】

集体成员认为集体怠于依本法第E、F、G条行使权利的，可以书面要求集体行使权利，集体在收到其成员书面请求后一个月以内不答复或答复不行使的，该集体成员可以自己的名义诉请有关人员向集体履行义务。

情况紧急，不即刻提起诉讼将使集体利益遭受损失的，集体成员可直接提起诉讼。

依前款发生的诉讼胜诉以后，原告可在集体受益范围内向集体请求补偿必要费用。

理由：为鼓励和便利集体成员参与事务管理，借鉴公司法上股东派生诉讼创制此制度。

第M条　【建筑物区分所有权之变通适用】

因转让、继承或者村社重整等情形而在宅基地上发生区分所有的，各区分所有人对于宅基地的利用权利，根据当事人的身份或约定，可以分别为宅基地使用权、法定地上权或意定地上权。

本法第 76 条第 1 款第 6 项所规定的情形，若有导致法定地上权灭失可能的，宅基地权利人应与法定地上权人协商一致；不能协商一致的，应先依该条第 2 款作出决议，然后向法定地上权人支付其建筑权益之市价以除去法定地上权，在此价款支付以前，根据该条第 2 款作出的决议不生效力。

理由：区分所有在宅基地上时有发生，目前已经成为纠纷的高发领域。当前的解决方案基本上“房随地走”、“地随房走”的机械运用，当建筑物是在平面上被切割时，宅基地也被依样切割，对权利人的身份以及当事人之间的真意未及考虑，也无力考虑，纠纷处理貌似简单明快，其实无法服人；当高层建筑物做立体的切割时，教条的机械运用在宅基地与建筑物之关系的把握上更加黔驴技穷，目前没有解决方案，这也是上文“天津模式”诉诸商品房、“北京模式”彷徨复彷徨的原因所在。本文主张权利堆叠以造就层次分明的权利群体系，在区分所有的复杂状况下，对宅基地与建筑物之关系“茧丝牛毛无不辨析”，权利人之身份、当事人之真意、利益冲突、价值矛盾一一纳入视野，在制度配备的具体环节不再满足于套用教条，而是竭力追求“致广大而尽精微”。

举例：（1）农民甲死后留有住宅房屋一幢，分为左、中、右三进，分别为其子女乙、丙、丁所继承，其中乙与甲原本同户共居，丙本村分户而居，丁外嫁他村。乙仍为全部宅基地之宅基地使用权人；丙、丁在其继承房屋占地之上享有法定地上权。

（2）某地实施宅基地置换住宅房屋工程，经村社整体规划，所有旧宅基地复耕，集中宅基地指标于一处开发高层住宅楼，建成后原宅基地使用权人迁入高楼，剩余房屋出售，所得资金偿还住宅工程建设贷款。

根据宅基地使用权人与村民集体的约定，宅基地使用权人迁入高楼后，可以在现专有部分所占比例的范围内享有宅基地使用权，也可以在原有指标的范围内享有宅基地使用权。

宅基地使用权由原宅基地使用权人或原使用权人与集体共有，购房人对宅基地的利用权利为法定地上权，或者依约取得意定地上权。

在法定地上权场合，小业主因重建、改建可能导致建筑物灭失而失其地上权，此时其他业主若有重建改建需要，应先由宅基地使用权人或所有权人与法定地上权人协商一致，若不能达成协议，则先依《物权法》第 76 条第 2 款为共同决议，再向该地上权人支付建筑权益之市价以除去地上权。

禁止在决议作出之前谋求除去地上权，以避免对小业主的倾轧。

业主表决权、收益分配、费用分担仍系于专有部分占一切专有部分总和的比例，① 以保障（就基地利用而言）不同种类业主的平等待遇。

五、法解释论上的重建

（一）此前学说及实务解释

上文总体上属于立法论层面的讨论。在法律解释上，有一现象深值留意：一方面，在学说上一般停留于和国务院及其办公厅严厉限制流转的政策保持一致，不做进一步解释论努力；② 另一方面，实务领域的法律解释工作，简直就是掉进泥淖以后一场持久反复的肉搏战，艰辛、生动而丰富。

以国人瞩目的北京宋庄画家村系列案为例，2007 年 7 月通州区法院对其第一案李×兰案作出的判决是：住宅买卖合同无效。5 个月后，北京市二中院继续认定合同无效。③ 购房方李×兰迅即对卖方提出损害赔偿诉讼，标的为接近当前房屋市价的 48 万元。④ 目前虽暂无有关判决结果的报道，但是据报道，在北京市海淀区后山法庭多个判决中，与李×兰情形类似的

---

① 按《物权法》第 76 条第 2 款、第 80 条后段均将有关事项系于业主专有部分占建筑物总面积的比例，比较法上计算比例的方式计有价值法和面积法两种，无论哪一种，都不可能以专有部分和建筑物整体相比以计算各个业主的“应有部分”，那样将会有数量巨大的共有部分“无人认领”。现行法上述规定是明显的算法错误，在实际适用时应予纠正——审其立法原意，应为专有部分占一切专有部分总和之比例。

② 参见王利明：《物权法研究》（下卷），北京：中国人民大学出版社 2007 年，第 189、202 页。另在该书页 204，王利明教授作了较详细的立法论的探讨。因制度配备不足且立法活动频繁，重立法论研究是当前民法学一大特色。

③ 关于无效后的责任分担，计有两种说法，其一称判决同时认定，造成合同无效的主要责任在于农民反悔，画家可另行主张赔偿；其二是二审法官曾明确表示，“合同无效的主要责任在于马海涛的反悔。对此，画家李玉兰可另行主张赔偿。”参见王超：《全国盯紧北京宋庄画家村走势》，《中国青年报》，2008 年 3 月 11 日；王秋实：《画家村小产权房案续：画家反诉房主索赔》，《京华时报》，2008 年 3 月 4 日。

④ 见《在北京宋庄买小产权房画家要求村民赔偿损失》，新浪网，2008 年 1 月 5 日发布，2008 年 10 月 7 日访问。

购房方均获得了占房屋时价 70% 的高额赔偿。① 上述多个判决所根据的是 2004 年 12 月 15 日发布并实施的《北京市高级人民法院关于印发农村私有房屋买卖纠纷合同效力认定及处理原则研讨会会议纪要的通知》（京高法发〔2004〕391 号）。北京市高院在该纪要中认为，农村住宅买卖合同虽应被认定无效，但是在计算买房方损失时，不仅买房方扩建装修形成的添附价值要包括在内，而且土地升值产生的价差都是考虑因素。这种虽认定合同无效，但是以房屋价差为依据判令卖房农民“赔偿损失”的做法，在北京之外也不鲜见。②

更值得关注的是，实践领域里，有些审判机关或其他实务部门已经喊出了直接认定合同效力的呼声。例如海淀法院山后法庭据称就农村住宅买卖问题专门调研提出四项原则，其中之一是：经过大队、乡、镇逐级审批并办理相关手续的房屋买卖行为，在审批手续真实的情况下，应确认为有效。③ 而安徽省宣城市据称从 1997 年就开始“悄悄地、大胆地”试点农村房屋产权登记制度改革，使农村房屋产权在进一步明晰后进入银行作为抵押物，并允许进行交易。农村房屋产权实现规范流转之后，当地农民数量庞大的房屋资产，迅速化为资金流动起来，农民融资能力大大提高。在宣城市房管局看来，虽然现行法制度配备尚不如人意，不过“立法本意”还是清楚的——虽禁止农村集体土地使用权单独转让，但在农村房屋所有权发生流转的情况下，其项下的宅基地使用权转让并不禁止，只是杜绝了农民出卖之后再次申请宅基地。④

综上可知，实务部门因其工作任务的时效性，不能像学说解释那样，从容等待立法的解救，只好被民众吁求推动着挣扎前进。立法逃逸所回避的重担没有消失，而是由法院、有关政府部门甚至北京宋庄村委会这样的基层组织勉力扛起，并在制度矛盾、空当处拼凑出一袭“百衲衣”。“百衲

---

① 见《市高院规定 农民收回出售房买房人可获高额补偿》，《北京青年报》，2007 年 12 月 22 日。

② 例如浙江省宁海县人民法院 2007 年作出的一则同类判决里，原告不仅要还 2 万元卖地款，还要赔付被告损失 39 万多元。见《农民私卖宅基地 买卖协议无效》，原载《江苏农业科技报》，转引自安徽农网，2007 年 9 月 19 日发布，2008 年 10 月 7 日访问。

③ 见李罡：《城里人已购农民房将受保护 如经审批即属有效》，《北京青年报》，2008 年 12 月 26 日。

④ 见张先国、郭奔胜：《农村房改的“宣城样本”：产权流动唤醒“沉睡资产”》，《〈瞭望〉新闻周刊》，2008 年 10 月 6 日。

衣”下，那些避谈法理、直指本心的“衡平法”手段（例如认定农村住宅买卖无效而又在很大程度上按有效处理等等），正期待着解释论整体方案去指引、修正以及治愈其自致的创伤。

（二）关于房权和地权“松绑”的解释尝试

根据《物权法》第39条的规定，处分是所有权的固有权能。农民作为住宅房屋所有权人，对其自有住宅理所当然地享有处分权能。法律就此也未作出过任何明确的限制规定，《土地管理法》第62条第4款规定：“农村村民出卖、出租住房后，再申请宅基地的，不予批准。”该规定并没有进一步对出卖、出租的交易对方作出限制，也从一个侧面反映了农民住房处分的自由。所以在法律解释上，只能得出住宅所有权可以自由处分的结论。

但在实践中，农民住宅的处分并不自由。致使“所有权”名实不符的原因有二：一是现行法对于宅基地使用权处分行为的态度比较模糊；二是在宅基地使用权与宅基地上房屋所有权之间关系的把握上，现行法的立场也不够明确。《物权法》第155条规定：“已经登记的宅基地使用权转让或者消灭的，应当及时办理变更登记或者注销登记。”据此似乎可以推知，宅基地使用权具有转让权能（当然在立法论上，如上文所述，笔者主张对宅基地设计二层利用的物权堆叠制度，所以宅基地使用权原权的转让应予限制）。但是在抵押方面，《物权法》第184条第2项规定，宅基地等集体所有的土地使用权除法律规定可以抵押之外，不得抵押。该项规定是对《担保法》第37条第2项的继受，后者一直被认为是对宅基地使用权流转的限制。一方面允许宅基地使用权转让，另一方面禁止其抵押，这在法律政策的评价上是解释不通的。立法者的这种犹豫心态同时也提醒人们——《物权法》第153条就宅基地转让问题所作的授权性规定或许正是为未来限制性规定的出台预留空间。[1]

值得注意的是，国务院办公厅在1999年颁布的《关于加强土地转让管理严禁土地炒卖的通知》里规定了“农民的住宅不得向城市居民出售”。2004年，国务院在《关于深化改革严格土地管理的决定》中重申禁止城镇居民在农村购置宅基地的立场。其中前者似乎是多年来第一次直接对农民住宅所有权的处分予以限制。如上文所论述的，该规定对农民首要财产所

---

① 如本书开篇所言，防范这种限制性规定暗度陈仓，也是本书的重要任务。

有权的内涵构成严重侵蚀，不管国务院报告厅在土地管理方面有多么充分的理由，这种直接向所有权“开铡”的做法实不足取。上述2004年的国务院决定转向了“宅基地”，应该被理解为对此前失误一定程度的修正，即所有权的自由至少在理念上是被坚持的，至于在实践中能否兑现，还得看房地关系的把握方式。①

现行法对国有土地上的房地关系采取的是“房地一体处分”的强制捆绑模式，就此反映在《物权法》第146、147、182条等条文之中。另外根据第183条的规定，乡镇、村企业的厂房等建筑物与其占用范围的建设用地使用权在抵押时也实现“地随房走”。在宅基地使用权与宅基地上房屋所有权之间的关系问题上，现行法却缺乏定见。虽然在立法中出现了“住宅出售”、“宅基地使用权转让”等字样，但从未有过宅基地上“房地一体化处分”的强制性规定。在表面上，实务中宅基地上的“房地一体处分”似乎已成习惯做法。然而细究起来，这种“习惯做法”却是似是而非的。一个明显的反例就是，许多观点认为当发生转让或继承时，应当将“土地的价值”剥离出来。甚至某些村民集体作为土地所有权人，的确已经开始对易主之后的房屋所有权人征收费用。② 此外，《土地管理法》第62条第1款确立的“一户一处宅基地”是宅基地分配中遏制土地浪费的重要原则，如果采取房地捆绑处理，则一户因转让、继承等方式拥有多处宅基地无可避免，这是另一个反例。这都说明，继受取得房屋所有权的人并不是顺理成章地取得与其前手一样“无偿无期限”的宅基地使用权，那些似是而非的“习惯做法”，不过只是对国有土地上房地强制捆绑处分模式下意识的准用。由于宅基地使用权在设立和存在根据上都不同于市场化的建设用地使用权，所以这种下意识的准用经不起推敲。

其实，立法者正是因为被房地强制捆绑处分模式所牢笼，从而在对待

---

① 但是2007年底国务院办公厅在《关于严格执行有关农村集体建设用地法律和政策的通知》中再次声称“城镇居民不得到农村购买宅基地、农民住宅或‘小产权房’”。

② 例如在北京宋庄“画家村”系列案中，人们提到村委会作为地权方是“被忽略的第三方”，这一质疑虽然在法理上界定不够精确，但也反映出一种要求房地分离的法律感情。参见王超：《全国盯紧北京宋庄画家村走势》，《中国青年报》，2008年3月11日。另外在“农转非”人员的房屋因拆除等原因灭失后，使宅基地使用权也随之灭失的做法，也反映了人们在自发地区分房权和地权——农转非以后，房权虽仍是所有权，地权实已“变质”。参见《农村居民转为城镇居民后能否继续享有宅基地使用权》，中国土地矿产法律事务中心、国土资源部土地争议调处事务中心编：《土地矿产争议典型案例与处理依据》（第2辑），北京：中国法制出版社2007年版，第82页。

宅基地上私权处分行为时陷入上述那种犹豫和矛盾之中。本书从立法论上提出的改进方案是以宅基地使用权与地上房屋所有权“房地分离”为枢纽的，法解释论上的努力也应以此为枢纽，将宅基地使用权的转让从房屋流转上剥离出来，这样才能既尊重农民的财富自由、尊重农民住宅交易市场存在的现实，又为未来修法预留空间。

具体来说，由于《物权法》第152条关于宅基地使用权内容的一般性规定中没有列入处分权能，并且第184条第二项明确禁止宅基地使用权抵押，其第153条又就宅基地使用权转让事项授权土地管理法和国家有关规定作出规定，那么，在土地管理法和国务院行政法规尚未作出进一步规定之前，应认为宅基地使用权的处分权能待定（上文已在立法论上表明过否定态度）。至于《物权法》第155条规定的关于已登记宅基地使用权转让的登记要求，其解释应被局限于文义——仅涉及登记问题，不赋予宅基地使用权一般性的转让权能，当然本集体农户之间的转让除外。但是农民对其住宅所有权应有充分的处分自由。所有权发生移转时，宅基地使用并不随之一体处理，所有权继受取得者与原宅基地使用权人以及宅基地所有权人的权利义务在土地管理法和行政法规作出规定以前，可综合考虑当事人的约定和当地习惯加以解决。

（三）关于与城镇居民交易行为效力的解释尝试

就农民能否向城镇居民出售住房所有权的问题，回答应该是肯定的。[①] 2004年，国务院在《关于深化改革严格土地管理的决定》中禁止城镇居民在农村购置宅基地，这是相关政策中，发文单位级别最高的，一般将这一政策解释为：如有农民在分配到户的宅基地建造住宅，然后出售给城镇居民，则这种买卖关系无效。这种解释难以成立。第一，该规定在语义上所针对的并非农民住宅所有权，就不应任意扩张，因为从限制宅基地直接推论出限制房屋所有权，只有在实行房地强制捆绑时才有必要和有可能做到。如上文所述，宅基地上不存在房地捆绑处理的前提，所以这样解释国务院的规定既无必要也不可能。第二，这样解释违反了民法的平等原则。农民因住宅空置或一般融资目的，时有出售住宅房屋的需要，城镇居民的房屋可以经充分竞价卖给任何人，而农民买房就只能卖给相对经济实力较

---

① 同旨另可参见黄忠、章献彪：《宅基地买卖合同何以有效》，刘云生主编：《中国不动产法研究》（第3卷），北京：法律出版社2009年版，第414页。

弱的农民，这种歧视政策当然应予否定，所以国务院的上述规定不应被肆意扩张到农民住宅房屋所有权上去。第三，从规范目的来说，也没有必要作这种勉强的扩张。国务院为加强土地管理作出该决定，无非是为了杜绝城镇居民绕过国家商品房规划征地政策直接向村民集体买地建房，其最典型的表现形式即所谓的“小产权房”。所以该规定要打击的应属违章建筑，而不是农民合法住宅向城镇居民出售的合法买卖关系。当然也不排除有不法分子借卖农民住宅之名行开发出售“小产权房”之实，但说到底这也只是对法律规避行为的执法力度问题。如果在审批宅基地使用权时严予把关，也就无缝可钻了，怎么能因有关部门的执法不严而牺牲农民整体利益呢？第四，国务院这一决定以及国务院办公厅于 1999 年颁布的《关于加强土地转让管理严禁土地炒卖的通知》、2007 年颁布的《关于严格执行有关农村集体建设用地法律和政策的通知》，都不是《合同法》第 52 条第 5 项所要求的“行政法规”，最多只能算行政管理方面的取缔性规定，不足以作为认定法律行为无效的根据。[①] 第五，农民向城镇居民出售自有住宅除非破坏了宅基地使用权的社保特性，构成社会不安定因素，否则不可能因害及公序良俗而无效。如上文阐述的，为房权、地权松绑，维持宅基地使用权的社保特性是本文建议方案的基础，故而，在此基础上向城镇居民出售自有住宅不会害及公序良俗。因此，上述国务院的决定及其办公厅的政策，不破坏农民对自有住宅的处分自由，农民可以向任何人出售其住宅房屋，当然所能出售的也仅限于房屋。易言之，其后手继受取得的只是房屋所有权，至于新所有权人与原宅基地使用权人、宅基地所有权人之间的关系，在立法作进一步回答之前，只能综合当事人约定和当地习惯作暂时

---

① 《中华人民共和国宪法》第 89 条第 1 款规定，作为最高国家行政机关，国务院可以“根据宪法和法律，规定行政措施，制定行政法规，发布决定和命令。”根据《行政法规制定程序条例》，行政法规的具体名称仅有条例、规定和办法三种，均有严格的写作格式、制定程序。可见，发布决定和制定行政法规是不同的行政职能，将二者混为一谈，为与政策片面地保持一致而“用力过猛”，是对私法自治原则及《合同法》第 52 条意旨的背离。

的解决。[1]

六、余论：本土资源与民法法典化

如本书所信，《物权法》至少在宅基地的制度上有不可忽视的缺陷，而此前学者们就其他重大制度的许多正确意见也未受到应有的重视，[2] 诸如此类，让人们不禁要问——我们为什么需要物权法？我们需要什么样的物权法？

我们需要物权法，不是为了在民法典的神龛上多快好省地尽早供齐“十八罗汉”，而是为了“定分止争，物尽其用”。[3] 这部物权法，不是照抄宪法和法律条文的“百衲本”，如果已有的制度足可“定分止争，物尽其用”，劳民伤财另立此法又有何用？这部物权法，也不是对“私权神圣”、“平等保护”等大词的空洞宣示，而是在“物权绝对”名义下对冲突利益的精细厘定，在“物权法定”名义下对财富自由的详尽配备。这部物权法应如耶林所言“将一根线分成三根线”从而织就疏而不漏的产权之网，而不是用师法前贤本已剥出的茧丝牛毛又拧回一股麻绳。[4]

我们知道，即使是在大陆法系内部，西方各国的物权法也都个性鲜明、相去甚远。由于经济制度和文化传统有重大区别，我国的物权法在某

---

① 上文引用的各地方法院在卖房农民和买房方之间“分配损失”的案例，在认定合同无效的同时却在一定程度上按有效处理，也是在谋求弥合当事人双方就宅基地升值利益分配的冲突。在传统民法法定地上权制度下，初级地权人和次级地权人之间的类似利益冲突应通过诉讼调整地租水平，由此可见，我国法院目前的处理方案与传统民法的方案虽然在合同形式上的效力方面迥异，但在平衡当事人利益冲突方面意旨相通。或者更精确的说法是，我国法院经历辗转迂回之后，也在竭力向平衡各方利益的合理轨道上靠拢。笔者认为，各法院如能自觉地以法定地上权调整方案为参照系，对具体案件的处理必定更加合理，这也是本文的一个着力点。

② 比如所有权“三分法”与“一元论”之争直接反映着我民法对国家基本经济制度理解的深度和高度，是物权法创新的第一枢纽。尹田教授在《物权主体论纲》里以主体为视角对草案的“三分法”提出的批判是极富说服力的，可是草案对这些成果置若罔闻，实在令人遗憾。参见尹田：《物权主体论纲》，《现代法学》2006 年第 2 期。

③ 王胜明先生在十届全国人大常委会法制讲座第十讲中提出来的“物权法的作用”，见全国人大常委会法工委民法室：《物权法（草案）参考》，北京：中国民主法制出版社 2005 年版，第 3 页。

④ 耶林的原话为“法律人的工作是需要创造力和分析力的，所以一个好的法律人可以将一根头发分成三根。”转引自苏永钦：《物权堆迭的基本原则》，《环球法律评论》2006 年第 2 期。苏教授在该文中屡屡提到，“私法自治不怕麻烦，国家也没有理由动不动用避免复杂作为借口多加限制。”于此处讨论的问题颇有针砭药石之效。

些领域必然会更加不同。

土地公有制语境里的宅基地使用权、建设用地使用权乃至“所有权三分法”等都是如此，在这些“本土资源”里隐藏着“先进法典”诞生的机缘，也埋伏了“反法典”的泥坑沼泽。在这里一切都等着我们自己来创新。既是创新，则自然不是“奴隶般抄袭资产阶级的民法”，但是照抄宪法条文和其他国内法条文的《物权法》仍然难谓创新。在私法体系层面上，它没有来得及对宅基地立法等重大问题反思“应该遵循什么价值理念的指引”，也没有考虑过对制度之间的相互关系进行通盘安排，仍是披着法典的外衣在搞短期行为，在本质上是反法典的。

法典立法是一个重大的创新契机，要求我们对长期“摸着石头过河”积累的丰富经验进行彻底的清理，而这清理和创新所能依据的，仍只能是民法特有的体系结构方法。立法者应该时刻保持一种对民法体系和方法的自觉意识，以洞观国内法条文背后的经验教训。“师古人之心，而不师古人之迹”[①] 应成为思路的总纲，西方私法先驱们留下的制度之“迹”虽然不可照搬，但是他们创制法典之“心法”却断不可废。[②]

萨维尼在其经典名著《论立法与法学的当代使命》中指出，“就完成一部法典来说，下述三点乃是主要的：选择主题；为每一主题厘定规则；以及在法典证明确有遗漏处提供补充性的辅助规则的各规则间的关联。”[③] 这条“三部曲”式的路径或是法典概念体系建构的不二法门，因为对所需覆盖主题都心中无数的立法者，谁能指望他去创制一部体系完备的法典呢？选择了主题而又不能配备具体的规则，或者配备了规则但又未能综观全局，同样不可能完成一部高质量的法典。

就本书集中探讨的宅基地立法问题来说，宅基地使用权的存续期间、有偿或无偿使用、权利主体制度，宅基地使用权与居住权、建筑物区分所

---

① 此处化用清代画坛巨子石涛的著名画论，原文作“师古人之迹，而不师古人之心，宜其不能出一头地。冤哉!”转引自杨成寅：《石涛画学》，西安：陕西师范大学出版社 2004 年版，第 226 页。

② 关于创新，知名学者叶秀山指出，创造性不是他说东我就说西，不是简单否定，而是要让旧的一方完成他的使命，说完他的话，做完他的事，然后再从旧的一方脱颖而出。见叶秀山：《当代学者自选文库·叶秀山卷》，合肥：安徽教育出版社 1999 年版，第 7～8 页。对照“旧的”民法体系方法，此语于此处尤值玩味。

③ ［德］萨维尼著，许章润译：《论立法与法学的当代使命》，北京：中国法制出版社 2001 年版，第 49 页。

有权制度的相互影响，农村、城市宅基地立法的分流与合流，如此等等，都是在公有制的语境下有关宅基地立法的重大主题，可是《物权法》第十三章竟然“小心翼翼”地回避了以上所有问题。于是在第一步骤——选择主题上就决定了体系的残缺，至于能否正确地厘定规则和妥当地安排各规则间的关联，也就不问可知了。

站在现代法学方法论的立场，萨氏揭示的“三部曲”主要还只是“外部体系”的构建，在此之外，以价值理念为核心的“内部体系”同样不可忽视。二者相互配合，庶几可称为私法前贤的“心法”。[①] 缺乏对基本理念的认同，有关立法问题的讨论就无法有效地开展，在“法律政策”的幌子下，立法者似乎无不可为。宅基地立法中最受人瞩目的莫过于宅基地上权利的流转问题，自2005年6月全国人大法工委工作人员在民法学会（扬州）年会披露了《物权法（草案）》严格限制流转的方案以来，理论界一片哗然，几乎所有的声音都是反对的。[②] 令人扼腕的是，在理论界甚至民众的批判面前，物权法草案其后数稿起草者的立场没有丝毫调整，甚至出现了一种颇有反讽意味的场景：拥护和反对限制流转的持论者俨然都是农民的“代言人”，可是他们的结论却针锋相对。这种反讽僵局因立法逃逸在《物权法》出台以后依然故我，其破解有赖于沿着私法“内部体系”建构的道路，在平等和自由、安全与效率等价值之间悉心衡量，并进而配备适当的规则体系，实现制度创新。而其制度创新的归宿当是一个复杂但又秩序井然的权利群。

这项艰巨的创新工作已经超出了宅基地上私权处分的范围，甚至也超出了宅基地立法工作的整体，推演出一道更大的难题——在公有制语境里我国应怎样重构基地使用权体系？本书虽直面难题，极力师法前贤之“心法”，着力于创新，但因学养浅薄、精力有限，在诸多重大方面只能提出问题以求抛砖引玉。愿它成为宅基地立法新一轮讨论的嚆矢，虽不足以命中目标，但也能在已归沉寂的密林里激起几缕风声。

---

① 参见［德］拉伦茨著，陈爱娥译：《法学方法论》，台北：五南图书出版公司1996年版，第389页。

② 参见尹飞：《应当赋予宅基地使用权充分的可流通性》，中国民商法律网，2005年9月19日发布，2008年10月7日访问；韩世远：《宅基地的立法问题》，《政治与法律》2005年第5期；江平：《农村土地立法三难题》，法大民商经济法律网，2006年6月23日发布，2008年10月7日访问；郭明瑞：《关于宅基地使用权的立法建议》，《法学论坛》2007年第1期。